ちくま新書

教養としての仏教思想史

木村清孝
Kimura Kiyotaka

1618

教養としての仏教思想史【目次】

凡例

＊本文中におけるカタカナ書きは、外国語の日本語としての音写である。とくに必要と思われる場合には、その言語を一般的なローマナイゼーションに従って記した。なお、古代インド語のカタカナ書きのうち、パーリ語、サンスクリット語のいずれを採るかは慣用に従った。おおむね、第1章、第2章はパーリ語、第3章以下はサンスクリット語が主である。

＊用語に簡潔な説明が要ると判断した場合には、その語の下の（　）内に説明文を入れた。

＊パーリ語仏典の現代語訳については、訳者名を末尾に記したもの以外は、恩師の中村元博士の訳文を、ほぼそのまま、あるいは一部を改訳して使わせてもらった。適切な訳文が見いだせなかったものは、拙訳を試みている。

はじめに

†文化としての仏教

「日本は仏教国である」といわれる方は、現在も少なくありません。しかし、ほんとうにそういえるでしょうか。もしもこの見方が正しいとすれば、日本人である私たちの仏教に関する知識と経験のレベルは、もう少し高いはずではないでしょうか。

かつて私がある大学の教授を務めていたときに体験したことですが、大学院のオープンキャンパスに、一人の清楚な感じの中年女性がやってこられました。その方は、「仏教をきちんと勉強したいのですが、これからでも大丈夫でしょうか」といわれます。その理由をお聞きすると、「かつて留学し、今も習得した英語を使って仕事をする機会が多いのですが、接する外国の人たちから、ときどき日本の仏教文化について質問されます。初めは上手に逃げていたのですが、そうしたことが重なる中で、自分が仏教についてほとんど何も知らないことに気づき、自信が揺らいできました。また、仏教に関心をもつ外国の人たちが多いことが刺激となって、自分も仏教を知りたいと思うようになったのです」とおっしゃいます。

私は、このお話を聞いて、ある種の感動を覚えました。そして「この方なら、これから仏教の勉強を始めても、十年も学べば研究者の仲間入りができるだろう」と思い、受験をお勧めしました。その方は無事合格され、現在、仏教学の一つの分野において、中堅の研究者として活躍しておられます。

上にご紹介した思い出話からも推察していただけるでしょうが、現在の日本の教育環境では、おそらく「宗教」という枠組みに入ることが大きな妨げとなって、実は「総合文化」ともいえる仏教について、正しく、しっかりと学べる機会は決して多くありません。そしてこのことが、私たちに必須の教養のレベルを低くし、わが国の国際的な信頼度さえ押し下げつつあるのではないかと危惧されます。

†本書の構成

そこで本書は、仏教の成立から現代に至るまでの全貌を概観し、読者のみなさんが、仏教思想を学ぶ際の入口となるような書籍を目指しました。現代社会において、みなさんの人生を豊かにするための教養として、本書の内容を役立てていただければと思います。

以下に本書の構成を紹介しておきましょう。

第1章では、紀元前六世紀、仏教の開祖ゴータマの生誕から、仏教成立の基本となったところを読み解きます。

第2章では、ゴータマの死後、教えを受けた人たちが、どのようにその教えをまとめ、教団を形づくっていこうとしたのか、また、その過程で、どうしていくつもの部派に分かれたのか、さらには、そこで何が大きな問題になったのかを明らかにします。

第3章では、多くの部派に分かれた教団に対して、それを批判する勢力が現れ、大きな思想運動が、新しい経典を作成し流布することを柱として展開されてきた状況について概観します。私たちになじみの深い大乗仏教とは、この運動そのものと、これから生まれた多くの経典群、及びそれを基盤として形成された諸学派・諸宗派の全体を意味します。日本の仏教も、ほとんどがこの流れに属します。

第4章においては、その大乗仏教の学派として誕生する二派のうち、中観派《ちゅうがんは》と呼ばれる系譜の概要を解説します。多くの皆さんがおそらくお聞きになったことがある「空《くう》」の思想は、この学派の人々によって哲学的に解明され、体系化されました。

第5章では、少し遅れて成立した大乗仏教の諸経典と、もう一つの大乗仏教の学派である瑜《ゆ》伽《が》行《ぎょう》派《は》（唯識派《ゆいしきは》ともいいます）について考察します。また、この学派と微妙な関係をもちながら、仏と衆生《しゅじょう》とが本質的に一体であることを強く信じる一群の人たちがいたことにも言及します。この瑜伽行派の思想は、克明に私たちの深層意識を追求し分析していますので、近現代の心理学分野の研究者たちからも、注目されています。

第6章では、インドにおける大乗仏教の最後を飾る密教の成り立ちの経緯とその内容を概観します。密教は、日本の真言宗の源流に当たるものです。ここには、新たにチベット仏教の歴史と意義について考えていただく一節を書き加えました。

第7章では、開祖ゴータマの逝去からさほど時を経ずに成立した上座部《じょうざぶ》という部派の流れを現代まで受け継いできたスリランカやタイなどの仏教について考えます。この系統の仏教は、日本では長く「小乗仏教」と呼んで、一段低いレベルの仏教と見なしてきましたが、そうではなく、私たちが学ぶべきものを多くもっていることを知っていただけるでしょう。

第8章から第14章までは、仏教が中国を経て、ほぼ東アジア全域に広がり、それぞれの国や地域で独自の特徴的な仏教が成立し展開する、そのすがたを追っていきます。

まず、第8章では、おそらく西暦紀元前二世紀後半ころから中国に伝来しはじめた仏教が、当初、中国の人々にどのように受け止められ、どういう経緯で定着することになるのかを考察します。かれらの仏教に対する期待と不安、歓迎と反発の様子は、現代における諸国・諸民族間の偏見や対立を考える上でも、大きな示唆を含んでいると思います。

続く第9章では、中国に広まった仏教が、社会的にも思想的にも、次第に儒教や道教と肩を並べる勢力となり、インドやチベット、あるいは東南アジアとは大きく異なる独自の色合いをもつ仏教となること、しかしやがて、総じていえば、衰退の道を辿るようになることを、学派・宗派の展開に即して追跡します。

第10章は、韓国（朝鮮）の仏教の概観です。かつての日本の仏教史家の大半は、日本への仏教の伝来をインドから中国へ、中国から日本へという、いわゆる「三国史観」で捉えていました。けれども、奈良時代までの日本の仏教が、おおむね韓半島から来日した僧侶や技術者たちによって支えられていたことは明らかです。しかし、そうはいっても、その韓半島における仏教は、全体的に見て、中国の仏教とも、日本の仏教とも、大きな違いがあります。この章では、その違いをできるだけ明らかにするつもりです。

次の第11章からは、日本仏教思想の歴史の考察に入ります。まずこの章では、仏教の伝来に始まり、聖徳太子による仏教国家の試みを経て、諸宗派が形成されていく状況を概観します。今も日本人の心に深く根づいている独自の「無常感」についても、ここで考えます。

第12章では、大きな時代の変化を背景に、天台・真言の二宗が新しく中国から伝えられて仏教界の勢力図が塗り替えられるとともに、日本独特の浄土教が芽生え始める様子を見ていきます。また、「神仏習合」（仏教と神道の交渉・融和）も、この時代に特徴的なものとして取り上げます。

第13章の主題は、浄土宗・浄土真宗・臨済宗・曹洞宗・日蓮宗・時宗など、いわゆる「鎌倉新仏教」が生まれた時代の仏教の概観です。ただし、この複合語の意味は、単純に「鎌倉時代に誕生した、新しい思想と教団としての体制をもつ仏教」ということで、この枠内に入る教団やグループが社会的にどの程度の勢力をもつかは関係がないことに注意しておいてください。中世における仏教界の全体は、基本的に「顕密《けんみつ》体制」、すなわち、天台・真言両宗が圧倒的な力をもち、他の宗教集団は、おしなべて弱く小さな存在にすぎなかったのです。もちろん、この時代に革新を遂げた他の諸宗派にも、ここで言及します。

第14章は、日本の近世から近代までの仏教について、まとめて見ていきます。しかし、そういっても、大正期以降の仏教については、まだ評価が定まっていませんので、実際には、江戸期から明治期までを視野に入れて論じることになります。この点、ご容赦ください。

ここで取り上げられる主な問題は、江戸時代の仏教の特徴として、徳川幕府の巧妙な宗教政策によって、各仏教教団が幕府の統制を強く受け、寺院が役所の役割を果たす一面をもつようになったこと、その反面、自由な生き方を選び、民衆や子供たちに慕われた僧侶も現れていること、各宗派で「宗学」と呼ばれる、それぞれの宗門内で重要視されるテキスト類の精密な研究が進んだことなどです。

図１　弥勒菩薩半跏像（広隆寺蔵、毎日新聞社刊『国宝』１より、７世紀）

第15章は、本書の最終章です。そこで本章では、歴史的な視座を離れて、日本の仏教とその研究の現状を紹介するとともに、日本仏教の基本的な特徴を探り、さらに進めて、これからの仏教のあり方について考えます。

＊

五十六億七千万年後にこの世界に出現して仏となり、ゴータマに救われなかった衆生を救うと伝えられる弥勒菩薩《みろくぼさつ》は、いま、深く思惟《しゆい》しつづけているといわれます。遠い過去から遥かな先の未来まで、ともに思索の輪をできるだけ広げ、仏教という豊饒《ほうじょう》の海から命の水を汲み上げていきたいと思います。

第1章 仏教の成立

†開祖ゴータマ

仏教は、今から約二千五百年前、北インド（現在のネパール）にあった小さな釈迦《しゃか》族の国の王子として生まれたゴータマ・シッダッタ（ガウタマ・シッダールタ。紀元前五六六～四八六、あるいは前四六三～三八三）によって開かれた教えである。開祖ゴータマは、日本ではお釈迦さま、釈尊《しゃくそん》（釈迦族の尊者の意）、釈迦などと呼ばれることが多いが、これはその出身部族に由来する呼称である。

当時のインドは、政治的にはコーサラやマガダなどの大国が次第に群小国家を併合していく状況にあり、経済的には灌漑《かんがい》の設備が整ったことなどから農業生産が増大し、また商工業も発達して、次第に金融が大きな役割を果たす状況にあった。しかし、この釈迦族の国にはまだそのような変動の荒波はあまり及んでおらず、農業と牧畜を中心とする温和で安定した社会が維持されていたらしい。

ゴータマは、この国にスッドーダナ（浄飯王《じょうぼんのう》）を父とし、マーヤー（摩耶夫人《まやぶにん》）を母として生まれた。ゴータマが誕生したとき、王宮を訪れたカンハシリ（アシタ）という名の仙人は、ゴータマが人間の中の最上の人であり、やがて悟りを完成するだろうと予言し、老年の自分がその教えを聞く前に死を迎えるだろうことを嘆き悲しんだという。また、母はゴータマを産んで一週間後に亡くなり、その末の妹のマハーパジャーパティーが継母《ままはは》（育ての親）となってゴータマの養育に当たったという。

やがてゴータマは、十六歳でヤソーダラー（耶輸陀羅《やしゅだら》）と結婚し、息子ラーフラ（羅睺羅《らごら》）をもうけた。他に二人の妃があったともいう。ともあれ、ゴータマの生活は一見、豊かで幸せに満ちたものであった。しかし、ゴータマの心には、深い悩みがきざしていた。ゴータマは後年、みずからの青年時代を回想して、次のように語っている。


私の生活は、とても快いものだった。父の館には、蓮池が設けられていた。その池のあるところには青い蓮が、あるところには紅の蓮が、あるところには白い蓮が植えられていた。それらは、私のためだけになされたのだった。

私は、〔最高級の〕カーシー（ベナレス）産の栴檀香《せんだんこう》以外のものは決して用いなかった。私の着るものは、すべてカーシー産のものだった。寒さ、暑さ、塵、草、露などが私に触れることがないように、私のために昼も夜も大きな白いパラソルが用意されていた。

私には、三つの宮殿があった。一つは冬のため、一つは夏のため、一つは雨季のためのものだった。雨季の四カ月は、その雨季に適した宮殿で、女たちだけが演じる歌舞にとりかこまれ、宮殿から外に出たことはなかった。私の父の館では、使用人たちには（美味しい）米と肉の食事が提供された。

私は、このように裕福で極めて快い毎日を過ごしていたが、次のような思いが起こった。「無学な凡夫《ぼんぷ》は、みずから老いていくもので、他人と同じく老いるのを免れないのに、老い衰えた他人を見て、考え込んでは、悩み、恥じ、嫌がっている。私もまた老いていくことを免れない。それなのに、老い衰えた他人を見て、〈このことは、私にふさわしくない〉といって、悩み、恥じ、嫌がるだろう。」このように洞察したとき、青年の意気はまったく消え失せてしまった。（「アングッタラ・ニカーヤ」〔パーリ語仏典。「増支部」と分類される。『阿含経』の一つ〕）

テキストにはこの後さらに、同様の構文で、「みずから病むもの」を洞察することによって健康の意気が失われたこと、および、「みずから死ぬもの」を洞察することによって生存の意気が失われたことについて示されている。この一節は、おそらく伝説として定型化する「四門《しもん》出遊《しゅつゆう》」の物語（ゴータマが出家を決意する直接のきっかけとなったと伝えられる伝説）に先行するもので、出家へと心を傾斜させていく青年ゴータマの深い想いの一端をそのまま伝えているようである。

ゴータマが出家したのは二十九歳のときである（ただし、主に東アジアに伝わった別の伝承では、十九歳とする）。出家とは、家族・友人・職務など、世俗的な縁をすべて断ち切り、文字通り家を出て、ひたすら真理・真実を究明し、揺るぎない安心を得ようとする生活に入ることである。このあり方は、われわれの見方からすれば、個人本位でいささか手前勝手な行動に映るかもしれない。けれどもインドでは、すでにこの時代以前から、在俗の生活において一定の義務を果たし、家を隆盛に導いたならば、後は息子に家督を譲り、自分は出家して求道《ぐどう》に努めるというのが、理想的な生き方とされていたと考えられる。ゴータマも、基本的にはこの生き方に従ったのである。

出家した後、ゴータマはまず瞑想の達人として知られていた二人の仙人、アーラーラ・カーラーマとウッダカ・ラーマプッタを訪ねた。神々を祀《まつ》ることを基軸とするバラモン教の祭祀《さいし》主義は力を衰えさせていたが、これには初めから関心をもてなかったのかもしれない。

さて、かれら二人の仙人のうち、アーラーラは無所有処定《むしょうしょじょう》（何事にもとらわれない瞑想）を教え、ウッダカは非想非非想処定《ひそうひひそうしょじょう》（意識作用があるのでもなく、ないのでもない、超越的な瞑想）をゴータマに教えた。しかし、ゴータマはいずれの瞑想の境地にも満足できなかった。そこで次には、当時、道を求める人たちの間でもう一つの修行法として重視されていたさまざまな苦行《くぎょう》（呼吸を長い間止めることや断食など）を実習していった。そのすさまじさは、現在、パキスタンのラホール博物館に残っているゴータマの苦行像からも充分に想像することができよう。

苦行は、六年間に及んだ（一説には、十二年間という）。けれども、これによってもゴータマの根深い苦しみは消えず、心の平静は得られなかった。

こうしてゴータマは、ついに苦行を放棄した。この決断は、おそらく容易なことではなかったろう。というのは、それは同時代において信じられ、実際に修められていた種々の修行の仕方を捨て、自分だけを頼りに真実を求めていくほかはないことを意味していたからである。

図２　釈迦苦行像（ラホール博物館蔵）

ゴータマは、まず、苦行のために衰弱し、垢《あか》まみれになった身体をガヤーの町の近くを流れるネーランジャラー河（尼連禅河《にれんぜんが》）のきれいな水で洗い清めた。そして、スジャーターという若い娘から乳粥《ちちがゆ》などの供養を受けて、体力の回復に努めた。これを見て、かねてからスッドーダナ王の命令でかれに付き従っていた五人の比丘《びく》たちは、「ゴータマは贅沢になり、そのため修行に努めることから離れてしまった」と考え、遠くへ去ってしまった、という（『マッジマ・ニカーヤ』〔中部。中阿含とも〕、三八）。

†悟りを開く

体力をある程度回復し、心身を整えたゴータマは、アッサッタ樹（無花果《いちじく》に似た樹木）の下で深い瞑想に入った。目的を達成するまでは決して座を立たない、という決意であった。

このゴータマを襲ったのは、おそらく何よりも生命の誘惑であった。最古の仏典とされる『スッタニパータ』には、このことが悪魔ナムチ（インド古典で、インドラ神の敵とされる）の誘惑として、次のように描かれている。

> ネーランジャラー河のほとりで、安らぎを得るために努力して専念し、瞑想していた私に、ナムチはいたわりの言葉をかけて近づき、こういった。「君は痩せていて、顔色も悪い。死が近づいている。君が生きられる望みは、千に一つしかない。君よ、生きよ。生きたほうがよい。生命があってこそ、善いことをすることもできるのだ。君が〔バラモン教の教えに従って〕清らかな行いをし、聖火に捧げものをすれば、多くの福徳が積まれる。精励《せいれい》しても、何になろうか。精励の道は、苦しく、困難で、到達することはむずかしい。

（第四二五〜四四九偈）

ゴータマは、「生命はどうでもよい」とまでいって、この誘惑を厳しく退ける。ゴータマの悟り、すなわち成道《じょうどう》は、ここに示されるような凜然《りんぜん》とした瞑想を通じて実現したのである。ときに三十五歳であった（一説には、三十歳とする）。

その悟りは、「無上の安らぎ」などと表現される。そして、ゴータマが「何を」悟ったのかということについては、一般には、それは「縁起《えんぎ》」であるといわれる。けれども、少なくとも古層に属すると思われる仏典にそのような明確な説示はない。例えば、このあたりの描写に関して信頼性の高い『マハーヴァッガ』（漢訳名は「大品《だいぼん》」）には、ゴータマが悟りを開き、解脱《げだつ》の楽しみを享《う》けながら坐っていたときに思惟《しゆい》した内容として縁起の観察が出てくるのであって、縁起を悟ったというのではない。最初期の仏典編纂者たちは、おそらくゴータマの悟りそのものの内容には言及しなかった、いや、できなかったのである。

では、縁起の観察とは、どういうことか。それは、上の『マハーヴァッガ』によれば、

無明《むみょう》（無知）によって行《ぎょう》（意思作用）が生じ、行によって識《しき》（識別作用）が生じ、識によって名色《みょうしき》（認識されるものとしての名称と形態）が生じ、名色によって六入《ろくにゅう》（六つの感覚・意識機能）が

生じ、六入によって触《そく》（接触）が生じ、触によって受《じゅ》（感受作用）が生じ、受によって愛（愛着）が生じ、愛によって取《しゅ》（執《と》われ）が生じ、取によって有《う》（生存）が生じ、有によって生《しょう》（出生）が生じ、生によって老いと死と、愁《うれ》いと悲しみと苦しみと憂《う》さと悩みが生じる。このようにして、この苦しみの集合がすべて現れる。

しかし、まさしく貪《むさぼ》りを離れて無明が消滅すれば、行が消滅する。行が消滅すれば、識が消滅する。識が消滅すれば、名色が消滅する。名色が消滅すれば、六入が消滅する。六入が消滅すれば触が消滅する。触が消滅すれば、受が消滅する。受が消滅すれば、愛が消滅する。愛が消滅すれば、取が消滅する。取が消滅すれば、有が消滅する。有が消滅すれば、生が消滅する。生が消滅すれば、老いと死と、愁いと悲しみと苦しみと憂さと悩みが消滅する。（一―一）

という、われわれ人間にとっての生存の観察である。仏教の世界では、ここで述べられる前半の観察が順観、後半のそれが逆観と呼ばれてきたが、いわば実存的な観点から、老いと死に帰結する人間の、さらには生きとし生けるもののすべての生存のすがたと、それを超え出るあり方の枠組を呈示するのが、この十二の要素の関連にもとづく縁起の見方、十二縁起観なのである。

これは、全体としては、おそらくゴータマの没後、どれほどか時を経て整理され、まとめら

れたものであろう。例えば『スッタニパータ』には、

名と色とによって触が生じる。あらゆる所有欲は、欲求を縁として起きる。欲求がないときには、「自分のもの」という執《とら》われも存在しない。色がなくなると、触ははたらかない」〔第八七三偈〕

など、それらの諸要素の一部に焦点を合わせて縁起を説く、素朴で率直な説示が見える。縁起に関しては、このような教説が、ゴータマその人の説法に近い形を伝えていると考えられる。

†ブッダとしての教化活動

出家したゴータマは、サマナ（沙門《しゃもん》）と呼ばれた。サマナは「道の人」などと意訳されるが、バラモン教や世間的な束縛を離れて、自由な立場で真理・真実を追求する修行者のことである。仏典には、ゴータマ以外のそのような新しいタイプの宗教者または思想家として六人を挙げて「六師《ろくし》外道《げどう》」と総称する。社会的には、ゴータマもそういうサマナの一人と見られていたわけである。

また、ゴータマの死後、仏典の編纂が進む中で次々に生まれた『ジャータカ』（本生話《ほんじょうわ》。前世

図３　初転法輪像（サールナート考古学博物館蔵）

の物語）においては、はるかな過去からのゴータマの転生をそのまま悟りの実現にいたる修行の過程と見て、そのときのゴータマを菩薩《ぼさつ》と名づけている（後述するが、大乗仏教において理想的な修行者を菩薩と呼ぶのは、このことから来ている）。

悟りを開いて以後、ゴータマは、仏教を信じる人々の間などで、さまざまな敬称をもって呼ばれるようになっていった。その代表的なものとして、ブッダ（仏陀、仏、覚者）、バガヴァン（世《せ》尊《そん》）、サーキヤムニ（釈迦牟尼《むに》、釈尊、お釈迦さま）、タターガタ（如来《にょらい》）などがある。ここでは、このうち、おそらく比較的早く定着し、かつ、もっともよく仏教の性格を表す「ブッダ」という呼称を必要に応じて使っていきたい。なお、ブッダ（buddha）は語義としては「目覚めた人」ということで、ゴータマが迷いを離れ、明瞭に真実を知ったことを含意する。

さて、ブッダとなったゴータマは、その直後、自分が悟った真理を人々に説くことを躊躇したとされる。その理由は、「この真理は世間の流れに逆らい、微妙で奥深い。欲を貪《むさぼ》り、無知の闇に覆われた人々が、この真理を見ることはできない」（『マハーヴァッガ』一―一）と考えたからだという。ここに指摘されている「世間の流れに逆らう」という点は、仏教の本質を考える上できわめて重要である。

伝承によれば、そのとき梵天《ぼんてん》が現れて、「この世には生まれつき汚れの少ない人々がいる」といって再三ゴータマに説法することを懇請《こんせい》した。そこでゴータマは、ついにその勧めを受け入れ、説法をはじめる決心をした、という。こうして、その後八十歳で没するまで、四十五年(三十歳成道説を採れば、五十年)に及ぶゴータマの説法・教化の旅がはじまったのである。

†ゴータマの説法

ゴータマのブッダとしての説法は、仏伝のいくつかによれば、まず、かつてゴータマに付き従っていた五人の比丘《びく》に対してなされた。これを、車輪を回して車を動かすことに喩えて、「初転法輪《しょてんぽうりん》」(初めて法輪を転ず)という。最初はまったく信用しなかったかれらも、次第にゴータマの自信あふれる言葉に引き込まれ、耳を傾けるようになった。ゴータマは説く。

比丘たちよ。出家者がこの世で従ってはならない二つの極端がある。それは何か。一つは欲楽にふけることであって、これは卑しく汚れており、何の意味もない。他の一つは自分を苦しめることであって、苦悩をもたらし、汚れており、何の意味もない。私は、この両極端を離れ、智慧の眼を生じ、静けさ・英知・正しい悟り・安らぎに向かう中道をさとったのである。

（『マハーヴァッガ』一―一）

この後、ゴータマは中道の内容として、正見《しようけん》（正しい見方）・正思《しようし》（正しい考え）・正語《しようご》（正しい言葉）・正業《しようごう》（正しい行い）・正命《しようみよう》（正しい生活）・正精進《しようしようじん》（正しい努力）・正念《しようねん》（正しい注意）・正定《しようじよう》（正しい瞑想）を説示された。これは「八正道《はつしようどう》」と呼ばれる。続いて、四諦《したい》、すなわち、苦諦《くたい》（苦しみの真理）・集諦《じつたい》（苦しみの原因の真理）・滅諦《めつたい》（苦しみの消滅＝安らぎの真理）・道諦《どうたい》（安らぎに至る道の真理）の四つの真理について詳細に説き明かされ、さらにわれわれ人間という存在を五蘊《ごうん》、すなわち、色《しき》（物質）・受（感受作用）・想（表象作用）・行《ぎよう》（意思）・識（認識作用）という五つの要素の集合体と見て、それらに対する執われを捨てよと教えられた、という。

このような記述から、四諦・八正道、および、前述した悟りの場において観察されたといわれる「縁起」、すなわち十二縁起（十二因縁）が、基本的なゴータマの教説として論じられるのが普通である。けれども、すでに見た十二縁起の思想がそうであったように、四諦・八正道の教説も、ゴータマが定型的にそのまま説いたものとは思われない。結論的にいえば、それらは、ゴータマの死後、その多くの教説をまとめ上げていく中で探り出された教説全体の枠組み、ないし、ほぼ一貫してその基底に流れる知見と見なされたものと推測されるのである。

では、ゴータマが実際に説いた教えとは、どのようなものだったのだろうか。ここで、このことについて詳しく述べることはできない。今は、ゴータマの口吻《こうふん》を感じさせるものを『スッタニパータ』の「八つの詩句の章」から二つほど紹介した上で、その一般的な特徴について概括するにとどめよう。

第一は、本章の冒頭に置かれる「欲望」（カーマ。kāma）についての教えで、次のようにある。


欲望をかなえたいと望んでいる人が、思い通りにいけば、かれは人として欲するものを得たので、必ず喜ぶ。

欲望をかなえたいと望んで貪《むさぼ》りの心が生じた人が、もしも欲望をかなえられなければ、まるで矢に射られたかのように、悩み苦しむ。

足で蛇の頭を踏まないようにするのと同様に、よく気をつけて欲望を遠ざける人は、この世でこの執著をのり超える。

人が、田畑・宅地・黄金・牛馬・奴婢・傭人・女性・親族、その他、欲望の対象を貪り求めると、
無力のように見えるもの（諸々の煩悩）がかれにうち勝ち、苦難がかれをふみにじる。それゆえ苦しみがかれにつき従う。まるで壊れた舟に水が侵入するように。

それゆえに、人は常に正しいこころを保って、諸々の欲望を遠ざけよ。船のたまり水を汲み出すように欲望を捨て去って、激流を渡り、彼岸《ひがん》に到達せよ。（第七六六〜七七一偈）

もう一つは、その第六に位置する「老い」（jarā）についての教えである。長いので、ここではその前半のみを紹介する。

ああ、このいのちの短いことよ。百歳に達しないうちに死を迎える。たといそれ以上に長生きしたとしても、やはり老衰して死ぬ。

人は、「自分のもの」としてとらわれるために憂える。所有されるものは、いつまでもそのまま存続しはしないからである。この世のものは必ずなくなる、と見て、在家にとどまっていてはならない。

人が、「これは自分のものだ」と思っているもの、それは、死によって失われる。私に従う人は、賢明にこの道理を知って、「自分のもの」という考えに屈してはならない。

夢の中で会った人は、目がさめれば、もう会うことはできない。それと同様に、好きな人も、死んでしまったら、もうその人に会うことはできない。

いま「誰々」と名を呼び、その姿を見、その声を聞いている人も、死んでしまえば、その名前が残って伝えられるだけである。
「自分のもの」という考えにとらわれて、貪り求める人々は、愁《うれ》いと悲しみと物惜しみから離れられない。それゆえ、聖者たちは所有するものを捨てて、修行して、平安な境地を見たのである。
（第八〇四〜八〇九偈）

このうち、前者では、利己的な欲望が苦しみの元となること、それゆえに、欲望を捨てて彼岸、すなわち真実の安らぎの世界を目指すべきことが説かれている。また後者では、自らの生の短さに心をとどめ、「自分のもの」として執着することのむなしさを知って、出家せよと勧められている。

これら二つの詩節を読んで、皆さんはどう思われるだろうか。おそらく、「そういわれても、その通りに実行するのは難しいなあ」と感じながらも、「よく理解できるし、それも一つの理想的な生き方かもしれない」といった感想をもたれるのではないだろうか。筆者には、ここにゴータマが説いた仏教のもっとも根本的な考え方とその立場が集約されて表れているように思われる。

このように、ゴータマは、まず自分の現実のすがたを素直に見つめ、生きていく中で繰り返し抱き悩まされる憂いや苦しみがどこから来ているのかを、自分の心を掘り下げることを通じて明らかにし、正しい行いを通じてそういう生存のあり方から脱却できる道を開示する。この点で、ゴータマの仏教は、現実的・経験的な認識にもとづき、自律的かつ具体的な行いを重んじる。それは、しっかりと実践しようとすれば楽ではなく、むしろかなり厳しいものであった。『スッタニパータ』の第一「蛇の章」の教説において繰り返される「犀《さい》の角のように、ただ独り歩め」というフレーズは、そのことを象徴的に示している。しかしながら、教えそのものは決して難しくはなく、分かりやすく親しみやすいものであった。ゴータマが「行為論者」（業《ごう》論者）と呼ばれ、その教化の仕方が「対機説法《たいきせっぽう》」（相手の性質・能力に応じて、教えを説く）といわれる所以《ゆえん》である。

けれども、誤解のないように付言するが、ゴータマが説いた自律的な生き方は、他者への無関心を勧めるものではない。かえって、他者に対する果てしない共感と優しさを育むものである。そのことは、同じ『スッタニパータ』の第一章に「慈しみ」を主題とする経が収められ、その中で、「生きとし生けるものは幸せであれ」「母がただひとりの自分の子を命がけで守るように、生きとし生けるものすべてに対して、無量の慈しみの心を起こせ」と語られていることからも明らかだろう。

ところで、ゴータマはまた、その経験主義的な立場からすると当然の帰結であろうが、一定の意見に固執して行われる議論を嫌った。とくに、「自我（アートマン）は永遠なものか、無常なものか」というインド思想の根本問題をはじめ、「世界は有限か、無限か」とか、「精神（霊魂）と身体（肉体）は同一であるか、相違するか」とか、「人は死後、存在するか」といった、一般的な経験の中では明証性がない事柄、いわゆる形而上学的な問題にはタッチしようとしなかった。判断を加えず、沈黙を保ったのである。

このことをもっともよく表しているのが、『マールンキヤ小経』と名づけられる初期経典である。そこでは、上記のような質問をして、「これに答えてくれないうちは、あなたのもとで修行はしない」と宣言する者を「毒矢で射られた人」に譬え、次のように説く（ただし本経には、自我に関する問いは挙げられていない。これは、仏教が非我説（「～を自我、または自我のはたらきと見ることはできない」とするもの）ないし無我説（「自我は存在しない」と主張するもの）を立てることと関係がありそうである。この点については、第2章の「無我と輪廻の問題」の項を参照されたい）。

かれの友人や親族は、かれのために外科医を呼び寄せるだろうが、そのときにかれが「この矢を射た人は王族か、バラモンか、庶民か、奴隷か、どの階層の人かが分からないうちは、この矢を抜き取るまい」と宣言したとしよう。また、「この矢を射た人は何という名前で、何という部族の人か分からないうちはこの矢を抜き取るまい」と宣言したとしよう。……また、「この矢を射た弓は普通の弓か、石弓か、それが分からないうちはこの矢を抜き取るまい」と宣言したとしよう。……また、「私を射た矢は普通の矢か、とがった矢か、鉤矢《かぎや》か、鉄の矢か、子牛の歯から作った矢か、夾竹桃《きょうちくとう》の葉で作った矢か、それが分からないうちは、この矢を抜き取るまい」と宣言したとしよう。

この場合、かれにはそれらのことが判明しないのだから、やがて死んでしまうだろう。

（田中教照訳、『原始仏典』五、講談社、一部改訳）

本経は、この比喩を用いて、上のような形而上学的な質問をするのもこれと同様であるとする。その上で、それらの問題に対してどういう見解をとっても、「しかもなお、誕生はあり、老いもあり、死もある。また、憂い・悲しみ・苦しみ・悩み・葛藤がある。だから私（ゴータマ）は、このような現実の只中において、どうしたらそれらを打ち破ることができるかを知らせようとしているのである」と述べる。そして結論的に、そうした問題を議論し、特定の判断をすることは、心の平安や正しい智慧を得ることに少しも結びつかないことを力説している。

このように、現実の苦しみの解決に役立たない諸問題に対する立場が「無記《むき》」（当該の問題の是非・正邪について積極的な立言をしないこと）とよばれ、やがて「十無記」や「十四無記」の説にまとめられていく。まずは自分の身に深く刺さった毒矢——それは、本経に従っていえば、四諦に対する無知であり、より一般的にいえば、四苦・八苦などの苦しみや悩みをもたらす煩悩《ぼんのう》といってよかろう——を抜いて、適切な手当てをする。いわば仏教は、本来、そのための処置・処方を具体的に説き示す教えなのである。

第2章　部派仏教の展開

†ゴータマの死

　ゴータマが死を迎えたのは、八十歳のときである。その死を仏教徒は、尊敬と憧れの気持ちを込めて涅槃《ねはん》、般涅槃《はつねはん》、さらには大般涅槃と呼ぶ。涅槃とは、パーリ語のニッバーナ（nibbāna）、サンスクリット語のニルヴァーナ（nirvāṇa）の音写語で、究極・真実の安らぎをいう。意訳語は「寂静《じゃくじょう》」「滅」などである。次に般涅槃は、これに「完全な」を意味する接頭辞、「パリ」（pari-）がつき、大般涅槃はこれにさらに「偉大な」を意味する「マハー」（mahā-）がついたものである。それぞれに形容の程度は異なるが、ゴータマの死をゴータマ自身が目標とした「彼岸に渡ること」「涅槃に入ること」と同一視した点では同じである。仏教徒たちは、ゴータマが説いた、生死を繰り返す苦しみの生存（輪廻《りんね》の世界）を離れて真実の安らぎ（涅槃の世界）へ至ろうという人々への呼びかけは、ゴータマ自らがその死において最終的に実現されたと見たの

図４　釈迦涅槃図（玉林寺蔵）

である。ちなみに、現在もよく用いられる「入滅」という言葉も、これら両義を含んでいる。

南方に伝わった『大般涅槃経《だいはつねはんぎょう》』には、そのゴータマが最後の教化の旅に出て、途中で臨終を迎える様子がかなり詳しく語られている。本経そのものは、おそらくゴータマの没後数百年経ってまとめられたであろうから、その全体をそのまま事実として受け取ることはできない。しかし、信頼に足る伝承と思われる記述も少なくない。例えば、

①侍者《じしゃ》のアーナンダ（阿難《あなん》、阿難陀）が最後の説法を懇請したとき、ゴータマはそれを拒絶し、自分にはこれまで弟子たちに隠してきたような秘法（師の握りこぶし、と表現される）はな

いと明言した、ということ。

②古ぼけた車に喩えて自分の衰弱の様子を語り、「自らを洲《しま》とし、自らをよりどころとして、他人をよりどころとせず、法を洲とし、法をよりどころとして、他のものをよりどころとしてはならない」と教えたということ。

③師の逝去が間近なことを知って泣きくれる〔弟子で従弟《いとこ》でもある〕アーナンダに対して、「やめよ、アーナンダよ。悲しんではならない。嘆いてはならない。私は以前、このように説いたではないか。――〔人はみな、やがて必ず〕すべての愛するもの、好きなものからも別れ、離れ、異なるものとなる、と。およそ〔すべてのものは〕、生じ、現にあり、作られ、壊れていくものなのに、それがなくならないように〔押しとどめる〕ということが、どうしてありえようか」と諭したということ。

などは、信じてよいと思われる。

本経によれば、このようなことを弟子たちに話した後、ゴータマは最後に「ものごとはみな変わりゆくものである。なげやりにならず、努力してやりとげなさい」と告げた。これがゴータマの遺言となった。そしてゴータマは、初禅《しょぜん》から第四禅まで順を追って次第に深い瞑想の境地に入り、一度また浅い境地に戻った後、再び瞑想を深めていき、最終の第四禅から涅槃に入った、つまり、この世の生を閉じた、という。

†弟子たちの詩

上述したゴータマの最後の旅に同行した弟子たちは、おそらく数えるほどであったろう。というのは、インドの多くの宗教と同様に、仏教においても、三カ月ほどある夏の雨季の間に集まって各人が犯した罪を懺悔《さんげ》し、また、教えを学びあう安居《あんご》の期間を除いては、それぞれが静寂な場所を見つけてそこに留まり、一人で瞑想などの修行を行うのが一般であったからである。

けれども、ほぼ四十五年にわたって行われた教化の旅の中で、ゴータマに帰依《きえ》する人々は次第に増えていった。その全体を後代の資料は四衆《ししゅ》、すなわち、比丘《びく》（男性の出家者）、比丘尼《びくに》（女性の出家者）、優婆塞《うばそく》（ウパーサカ。男性の在家信者）、優婆夷《うばい》（ウパーシカー。女性の在家信者）に区分するが、ゴータマの晩年までに、比丘・比丘尼と名づけられる出家の弟子たちだけでも、少なくとも数百人には上っていただろう。

ただし、そのうちの比丘尼は、最初から出家が許されたわけではない。むしろゴータマは、最初はかたくなに女性の出家を拒んだらしい。しかし、やがてその態度をやわらげ、比丘よりもさらに厳しい生活規範を求めつつ、それを認めるに至ったのである。後述するどの部派の伝承においても、比丘尼に課される戒律の条項が比丘よりも多く、後代、一口に「比丘二百五十戒、比丘尼五百戒」といわれるのは、その証である。

では、ゴータマの弟子たちは、実際にどうして出家し、ゴータマからどのような指導を受け、どういう境地に達したのだろうか。このことをうかがわせる貴重な資料が、『テーラ・ガーター』（長老の詩）と『テーリー・ガーター』（長老尼の詩）である。

これら二篇は、それぞれ、ゴータマの在世時および没後の、優れた比丘たち（長老）と比丘尼たち（長老尼）の述懐を詩の形で呈示するもので、前者には二百六十四人の長老、後者には九十二人の長老尼が登場する。編纂されたのは、紀元前三世紀中葉のアショーカ王の時代と推定されている。その中から、興味深いものをいくつか紹介してみよう。

①ジャンブカ長老の詩（第二八三〜二八六偈）

五十五年の間、私は汚泥を身に塗り、月に一度の食事をとり、髪やひげを抜かせ、一本足で立ち、座具を用いず、乾いた糞を食べ、あてがわれた施食を受けなかった。

私は、悪い境界に赴かせるこのような行いを重ねて、迷いの大河に漂っていたが、ブッダに帰依する身となった。

私の帰依を見よ。真実の教えの美徳を見よ。私は三種の明知《めいち》（過去・現在・未来の三世にわたって世の実相を知り、煩悩を離れきる境地）を修得し、ブッダの教えを完成した。

②チューラパンタカ長老の詩〈第五五七〜五六六偈〉

私の学業が遅々として進まなかったので、以前、私は軽蔑《けいべつ》された。兄もまた私を追い出し、「さあ、おまえはもう家に帰れ」といった。

こうして私は追い出されたが、まだ僧園の〔はずれの〕小部屋にいて、ブッダの教えに希望を捨てず、その場にしょんぼりと立っていた。

そこに尊き師ブッダが来られて、私の頭をなで、私の手を取って、僧園の中に導き入れられた。

師は、私を慈しみ、足拭きを与え、「一方の側に坐って、よく注意し、この清らかな布に心を集中しなさい」といわれた。

私は、師の言葉を聞いて、その教えを楽しみ、それに安住し、最上の道理に達するために心の統一につとめた。

〔その結果〕私は、過去世の生活を知り、〔未来を〕透視する超能力を磨き、三種の明知を修得し、ブッダの教えを完成した。〈後略〉

③サーマー尼の詩〈第三九〜四一偈〉

出家してからこのかた、二十五年の間、私は一度も心に平静を得たことがない。

心の平静を得ず、心を整えることができないまま、私はブッダの教えを思い起こして慄《おのの》いた。

〔しかし〕私は、励むことを喜びとしたから、〔ついに〕多くの苦しみをもたらす事柄から逃れて、愛執を滅ぼし、ブッダの教えを完成した。いまは、愛執をすっかりなくしてから第七夜である。

④ヴィマラー尼〔もと遊女〕の詩（第七二〜七六偈）

容姿と運と名声を誇り、加えて歳の若さを頼んだ私は、他の人々を見下《みくだ》した。

愚かな男たちに言い寄られるこの身を美しく飾って、私は網を張って〔獲物を待つ〕猟師のように、娼家《しょうか》の門に立った。

秘密の飾りや丸見えの飾りを多く見せて、たくさんの男たちをあざ笑いながら、さまざまな妖術を使った。

その私が、いまや頭を剃り、衣をまとって托鉢《たくはつ》に出かける。そして、何の思念も起こさず、樹の下に坐る。

〔迷いの世界である〕天界・人間界の一切のくびきを断ち、すべての汚れを捨てて、私は清らかとなり、安らぎを得た。

⑤ヴァーシッティー尼の詩（第一三三〜一三八偈）

私は、わが子の死を憂えて悲しみ、心が狂い、想いが乱れた。裸で髪を振り乱して、私はあちらこちら歩き回った。四辻やゴミ捨て場や墓地や大きな道を、三年の間、私は飢えと渇きに悩みながら、徘徊《はいかい》した。

ときに、私はブッダがミティラー市に来られたのを見た。ブッダは、まだ自分をコントロールできない人をそうさせ、何者も恐れない、目覚めた人である。

私は、平常な心に立ち返って、恭《うやうや》しく礼をして座に着いた。ゴータマ〔・ブッダ〕は、慈しみをもって私のために真実の教えを説かれた。

その教えを聞いて、私は家を捨てて出家した。師の言葉に従って励み、まことの幸せの道を現に悟った。

あらゆる憂いは完全に断たれ、捨てられて、ここに終わりを告げた。私は、憂いが生じる根拠を知り尽くしたからである。

（早島鏡正訳、世界文学全集六『仏典』一、筑摩書房、一部改訳）

以上、五例を挙げたが、このように上の二つの詩句集に収載される詩の内容はさまざまである。そして、それらの中には多少の誇張や後代の創作ないし付加を含む可能性があることは認めなければなるまい。しかし、ここに挙げた詩を読むだけでも、ブッダの弟子たちの出身階層・身分・職業などが多岐にわたっていること、誰もがそれぞれに固有の重い実存的状況の中で反省し、出家を決意していること、ブッダの教化がまさしく「対機説法」的であったこと、男女の区別なく、聖者の境地にまで至った多くの弟子たちがいたことなどは、十分に推察していただけよう。

†結集と根本分裂

さて、ゴータマが世を去った後、弟子たちに残されたものはその教えと修行上の約束であった。しかし、それらは各人の記憶に任されていて、いわばバラバラの状態であった。その主な理由は、教えは基本的に「対機説法」であり、約束は、修行上望ましくない問題が起きるごとに決められていったもので（これを「随犯随制《ずいぼんずいせい》」という）、必ずしも統一性・一貫性があるわけではなかったからである。このことに不安と危機感を抱いた弟子たちは、それらを確認し確定して、教団としての統合を維持・強化するために、会合をもつことにした。

こうして実現したのが「結集《けつじゆう》」と呼ばれる集会であり、そこで各人が記憶する教えや約束ごとを一緒に唱え、それらを整理していった。この結集を経てまとめられたものが、「経」（スッタ、スートラ）と「律」（ヴィナヤ）である。そのうち、経は所伝に応じて最終的に五つの「ニカーヤ」（部類、の意）、あるいは四つの「阿含《あごん》」（アーガマ。伝承されたもの、の意）に分類された。また、教説の形式と内容から、九、あるいは十二に分類されてもおり、前者を九部経または九分教、後者を十二部経または十二分教という。

結集は、伝えられるところでは、前後四回行われた。しかし、そのうち後の二回は、後述するが、教団の分裂以後、特定の部派の内部で行われたもので、性格が異なる。

まず第一回の結集は、高弟のマハーカッサパ（摩訶迦葉《まかかしょう》、大迦葉《だいかしょう》）によって招集され、ラージャガハ（ラージャグリハ、王舎城《おうしゃじょう》）郊外の七葉窟《しちようくつ》で開かれた。五百人の比丘が集まり、アーナンダ（阿難、阿難陀）とウパーリ（優婆離《うぱり》）を中心に、それぞれ、ゴータマの教えである経と、教団に属する者たちの約束である律の編纂がなされたという。ここにおいて、教団人の思想的なよりどころがいちおう確定したといってよかろう。

この後、仏教教団がどのように展開していったかについて、具体的に知る手がかりはほとんどない。ただ、全体的な状況から判断して、例えば、ゴータマの神格化が進み、やがて十力《じゅうりき》・四無畏《しむい》、および三十二相・八十種好《はちじっしゅごう》などとしてまとめられることになる固有の優れた精神的・身体的特徴がブッダとしてのゴータマに認められていったこと、これに伴って、その遺骨を祀《まつ》る仏塔や、ブッダとしてのゴータマを象徴する菩提樹《ぼだいじゅ》などの信仰が盛んになったこと、前世における修行中のゴータマの物語として、おそらく当時の民話などにもとづいて多くの説話（ジャータカ、本生話《ほんじょうわ》）が作られ、まとめられていったことなどは、間違いないと思われる。

ついで第二回の結集は、ゴータマの没後百年の頃にヴェーサーリー（毘舎離《びしゃり》）において七百人の比丘を集めて開催された。その時期は、北伝の説に従えば、おおむね、全インドを統一し、仏教に深く帰依したマウリヤ王朝のアショーカ王（紀元前二六八～二三二在位）治世の時代である。この頃には、仏教教団の規模もかなり大きくなっていただろう。

さて、この結集は、律のいくつかの条項に違反する行為がヴェーサーリーの比丘たちの中に目立つようになったために、ヤサという比丘がアヴァンティなど各地の比丘たちにも呼びかけて開かれたものであったという。それゆえか、資料には、本来の意味での結集がどういう形で、どの程度行われたかはほとんど記録されていない。おそらく主な目的は、律に違反すると考えられる諸問題を審理し、違反者の比丘たちに判決を下すことだったのだろう。

では、この結集において何が問題とされたのか。伝承によれば、具体的には十の問題点（十事）が挙げられたというが、それらからは、現実の経済社会の発展を背景とする教団の変化を読み取ることができる。ここには、その中でもとくに注目されるもの三つを紹介しよう。

第一は、前日に布施《ふせ》された塩を保存しておいて、次の日に使ってよいかどうか、という問題である。仏教の成立以来、出家者の食生活は、毎日朝方に人里へと托鉢《たくはつ》（乞食《こつじき》ともいう）に出かけ、信者から食べ物の布施を受けて帰り、調理して食事をとるという形で支えられていた。まさしく、一日一食の「その日暮らし」が原則だった。したがって、律においては、食料品や調味料の両日以上にわたる貯蔵・保管とその使用は、いっさい禁止されていたのである。

第二は、病気の時に酒を飲んでもよいかどうかである。「酒を飲むまい」と誓い、守ることは、おそらくゴータマが早くから人々に強く勧めたことである。遅くともこの頃までには、出家・在家に共通する根本の戒（原語はシーラ。律と異なり、あくまで自律的に設定される生活規範をいう）としての五戒がほぼ確定していたと思われるが、その第五にも「不飲酒《ふおんじゅ》」が立てられている。ちなみに、五戒の他の四つは、生き物を殺したり傷つけたりしないこと（不殺生《ふせっしょう》）、ものを盗まないこと（不偸盗《ふちゅうとう》）、邪《よこしま》な男女関係をもたないこと（不邪婬《ふじゃいん》。ただし、出家者の場合は不貪婬《ふとんいん》、つまり、まったく性の交わりを断つことが求められる）、嘘をつかないこと（不妄語《ふもうご》）である。しかし、「百薬の長」といわれることからも分かるように、酒には適切に用いれば、血の巡りをよくし、体を温め、活性化させるはたらきもある。とくに、医学が発達していなかった古代のインドにおいては、少なくともある一群の病気については、酒に対する期待は大きかったろうし、実際に効果が上がる例もしばしば見られただろう。病気の際の飲酒の可否が問題化したということは、このような、いわば世の中の常識が、仏教教団の中にも入ってきていたことを証していよう。

第三は、信者から布施された金銭を受け取ってよいかどうかである。こうした問題が提起されたということは、それ自体、社会が経済的に大きく発展し、金融が重要な役割を果たす貨幣中心の構造に変化しつつあったことを示している。この流れと調和する道を選ぶのか、あるいは、断固として律に従って拒否するのか――それが教団に問われていたわけである。

この第二結集においては、上に挙げたような諸問題は、みな「よい」とは認められず、「正しくないこと」（非事）と判定された。この結果は、直接には集まった比丘たちの中に保守派ないし教条派が多く、改革派ないし寛容派が少なかったことによろう。けれども、その背景には、社会がまだ仏教教団全体の根本的な変革を求めるまでには至っていなかったという状況があることを見逃してはならない。

しかし、この「事件」は、これで収まりはしなかった。一部の比丘たちはその判定に承服せず、独自のグループを結成した。大衆部《だいしゆぶ》（マハーサンギカ）がそれである。こうして仏教教団は事実上、保守・伝統派の上座部《じようざぶ》（テーラヴァーダ）と大衆部とに二分され――これを「根本分裂」という――、仏教教団も仏教そのものも、新しい時代を迎えるのである。

†諸部派の形成

前述した根本分裂の後、両派は数百年の間にさらに分裂・分派を繰り返していく。これを総称して「枝末分裂《しまつぶんれつ》」と呼ぶ。

説一切有部《せついっさいうぶ》（後述）の学者であるヴァスミトラ（世友）が著した『異部宗輪論《いぶしゆうりんろん》』によれば、続く百年の間にまず大衆部から一説部など三つの派が分立し、さらに分派が進んで合計九派になった。また上座部においては、根本分裂の後百年間は統一を保っていたが、そのあと、まず説《せっ》一切有部《いっさいうぶ》（説因部《せついんぶ》）と本上座部《ほんじょうざぶ》（雪山部《せっせんぶ》）に分かれ、さらに二百年ほどの間に六次にわたって分裂が起こり、結局十一部になったという。ただし、他の資料によれば、この上座部の分派も根本分裂の後、まもなく始まったとされる。また、最終的に成立した部派の数も、『異部宗輪論』よりは少なく数え上げられている。

このように、仏教教団は、ゴータマの死後百年頃から多くの部派に分かれ、各派ごとに、ブッダとなったゴータマに帰される教説、すなわち「経」と、教団の約束ごと、すなわち「律」を伝持していった。その点から、この時代の仏教を「部派仏教」と名づける。また、それらの諸派における主な活動は、仏説（法、ダンマ、ダルマ）を正しく分析・解釈し、その理解をベースとして、涅槃の実現に向かって修行することであった。この点から、当時の仏教を「アビダルマ仏教」（アビダルマは、「法の分析・究明」の意で、その研究成果が「論」と呼ばれる）ともいう。

なお、後に登場してくる大乗《だいじょう》仏教の一群の人々は、それら諸派において伝持されてきた仏教を一括し、さげすんで「小乗《しょうじょう》仏教」と名づけた。この「小乗仏教」も、おおむね「部派仏教」「アビダルマ仏教」と同じものを指している。

†有部における「法」

では、ゴータマおよびその弟子たちが作り上げた仏教の教えと戒律がほぼそのまま維持されたと推測される、根本分裂以前の仏教――これを初期仏教、または原始仏教と呼ぶ――に比べて、アビダルマ仏教にはどのような特徴があるのだろうか。

すでに触れたように、この時代の仏教においては、基本的にはそれぞれの部派ごとにゴータマの教えが追求され、解明されて、さまざまな「論」が生まれた。それゆえ、詳細にアビダルマ仏教の内実を検討しようとすれば、二十ほどにも及ぶ部派の一々が伝持する経・律・論の三蔵(三つに区分される仏典の全体)について見ていく必要がある。けれども、実は資料は限られており、それに紙数の関係もある。ここでは、そのうちの主要な部派の一つであり、長期にわたって存続し、後代の仏教に大きな影響を与えた説一切有部、略して有部の主要な思想を中心に取り上げるだけにとどめたい。

まず、その名称についてであるが、説一切有部とは、サンスクリット語のサルヴァースティヴァーディン(sarvāstivādin)の意訳語で、「すべては実在であると説くもの」の意である。ただし、「すべて」といっても、それは現実の世界にあるものがすべてそのままで、というのではない。それらはみな、それ自体の固有の特徴をもった法(ダルマ)によって形成される。例えば、「人は五蘊《ごうん》から成る」と説かれるが、それは人間という存在を知覚・認識の場において捉えた場合、誰もが例外なく、物質としての肉体(色)、感受作用(受)、表象作用(想)、意思作用（行）、認識作用（識）という五つの法の集合体である、と見るものである。だからここでいわれる「法」とは、いわば存在の本質的要素を指す。有部は、その法が過去・現在・未来の三世《さんぜ》にわたって独立・不変である、と見なすのである。有部が主張する「すべては実在する」（実有）とは、「すべての法は実在する」という意味に他ならない。

こうした考え方に立って、有部は、きわめて詳細に法の分類・体系化を進めた。その最終的な成果として、五位七十五法がある。詳しく述べることはできないが、全体として一切の法を、多くの有為法《ういほう》（作られたもの）と、涅槃に代表される無為法《むいほう》（作られないもの、造作を超えたもの）とに分け、有為法をさらに物質的存在（色法）と四種の精神的存在（心に関わる法）に区分した上でまた細分化して、合計七十五の法に分類するものである。とくに、一刹那の間だけ現在に存在するとされる有為法のうち、心に関する観察と分析の精緻さには、驚きを禁じえない。その一端は、日本でよく知られている「百八煩悩」——除夜の鐘は、一度つくごとにそれらが一つずつ消えていくとされる——の一々に名前があり、きちんと体系上の位置づけがなされていることにも示されている。

また有部は、そうした法の実在性に対比して、観念的にのみ存在するものを含む、現実にあるものを大枠で四種類に区別する。第一は、自然にあるものや人が作った瓶などの「仮にあるもの」（仮有《けう》、施設有《せせつう》）、第二は、「これ」と「あれ」、「長い」と「短い」など、「相対的・対立的に概念として設定されるもの」（相対有《そうたいう》）、第三は、現実世界では実例が見出されない、兎角《とかく》（うさぎの角《つの》）などの「観念的存在」（名有《みょうう》）、第四は、一定の法が結合し調和した存在（和合有《わごうう》）としての個々の人間（プトガラ）である。有部の人々が、われわれ自身の認識の仕方をベースにして、存在の世界を注意深く分析し、分類していることが知られよう。なお、それらの現実存在は一括して「世俗の存在」（世俗有）と名づけられ、そのもの自体で存在する法は「究極の存在」（勝義有《しょうぎう》）と呼ばれている。

無我と輪廻の問題

諸部派は、このような形で法の究明を進めた。他方で、おそらく早くから、繰り返しそれらの多くが直面した大きな難問の一つが、輪廻《りんね》の問題であった。

すでに述べたように、仏教は当初、現実主義・経験主義の立場に立ってひたすら生存の苦の解決を目指し、インドにおける最大の哲学的問題ともいえる自我（アートマン）をめぐる議論などに積極的に関わることはなかった。しかし、次第に仏教の側からそうした問題に言及せざるをえない情況が生まれ、さらにはより進んで自ら立言する必要も出てきたらしい。というのは、ゴータマ自身がそうしたかどうかは断定できないが、初期仏典の中には、確かにこの自我の問題に論及するものも存在するからである。けれども、それらの教説においても、正面から自我の存在の有無を議論しているわけではない。例えばわれわれの感覚・意識のはたらきを支える眼・耳・鼻・舌・身（皮膚）・意（こころ）の六識《ろくしき》についていえば、「眼は自我ではない」、ないし「意は自我ではない」といった説き方で、消極的に、主流である自我実在論や自我と普遍的真理との合一を主張する学説に反対しただけであったと思われる。仏教における最初の自我をめぐる議論は、おそらく「五蘊非我」や「六識非我」の説として提起されたのである。

しかし、この「非我」（自我ではない）は、「アナッタン」（アナートマン）などといった同じ言葉ながら、やがて意味するところが「無我」（自我は存在しない）に変わる。つまり、代表的な五蘊の場合でいえば、「五蘊非我」から「五蘊無我」への変化である。さらに「無我」の適用範囲も、「法」の一般性が明らかにされていくとともに、「五蘊」という枠組を越えてあらゆる法にまで拡大されることになる。「諸法無我」「一切法無我」は、その到達点である。こうして仏教は、すべての存在に関して「自我（アートマン）は存在しない」と説く、インドの主流派から見れば、まさしく異端的な虚無論の一種と見なされるに至るのである。

ところで、仏教興起以前からインド社会において広く信じられてきたと推測される輪廻説が、ゴータマの教えにおいて否定された形跡はない。むしろゴータマは、少し前の初期ウパニシャッド（奥義《おうぎ》書《しょ》、バラモン教のヴェーダ聖典の付属文献の一種）の時代に確立する善因善果・悪因悪果と輪廻の思想を基盤として、正しい行為による解脱《げだつ》の道を説き勧めたと思われる。そして、おそらくこのような実践的方向は、基本的には仏教系のいずれの部派においても受け継がれていったのである。

では、一般には自我（アートマン）をその担い手とすることによって説かれる輪廻の思想と、自我は存在しないと積極的に主張するに至った先述の無我（アナートマン）の思想との関係は、どう説明すればよいか。仏教者の立場からすれば、それらはともにブッダとなったゴータマの教説であるから、少しの食い違いもあってはならない。思うに、どの部派も、これら二つの思想を調和させ、なんらの矛盾をも含まないものと説明することに腐心した。この点を、紀元前一世紀頃には原型が成立していたと推定される有部系の古層のテキストである『ミリンダ王の問い』を手がかりとしてうかがってみよう。

『ミリンダ王の問い』は、前二世紀の後半に西北インドを支配していたギリシア人の王、メナンドロス（＝ミリンダ）が仏教の高僧ナーガセーナ（那先比丘《なせんびく》）に対して仏教の教理について質問を重ね、教えを受けたという形でまとめられている。その中には、ギリシア的ないし西欧的な考え方とインド的ないし仏教的な考え方の相違が明確に出てくる主題が少なからずあって興味深いが、問題の議論もその一つである。

王は問う。「尊者ナーガセーナよ、〔輪廻して〕再生するものは、〔前世で〕死んだものと同じですか、異なるものですか」
長老は答える。「それは同じでもなく、また、異なるものでもありません」。
……
王「譬えを述べてください」
長老「例えば牛から搾られたミルクがしばらくすると発酵乳（酪）になり、発酵乳からチーズになり、チーズからバターになりますね。大王よ、そのときに〈ミルクは発酵乳と同じであり、チーズと同じであり、バターと同じである〉と語る人があるとすれば、その人は正しいことを語っているのでしょうか」
王「尊者よ、そうではありません。ミルクに依存して他のものが生じたのです」
長老「大王よ、それと同様に、法の継続性は整えられるのです。生じるもの（＝再生するもの）と滅びるもの（＝死んだもの）は別ではあるが、〔後のものは〕前のものではないかのように、〔前のものは〕後のものではないかのように、整えられるのです。こうして、それは、同じでもなく異なるのでもないものとして、最後の意識（ヴィンニャーナ。viññāṇa）に収められるに至るのです」
ここでは、中間を省略したが、そこでは、幼い頃の王と成人した王という、二つの異なる王の状態がともに同じ身体に依存するという喩えと、夜の異なる時間を通して燃え続ける炎が、同一の灯火に依存するという喩えが説かれている。また、この後の議論では、輪廻の担い手として「名色《みょうしき》」（名称と形態。認識の対象となる存在）という法が挙げられ、「人は現在の名色によって善、あるいは悪の行為（業）をなし、その行為によって別の〔新しい〕名色が次の世に生まれる」と述べられている。

これらの説明から、有部系の人々が信じた輪廻のあり方を納得することができるだろうか。分かるようで分からない、何か釈然としない、というのが正直なところかもしれない。要は、有部に属する人々は、執着を捨てない限り、行為（業）がある種の力となって死後にも存続し、それが新たな名色による身心を獲得して輪廻し、生死を繰り返す、と信じたのである。なお、上に言及される「意識」は、後代の唯識派の哲学との関わりを予想させるが、その内実についての詳細は不明である。

ところで、一般的には理解しにくいこの考え方に対して、当然のことであろうが、よりインド正統派に近い輪廻説を打ち出した部派も存在する。例えば、有部から分派した犢子部《とくしぶ》は、プトガラ（人そのもの）を輪廻の主体とし、それは五蘊と同じでもなく別でもないもの（非即非離蘊《ひそくひりうん》我《が》）と規定した。また、この系譜から最後に分立したといわれる経量部《きょうりょうぶ》は、五蘊の根本にあるものとして「一味蘊《いちみうん》」を立て、これが輪廻を担っていくと考えたという。

以上のように、伝統派と呼べる上座部系にも、無我と輪廻の関わりをめぐってさまざまな考え方が現れている。では、大衆部の系統はどうであったか。これはきわめて興味深い問題である。しかしながら、このことについて伝える信頼できる資料はほとんどない。ただ、特徴的な点として、例えば菩薩《ぼさつ》の「願生《がんしょう》」（誓願による転生《てんしょう》）を強調したことなどはほぼ確かである。

なお、本章において述べた諸部派の思想に関する基本資料としては、『阿毘達磨倶舎論《あびだつまくしゃろん》』（倶舎論）、『大毘婆沙論《だいびばしゃろん》』、『異部宗輪論』などがある。

第3章

仏教の革新——大乗仏教

†概観

ゴータマの死から三、四百年を経た紀元前一世紀頃から、仏教の世界には新しい動きが起こり、大きなうねりとなっていった。それが、一般に大乗仏教運動といわれるものである。「大乗《だいじょう》」とは、「偉大な教え」を意味するサンスクリット語のマハーヤーナ（mahāyāna）の意訳語であり、「小乗《しょうじょう》」（ヒーナヤーナ。小さな劣った教え、の意）に対比される。すなわち、この運動を進めた人々が、かれらの視野に入る諸部派の伝統仏教を批判しつつ、自ら信じるブッダ、ゴータマの教えに名づけたものなのである。

ただ、この運動がどういう場から発生し、どのように広がっていったのかについては研究の途上であり、明確なことは分かっていない。仏教教団が初めて二つに分裂した際、改革派が大衆部と呼ばれたことは前に述べたが、かつては、大乗仏教はその部派から出現したとする説が

	第一期	第二期	第三期
般若系統	八千頌《じゅ》般若経（道行《どうぎょう》般若経） 大品《だいぼん》般若経 金剛般若経 維摩経	般若心経	大般若経
法華系統	法華経		普賢観経
華厳系統	兜沙《としゃ》経 十地《じゅうじ》経 不可思議解脱経	華厳経	
浄土系統	般舟三昧《はんじゅざんまい》経 大無量寿経 阿弥陀経		観無量寿経
如来蔵系統	大般泥洹《だいはつないおん》経 （六巻本） 如来蔵経	大般涅槃経 （四十巻本） 勝鬘経 不増不減経	
深密系統		解深密経	
楞伽系統		楞伽経	入楞伽経

表1　大乗・密教の経典の区分

有力であった。しかし近年、日本の平川彰博士によって「仏塔崇拝をよりどころとして宗教活動を行っていた在家の菩薩たちが興した」という、いわゆる「在家起源説」が提唱され、一時は国際的にもこれが定説化した。けれども、三十年ほど前からこの説を疑問視する見方が多く出てきた。思うに、少なくともその担い手の中心に比丘《びく》たちがいたことは確かだろう。現在、部派仏教僧団の一部の比丘とそれを支持する在家信者の共同体が大乗仏教の中核となったと見て、その具体的な状況を明らかにしようとする諸研究が活発化している。

では、大乗の人々は、何をゴータマ

		(四巻本)	(十巻本・七巻本) 密厳経
密教系統			大日経 金剛頂経 (ダットヴァ・サングラハ) 『秘密集会《しゅうえ》』(グフヤサマージャ) ヘーヴァジュラ・タントラ カーラチャクラ・タントラ

の生き方と考え、何をその教えのエッセンスと捉えたのだろうか。

大乗仏教の運動は、思想的には、主に新経典の作成・流布の活動として展開していくが、その期間は、およそ前一世紀頃から八世紀前後に及ぶと考えられる。それゆえ、具体的、かつ詳細にその思想的特徴を知ろうとすれば、それらの諸経典を始めとする多くの大乗仏典にいちいち当たっていく必要があり、いまも学界ではその努力が続けられている。ここでは、諸研究者によってこれまでに生み出された研究成果にもとづいて、現存する主要な大乗経典を三期に分けて表示し、その中でもとくに重要なものの思想的特徴を探ることにしよう。

さて、それらの経典を系統別に一覧表にすれば、上の表1のようになる（推定を含む）。

なお、ここにいう第一期とは、大乗仏教の興起からナーガールジュナ（龍樹《りゅうじゅ》）の時代まで、およそ前一世紀から三世紀まで、第二期は、アサンガ（無著《むじゃく》）・ヴァスバンドゥ（世親《せしん》）が活躍した四世紀頃、第三期は五世紀以降を指す。また、「系統」というのは、諸経典のおおよその思想的な傾向とそれらの基本的性格の相違にもとづいて便宜的に類別化したもので、厳密な意味において一貫した区別の基準があるわけではない。ここでは一応、八系統に分けたが、それらの間には、見方を変えれば一括できるものもあり、相互の関係の深浅はさまざまである。また、このような諸系統に区別される大乗経典が、そもそも一元的なのか、いくつかのものが多元的ないし同時発生的に誕生したのかも、まだはっきりしていない。

†般若経と維摩経

この表から知られるように、第一期に当たる時代にすでに多くの大乗経典が現れている。そして、この中で最初期に属すると推定されるのは般若《はんにゃ》系統のいくつかの経典である。しかし、二世紀頃の漢訳経典類に表れる引用などから、それら以前にすでに数種の大乗経典が出現していたことが明らかである。それらの内容の詳細は不明であるが、とくに『六波羅蜜経《ろくはらみつきょう》』という名の経は、『大品般若経《だいぼんはんにゃきょう》』の注釈書である『大智度論《だいちどろん》』に、大乗を代表する経典の一つとして出てくることからも、見逃すことはできない。

では、その経は何を説いていたのか。具体的な内容は、残念ながらまったく伝えられていない。しかし、題名からしても、六つの波羅蜜（波羅蜜はサンスクリット語のパーラミターの音写で、究極的実践をいう）が大乗の菩薩の実践のよりどころであることを説示していたことは確かであろう。すなわち、①布施《ふせ》（困難や苦悩をかかえる衆生《しゅじょう》（生きとし生けるもの）に、執着心を離れて財物を与えること、教えを説き伝えることなど）、②持戒《じかい》（正しい生活の規範をしっかりと守ること）、③忍辱《にんにく》（悪口などに対して怒らず、耐え忍ぶこと）、④精進《しょうじん》（勇気をもって、悪から離れ、善を行う努力をすること）、⑤禅定《ぜんじょう》（心を静め、統一し、安定させること）、⑥般若《はんにゃ》（プラジュニャーの音写語。根本の智慧のことで、物事の本質をありのままに正しく観察し、理解すること）である。大乗仏教運動は、少なくともその一部では、おそらくこの六波羅蜜の実践を高く掲げて出発したのであろう。

　さて、思うに、この六波羅蜜の最後に挙げられる般若波羅蜜を菩薩の実践の根幹と見なして登場したのが、先の表に示した一群の般若経典である。それらの中で、とくにサンスクリット本『八千頌般若経《はっせんじゅはんにゃきょう》』（漢訳『道行《どうぎょう》般若経』『小品《しょうぼん》般若経』などにほぼ対応）は、最初期の大乗思想をよく伝えていると考えられる。また、漢訳による語義・文意の改変を顧慮しないで済むということもある。そこでまず、本経の内容をかいつまんで紹介しよう。

　本経は、簡潔にいえば、「無量・無数の衆生を入れる」ことができる大乗の教えとして、真実の知恵とは何かを呈示し、その知恵の修得を目指す菩薩の道を明らかにしようとするものである。その知恵は般若波羅蜜と呼ばれ、この知恵によって「もの（法）は凡夫がそれに執着しているようなかたちでは実は存在していない」、「すべてのものは空《くう》である」と知られるという。

本経によれば、このように、五蘊《ごうん》であれ、六識《ろくしき》であれ、すべてはそれ自体としては存在しない。しかし、それにもかかわらず、凡夫はそれらが実在すると妄想し、その上で、永遠に存在するか、完全に消滅するかという、〔二元対立的な〕誤った見解にとらわれ、その認識にもとづいて過去・未来・現在のものを想定し、対象に執着する。そしてそのために、ありのままの道を知らず、究極の真実を悟らず、苦しみの世界から抜け出せないでいる。

これに対して、菩薩はいかなるものにも執着せず、そういう学び方の中で、「すべてを知るもの」（全知者）としての仏のあり方に近づいていく、とされる。本経が、菩薩の生き方を理想として掲げ、インド思想にほぼ共通する解脱《げだつ》という実践的目的と即応する形で、真実の知恵とその修得の大切さを開示しようとしていることが知られよう。ちなみに、このような『八千頌般若経』の思想的立場は、基本的には、前後して作られたその他の「般若」の名を掲げる諸経、例えば『金剛般若経』『般若心経』『大般若経』などとも共通する面があるといってよかろう。

なお、「菩薩」というのは、サンスクリット語のボーディサットヴァ（bodhisattva）の音写語で、「〔仏の〕悟りを求める人」を意味する（ただし、後には「衆生《しゆじよう》を悟らせる人」という語義解釈もなされる）。これにさらにマハーサットヴァ（偉大な人、の意。音訳語は摩訶《ま か》薩《さつ》、意訳語は大士《だいじ》など）を付けて「菩薩摩訶薩」「菩薩大士」ともいう。この語は、もともと「ジャータカ」（本生話。ゴータマの過去世の物語）などで、悟りを開いてブッダとなる前の、主に前世におけるゴータマを指す言葉として用いられていたものであった。それらの説話には、さまざまな存在に生まれ変わりながら、正しい教えを聞くために、あるいは、苦しんでいるものを救うために、自分の身さえも捨てるというゴータマの姿が描き出されている。

上述した『八千頌般若経』などからうかがわれるところでは、大乗の運動を起こした人々は、そのような菩薩としてのゴータマの生き方を大乗仏教者の理想と考えた。そして後代になると、菩薩には「ブッダを補助する」「ブッダの一定の特質を具現する」「ブッダに代わって衆生を救う」といった新たな意味が付け加えられてくるとはいえ、大乗仏教の世界ではこの原義的な菩薩観が根幹となって長く受け継がれていくのである。

ここで、一つ付言しておきたいことがある。それは、『維摩経《ゆいまぎょう》』のことである。本経は、前の一覧表では、いちおう般若系統に入れたが、独立的な性格がかなり強く、般若系統の諸経典が説く「空」の見方を継承しながら、真の大乗の精神は在家の生活の中でこそ発揮されるとして、高く在家菩薩道の理想を掲げる。すなわち、裕福な貿易商を連想させる居士《こじ》（修行を積んだ在俗の仏教者）のヴィマラキールティ（維摩）を主人公とする、いわば在家主義の宣言の書でもある。本経を編んだ人々の心の底には、おそらく「衆生が病むから病む」（文殊師利問疾品《もんじゅしりもんしっぽん》）という、衆生に対する限りない共感と愛情が、仏教用語を使えば、慈悲の心、利他の心が流れていたのであろう。

なお、本経には、「その心が浄《きよ》らかであれば、仏土が浄らかである」（仏国品）や「無住《むじゅう》（とどまることがないこと）の根本から、一切の法を立てる」（観衆生品《かんしゅじょうぼん》）など、東アジア世界に広く、かつ深く受け入れられた簡潔な教説が多い。また、天女がシャーリプトラ（舎利《しゃり》弗《ほつ》）を相手に、女人の相が「空」であることを根拠として、堂々と「どうして女身を転じる必要があろうか」と論じる一節（観衆生品）は、女性は男性より劣るとする見方が根深く一般的に存在した当時の思潮に照らして、まさしく注目に値する。

†法華経

次に『法華経《ほけきょう》』（原名は「白い蓮に喩えられる正しい教え」の意）には、各地から出土したサンスクリット語諸写本（断簡を含む）のほか、諸国語に訳された諸本がある。そのうち、われわれにとくになじみ深いのは、五世紀初頭にクマーラジーヴァ（鳩摩《くま》羅什《らじゅう》、羅什）が中心となって漢訳した『妙法蓮華経《みょうほうれんげきょう》』であり、これは七巻（または八巻）・二十八品《ほん》からなっている。しかし、本経は、最初からこのような形だったのではなく、数段階にわたって諸品の追加・増訂がなされていったらしい。

その中で、もっとも早く成立したと推測される方便品《ほうべんほん》と譬喩《ひゆ》品《ほん》では、すべての人々に真実の知恵を得させようという仏の願いが強調され、その願いのもとに誰もが仏となることができる教えとしての「一乗」（唯一の乗り物、の意）が、燃え盛る家の中で遊びに夢中になっている子供たちに対して、「三種のすてきな玩具（鹿の車・山羊の車・牛の車）を用意してある」といって外にいざない、結局は白い牛が引く大きな美しい車を全員に与えるという、「三車火宅《さんしゃかたく》」の喩えを用いて説示されている。「二乗（声聞《しょうもん》と縁覚《えんがく》のそれぞれに対する教え）や三乗（二乗に菩薩乗、すなわち、菩薩に対する教えを加えたもの）の区別はなく、ただ一つの真実の教えがあるだけである」とするこの一乗の思想こそ、『法華経』の根本的立場を表している。

方便品にはまた、後に羅什訳『妙法蓮華経』を最大のよりどころとして形成される天台教学（後述）において哲学的な根幹となる「諸法実相《しょほうじっそう》」の教説も示されている。

次に、やや遅れて増補されたと思われる如来寿量品《にょらいじゅりょうほん》は、上の二品と並んでとくに重要である。というのは、本章は、ゴータマが実は最初から永遠・不滅のブッダであり、かれが涅槃《ねはん》に入ったこと、すなわち、かれの死去は方便として仮に現し出されたものにすぎないと主張する。そして、このことによって従来の「菩薩から仏へ」という一般的なゴータマの見方を覆して、「永遠なる仏」としてのゴータマ像を宣揚し、後代に極めて大きな影響を与えることになるからである。

また、ほぼ最終的な段階で編入された信解品《しんげほん》には、父のもとを離れた息子が長い放浪の果てに他国で富豪となった父に出会い、父の巧みな手立てによって次第に父に近づき、遂にはその後継ぎとなるという「長者窮子《ちょうじゃぐうじ》」の喩えを用いて、人はみな仏の子であることが説かれる。この比喩は、『新約聖書』の「放蕩息子《ほうとうむすこ》」の話と類似するところがあり、両者の比較研究もなされている。

このほか『法華経』には、悪人成仏《じょうぶつ》と女人《にょにん》成仏(ただしそれは、竜王の娘が男子に生まれ変わって成仏するという、「変成男子《へんじょうなんし》」を媒介とする)を中心のテーマに置く提婆達多品《だいばだったぼん》、誰にでも会えばやがて仏となる人として礼拝したという菩薩の姿を描く常不軽菩薩品《じょうふぎょうぼさつぼん》、観音菩薩の絶対的な救済力を説く観世音菩薩品《かんぜおんぼさつぼん》(観音経)など、宗教的にも文学的にも優れた章(品)が多い。これらのことも相俟って、法華経信仰は、直接的に、あるいは天台・日蓮などの諸宗派や新仏教教団を通じて、とくに日本では現代に至るまで広範に受け継がれてきているのである。

†十地経

本経は、後に成立する集成経典『華厳経《けごんきょう》』の柱の一つとなるもので、現存のサンスクリット本によれば、正式には「十地《じゅうじ》自在と名づけられる大乗経」と呼ばれる。成立は間違いなく三世紀以前で、題名の通り、菩薩の十地、すなわち、菩薩の境地の進展を十段階に分け、その内実を詳細に明らかにするものである。

ただし、菩薩の境地を十に分けて捉えるということ自体は、すでにいくつかの初期経典の中に見出される。この場合の菩薩とは、むろん、過去の世におけるゴータマその人である。ついで、おそらくそれを承けて、大衆部系の仏伝といわれる『マハーヴァスツ』（大事）に十地が細説される。諸学者はこの十地を「本生十地《ほんじょうじゅうじ》」と名づけている。さらに、大乗仏教の時代に入ってからは、諸経典に「十地」がしばしば主題の一つとして取り上げられている。すなわち、この『十地経』は、それらに表れる十地思想の最終的な発展段階において出現したものなのである。

さて、本経が説示する菩薩の十の境地は、順に、①歓び（歓喜《かんぎ》）、②汚れからの離脱（離垢《りく》）、③発光（明《みょう》）、④輝き（焔《えん》）、⑤勝利の難しさ（難勝《なんしょう》）、⑥現前、⑦遠方への到達（遠行《おんぎょう》）、⑧不動、⑨よい知恵（善慧《ぜんね》）、⑩法の雲（法雲）と名づけられ、それらはそれぞれ、(1)布施、(2)持戒、(3)忍耐（忍辱《にんにく》）、(4)努力（精進）、(5)瞑想（禅定）、(6)叡知（慧《え》）、(7)正しい手立て（方便）、(8)願い（願）、(9)力、(10)真実の知恵（智）という、十の徳目（十波羅蜜）の完成に対応するという。とくに、第六地において十二縁起（十二因縁《いんねん》）の世界が「ただ心のみ」（唯心《ゆいしん》）であると捉えられ、その考察が多面的に行われていること、第八地において心身のすべての作為性を離れ、世界とその中の生き物たちのあり方を知り尽くして、自在の活動がなされるようになると述べられていることは注目される。本経は、大乗の菩薩がどのように人格を形成し、その実践がいかに展開していくかをきわめて詳細・綿密に明らかにするのである。これを中心的な柱の一つとして『華厳経』が構想されたのも、充分に頷ける。

浄土経典

上の諸系統とは別に、独自の系譜を形作っていくものに一連の浄土経典がある。浄土とは「清らかな仏の国土」を意味するが、大乗仏教の世界には、多くの仏・菩薩・神々が登場する。その根本的な理由は、おそらく次の点にある。すなわち、「空」を悟って真実の知恵を得たものが仏とされるので、「空」が普遍的な真理である以上、それを悟る可能性は万人に開かれている。そこで、理論的にはゴータマ以前の過去にも、以後の未来にも、そして同時代の現在にも仏の出現はありうること、いな、むしろあるべきこととして要請される。またそればかりではなく、人によっては体験的に仏などの存在が現実のこととして実感されるだろうからである。

この多仏《たぶつ》の思想に連動して、仏の浄土にも多くのものが立てられる。例えば、薬師仏の東方浄瑠璃《じょうるり》世界は、その代表的な一つである。それゆえ、広い意味では、一つであれ、二つ以上であれ、一定の仏とその浄土を宣揚し、それに対する信仰を説く教えは、すべて「浄土教」と呼ぶことができる。けれども、狭い意味においては、「浄土教」とは阿弥陀仏《あみだぶつ》とその浄土である西方極楽《ごくらく》世界、略して極楽（原義は「幸いあるところ」の意）に対する信仰を中核とする仏教をいう。それは、この信仰が広義の浄土教の中でとくに大きな力をもち、また現代に至るまで広い地域で維持されてきているからである。ここでは、この浄土教について概観しておこう。

阿弥陀仏は、多くの大乗経典に現れる仏である。この仏は、珍しく二つの名をもっている。すなわち、「限りない光」（アミターバ。無量光《むりょうこう》）と「限りないいのち」（アミターユス。無量寿）という名であり、「阿弥陀」はその「限りない」を意味するサンスクリット語の「アミタ」を音写したものである。

さて、中国での展開を承けて確立された日本の浄土教では、この阿弥陀仏の信仰のよりどころは『無量寿経』（『大経』）、『阿弥陀経』（『小経』）、『観無量寿経』（『観経』）の三経とされ、これらを合わせて浄土三部経という。このうち、最初に成立したのは『大経』（サンスクリット語の原題は「幸いあるところの飾り」の意。多く「極楽荘厳」と訳される）で、遅くとも二世紀までに北インドに出現したらしい。本経は、かつて五劫《ごこう》（「劫」はサンスクリット語のカルパの訳語で、極めて長い時間を表す単位の一つ）もの間、思惟し続け、四十八（この数には諸本によって相違がある）の衆生救済の誓願を立てて修行した法蔵比丘が阿弥陀仏となり、今も西方にある極楽浄土で説法されていると説く。そして、その阿弥陀仏を信じ、極楽浄土に往生せよ、と勧めている。

この『大経』に続いて現れたのは、『小経』（原題は『大経』に同じ）である。本経は比較的短編であるが、まずその前半で極楽の特徴とそれがもつ美しさを具体的に描き出す。すなわち、冒頭には、シャーリプトラ（舎利弗《しゃりほつ》）よ。ここから西の方、百万億の仏の国を過ぎたところに、極楽という名の世界がある。そこに「限りないいのち」と名づける如来・尊者・正覚者がいま現に住んでおられ、身を養い、日を送り、教えを説かれている。

さて、シャーリプトラよ。お前はどう思うか——この世界はどうして極楽といわれるのだろうか。シャーリプトラよ。実際、その極楽という世界には衆生がもつ身体の苦しみも、心の苦しみもない。ただ、計り知れない安楽の種が限りなくあるだけなのだ。だから、その世界は極楽といわれるのだ。

また次にシャーリプトラよ。極楽という世界は七重の石垣、七重の並木、鈴のついた網によって飾られ、張り巡らされており、きらびやかで美しく、麗しい。それらは、金・銀・瑠璃・水晶の四種類の宝石からできている。シャーリプトラよ。その仏の国は、このような仏の国に特有のみごとな光景で飾り立てられているのである。

とあり、以下にも美しい風景、自然が奏でる妙《たえ》なる音楽、きれいな鳥たちのさえずりなどが詩的に述べられている。本経はその後、如来が二つの名をもつ由来や、十方の仏たちが「この法門を信じよ」と勧められることを示し、その極楽に生まれたいという願いをおこすべきことを説くのである。

本経は、このように平易かつ率直に阿弥陀信仰を宣揚しており、これを一つの源泉として、阿弥陀仏の名を唱えれば必ず死に臨んでその来迎を受け、極楽に往生できるという民衆仏教の流れが生み出されていったといってよかろう。なお、本経には多くの宝玉への言及があり、このことからも、壮大な文化交流の交差点ともいえる中央アジアにおいて本経が成立したことが推測される。

また『観経』は、おそらく四世紀末頃に西域地方で生まれた経典で、基本的には『大経』が意図したところを物語文学の構想を借りて一つの方向に発展させたものである。すなわち本経は、父を幽閉して王位を奪った前五世紀のマガダ国の王、アジャータシャトル（阿闍世《あじゃせ》）の母ヴァイデーヒー（韋提希夫人《いだいけぶにん》）が仏の説法によって苦悩を除き、極楽浄土に迎えられる次第を明らかにする。説法の内容としては、極楽浄土のさまざまなしつらえ、観音《かんのん》・勢至《せいし》の二菩薩、および阿弥陀仏を次々と具体的に観想していく、十六種の観法がその中心である。したがって、この点からは、本経を浄土教の立場でまとめられた一種の禅観経典と見ることができる。

第4章 中観派とその思想

†ナーガールジュナと『中論頌』

前章に述べたように、大乗《だいじょう》仏教の思想運動は、まず初期大乗経典の作成・流布という形で展開した。この運動の盛り上がりと思想的多様化の進行は、おのずから一方において大乗思想の理論的整備を要請することとなった。この要請に応えて現れた最初の偉大な大乗仏教者がナーガールジュナ（Nāgārjuna 龍樹《りゅうじゅ》。一五〇〜二五〇頃）である。

かれは、南インドのバラモンの出身で、聡明であっただけでなく、ある種の超能力を具えていたらしい。伝説によれば、若いころ、自分の姿を隠す術を使って王の後宮に忍び込んで騒ぎを起こした。やがて捕らえられたが、死刑になるべきところを許され、そののち仏教に帰依して修行し、ついに大学者になったという。仏説に対して多くの注釈書類を書いたとされ、「百本論師」と称される。また、日本では「八宗《はっしゅう》の祖師《そし》」ともいわれる。要するに、日本に伝わった仏教諸宗にとって共通の祖師であるというのである。これらのことから分かるように、かれの著述とされるものは、現存するものだけでも相当の数にのぼり、かつ、多方面にわたっている。例えば、『大品般若経《だいぼんはんにゃぎょう》』の注釈書で、仏教百科事典の性格を合わせもつ『大智度論《だいちどろん》』や、東アジアの浄土教の形成に大きな影響を与えた「易行品《いぎょうぼん》」を含む『十住毘婆沙論《じゅうじゅうびばしゃろん》』(『十地経』の初めの部分の注釈書)も、かれの撰述と伝えられる。しかし、この伝承については疑問がある。

けれども、二十七章からなる韻文の『中論頌《ちゅうろんじゅ》』がナーガールジュナの真作であることは間違いない。しかも本書は、大乗仏教一般の理論的な基礎となる「空」の論理の骨組みを開示するものである。そこで、以下にその要点を考察してみよう。

本書の冒頭には、その後の論書にも継承されていく、仏への帰敬《ききょう》を表す詩句がある。しかしそれは、単なる敬虔《けいけん》な帰順の心の表明ではない。そこには仏の教説のポイントが何であり、それが基本的にどう規定されるかが示されている。まず、それを見てみよう。

〔何ものも〕滅することなく、生ずることなく、断絶せず、とどまり続けず、同じでなく、異ならず、来ることなく、去ることのない、〔また〕観念的な言論(戯論《けろん》)がしずまり、賞賛される、そのような縁起《えんぎ》を説かれた、正しいさとりを開かれた方(=ブッダ)に、最高の説法者として、私は尊敬の念をささげます。

これから知られるように、ナーガールジュナは、ゴータマの説法の核心を「縁起」と捉え、それは否定的にしか表現できず、また空虚な議論が及ばないものとしたのである。なお、この「滅することなく」以下の八句は、漢訳『中論』（鳩摩羅什《くまらじゅう》訳）では不滅・不生・不断・不常・不一・不異・不来・不去と訳され、東アジア世界では合わせて「八不《はっぷ》」と呼ばれて、中道の真実を端的に表すものとして重視されてきている。

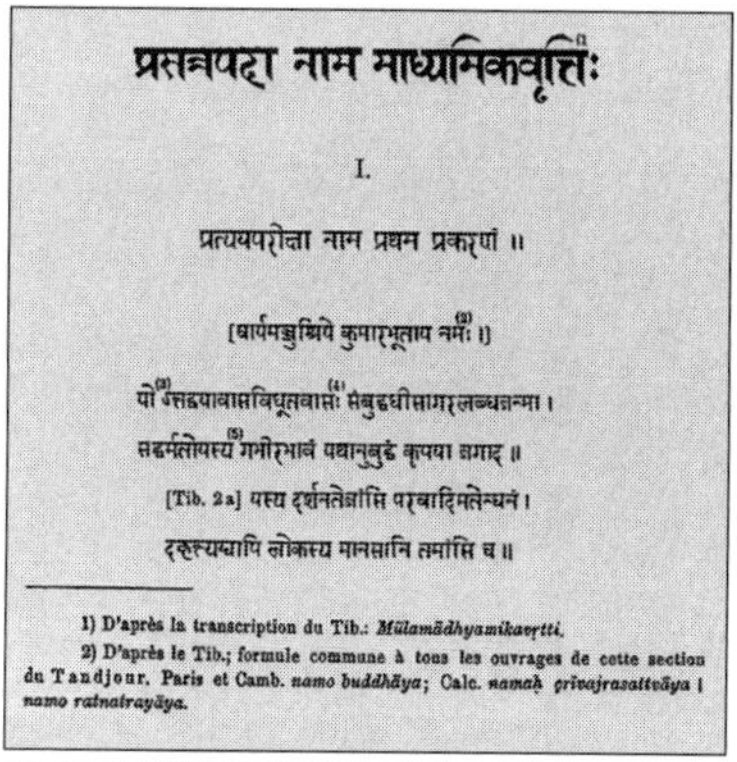
प्रसन्नपदा नाम माध्यमिकवृत्तिः[1]

I.

प्रत्ययपरीक्षा नाम प्रथमं प्रकरणं ॥

[आर्यमञ्जुश्रिये कुमारभूताय नमः[2] ।]

यो[3] ऽन्तद्वयावासविधूतवासः[4] संबुद्धधीसागरलब्धजन्मा ।

सद्धर्मतोयस्य[5] गभीरभावं यथानुबुद्धं कृपया जगाद ॥

[Tib. 2a] यस्य दर्शनतेजांसि परवादिमतेन्धनं ।

दहन्त्यद्यापि लोकस्य मानसानि तमांसि च ॥

1) D'après la transcription du Tib.: *Mūlamādhyamikavṛtti.*

2) D'après le Tib.; formule commune à tous les ouvrages de cette section du Tandjour. Paris et Camb. *namo buddhāya*; Calc. *namaḥ çrīvajrasattvāya* | *namo ratnatrayāya.*

図５　『中論頌』注釈書（プラサンナパダー）梵本テキスト巻頭部分

また、インド思想において最大の哲学的問題といえるアートマン（自己存在の主体、自我）については、第十八章で、

仏たちは、「アートマン〔がある〕」とも仮に説き、「アートマンがない（＝無我である）」とも示し、「いかなるアートマンもなく、アナートマン（無我）もない」とも示している。

と論じて、方便としての教説の仮設性を明らかにす

る。そしてさらに、この問題を一般化して、

およそ、あるもの（X）があるもの（Y）に縁《よ》って存在しているときには、前者（X）は後者（Y）と同じなのでもなく、異なるのでもない。だから、断絶しているのでもなく（不断）、永続的に存在しているのでもない（不常）。

と、あらゆる存在の縁起性を開示する。

さらに第二十四章では、ナーガールジュナは、おそらく当時すでに仏教の基本的教説として認知されていたと推測される四諦《したい》（四聖諦《ししょうたい》）や三宝《さんぼう》の問題を取り上げ、「もしもすべてが空であれば、それらの一々も存在しないことになるではないか」という反対者の見解を論破していく。すなわち、かれはいう。「あなたは、空について何も知っていない。仏たちの説示は、世間が理解する真理（世俗諦《せぞくたい》）と、最高の意味としての真理（勝義諦《しょうぎたい》）という二つの真理（二諦）にもとづいている。この区別を知らなければ、教えの深い真実を知ることはない。前者によって後者が説示される。後者に到達してはじめて涅槃が証得される。およそ、縁起しているというあり方、それを空であること（空性）と説く。それは、相待的に仮に説示されたものであり、それはすなわち、中道そのものである。どのようなものでも、縁起しないで生じたものはない。ど

のようなものでも、空でないものはないのだ」と。

このように、ナーガールジュナは、空観に裏付けられた縁起の見方によって仏教を宣揚したのである。

なお、上記の論点のうち、とくに傍線を付した部分は、鳩摩羅什訳『中論』において、

衆《もろもろ》の因縁より生ぜる法を、我は即《すなわ》ち是《こ》れ無なりと説く。亦《また》、是《こ》れ仮名《けみょう》と為《な》す。亦《また》、是《こ》れ中道の義なり。

と翻訳され、天台教学など、東アジアの仏教思想の形成に重要な役割を担うこととなった。これについては、第9章で述べる。

最後にもう一つ、一般に仏教の実践的目的として立てられる涅槃《ねはん》についてのナーガールジュナの知見を紹介しよう。これは、『中論頌』第二十五章において論じられるものだが、まず初めに、

もしもこの一切が空であれば、生じることはなく、滅することもない。何が断ち切られ、何が滅するために、涅槃が説かれるのか。

という反対者の疑義が示される。そして次に、これを逆転した反論、つまり、「もしもこの一切が不空《ふくう》（空でないこと）であれば」として、「生じることはなく」以下、同文の反論がなされる。その上でナーガールジュナは、

捨てられず、得られず、断ち切られず、恒常でなく、滅せず、生じないもの、これが涅槃といわれる。

まさしく涅槃は存在するものではない。もしもそうであれば、涅槃は老いと死という性質をもつということになろう。なぜなら、存在するもので、老いと死という性質をもたないものはないからである。

と、涅槃が実現されるべき境位であることを確信しながら、普通の意味で「存在する」とはいえないこと、言葉の上では否定的にしか表現できないことを主張するのである。

†アーリヤデーヴァ

上に述べたナーガールジュナを祖と仰ぎ、その主著『中論頌』を原点として展開していく学

派を総称して「中観《ちゅうがん》派」（マードゥヤミカ。Mādhyamika）という。この派の第二祖に当たる人は、アーリヤデーヴァ（Āryadeva 聖提婆《しょうだいば》、提婆《だいば》。一七〇〜二七〇頃）である。羅什が訳出した『提婆菩薩伝』によれば、かれは南インドのバラモンの出身とされる。しかし、別の伝承ではスリランカ国の王子だったが、出家して南インドに来て、ナーガールジュナに学んだという。気性の激しい人であったらしく、「破邪《はじゃ》」（間違った見解を論破すること）を掲げて仏教内外の他派の人々としばしば論争し、最後はある論敵の弟子の恨みを買って殺されたという。著書として『菩薩のヨーガの実践（瑜加行）による四百の詩句』（『四百論』）および『百論』があり、いずれも他の諸学派や伝統仏教の実体的なものの見方に対する精緻な批判が主な内容となっている。

なお、『百論』の第一「捨罪福品《しゃざいふくほん》」において、アーリヤデーヴァは、仏の教えを「悪が止《とど》められ、善が行じられる法」と規定する。そして、それを仏は衆生の心に随《したが》って、下位のもののための（他者への）施し（ダーナ）、中位のもののための（自律的な）戒《いまし》め（シーラ）、上位のもののための（真実を見通す）知恵（プラジュニャー。智）の三種に区別して説かれた、と述べている。このことは、かれの基本的な仏教観を示すものとして注目される。また『四百論』が、その正式の題名に示唆されるように、後述する唯識《ゆいしき》思想と一定の関連をもつことも忘れてはなるまい。

†その後の中観派

アーリヤデーヴァの後、中観派は一時衰退したらしい。しかし、この中観派の文献を多く中国に伝えたクマーラジーヴァ（鳩摩羅什《くまらじゅう》、羅什。三五〇〜四〇九、または三四四〜四一三）によれば、かれ自身、スーリヤソーマという師から『中論』『百論』『十二門論』の三つの論書を授けられたという。これらの論書は、後にクマーラジーヴァ自身によって訳出されて三論宗のよりどころとなるが、その中の『中論』はナーガールジュナの『中論頌』にピンガラ（青目《しょうもく》）が注釈を加え、『百論』はアーリヤデーヴァの「論」にヴァス（婆藪開士《ばすかいし》）が注釈を付したものである。こうした注釈者の存在は、細々とであったにせよ、中観派がその伝統を維持していたことを証していよう。

この中観派が大きく息を吹き返すのは、六世紀の始め頃にブッダパーリタ（仏護《ぶつご》）が現れてからである。

ブッダパーリタは、『中論頌』の注釈書（一般に『仏護註』と呼ばれる）を著し、中観派の流れを汲むプラーサンギカ派の初祖とされる。ただし、この派の名称は、実際にはブッダパーリタを批判したバーヴィヴェーカ（バーヴァヴィヴェーカ、バヴィヤ、清弁《しょうべん》。四九〇〜五七〇頃）に反論してブッダパーリタを擁護したチャンドラキールティ（月称《げっしょう》。七世紀前半）以後に定着したものである（後述を参照）。

ところで、プラーサンギカとは「プラサンガをする人」を意味する。では、「プラサンガ」（prasaṅga）とは何か。その意味は、「論理的な過ちに陥る」ということで、要するに、相手の主張に論理の上で過誤があることを指摘してその主張を論破し、結論として「空」の思想が正しいことを証明しようとする論法である。この論法は、相対的・静止的にしかものごとを捉え、表現することよりできない、われわれの認識の仕方がもつ限界、あるいは言語表現の本質的な不完全性を鋭く衝くものといえる。

例えば、私は今朝、家を出て、電車を乗り継ぎ、いま大学にいる。このことを踏まえて、「私は来た」といったとしよう。この場合、もし「私」が来る前から存在するとすれば、改めて来る必要はない。しかしまた、もし「私」が来る前には存在しないとすれば、ないものが来たことになる。だから、「私は来た」という立言は矛盾している、というようなものである。

この論法自体、実は「時間」あるいは「変化」という契機を抜きにしている。これは、少なくとも日常言語の世界における論理としては正しいといえない。また、プラーサンギカはその性格上、自ら命題を立て、何かを積極的に主張することはない。この点も、「哲学」としては一定の批判を免れないだろう。しかし、この論法は、アートマンなど不変の実体の存在を信じる相手に、その信念に根ざす判断と立言をすべて封じ、あらゆる存在が実体的には把握できないことを了解させる上で、かなり有効であったと思われる。この派が少なくともアティーシャという人物が登場する十一世紀まで、長く存続していく所以である。

†スワータントリカ派

上に触れたように、バーヴィヴェーカはブッダパーリタの論説を批判し、「空の立場もやはり一定の論理によって示されなければならない。正しい論証式が必要だし、またそれを立てることは可能だ」と考えた。これは、次節に紹介する、仏教論理学の大成者ディグナーガ（陳那《じんな》）の影響を多分に受けたことによると推測されるが、そのバーヴィヴェーカに始まる中観派の一派をスワータントリカ派という。この派の名前の由来は、かれらが一般にスワタントラ・アヌマーナ（自力で推論すること）と呼ばれる周到な論証を行うことによる（このため、「自立論証派」などと訳される）。

さて、この派の初祖ともいうべきバーヴィヴェーカには、『般若灯論』（『中論頌』の注釈書）、『中観心論頌』、『中観心論註思択焔《ちゅうがんしんろんちゅうしちゃくえん》』（前著の自注。チベット語訳のみ）、『大乗掌珍論《だいじょうしょうちんろん》』（漢訳のみ）などの著述がある。このうち、中の二著は、当時の重要な哲学思想をほぼ全体にわたって取り上げており、それらを知る上でも貴重である。

では、かれは実際にどのような形で「空」の立場の論証を行うのだろうか。

一例を挙げよう。例えば、ナーガールジュナの基本的な主張として、「不生」の問題がある。すなわち、

存在するものは、どんなものでも、どういう場合でも、決してそれ自体から生起せず、他者から生起せず、〔自他の〕二者から生起せず、無因〔原因がないこと〕から生起しない。

（『中論頌』一）

というのがそれである。これは、一見して知られるように、論理学的には四つの主張命題を並べているにすぎない。これに対してバーヴィヴェーカは、その著『般若灯論』の中で、それら四命題のそれぞれを同じ推論式を用いて解説し宣揚する。例えば、第一の「それ自体から生起しない」という主張に対しては、

〔絶対的な〕最高の意味〔勝義〕において、感覚器官はみな、それ自体から生起しない。〔＝主張命題〕
なぜなら、〔それらは知覚するものとして〕現に存在するから。〔＝理由づけ〕
例えば、精神性〔プルシャ〕〔がそうであるの〕と同様である。〔＝実例の提示〕

と論じている。以下も論証の形式は同じである。

では、この論証式の特徴はどこにあるのだろうか。それは、第一に、主張命題で「最高の意味において」という限定をつけることによって、世俗的なものに依存してなされる反論によって排撃されない点である。第二には、そこで「それ自体から生起しない」というときの否定表現を「非定立的否定」（矛盾・対立する概念の措定を許さない否定）、つまり、この場合は「他者から生起する」などの指示を含意しない、と規定することによって、Aの否定→非Aの定立、非Aの否定→非非Aの定立……という否定の連鎖を断ち切り、相対的な思考を超えた真実の知恵へと向かわせようとした点である。このことにもとづき、ディグナーガの論理学に相違して、実例の提示も上のように同類例を示すだけでよいとされている。

このように、バーヴィヴェーカは、最高の意味（勝義）としての「空であること」自体には論理が及ばないことを認めつつ、論理を重視し、言語的世界である「世俗」の枠内に限定した上で、中観派固有の論理学を作り上げた。ここにかれの独自の立場があると考えられる。

†ディグナーガの論理学

ここで、上に触れたディグナーガの論理学上の功績について簡単に述べておこう。

インドにおいて知識や論理の問題に反省が加えられ、特定の主張が正しいか間違っているかが議論されるようになったのはかなり古くからである。すでに二〜三世紀には、正しい論証は、形式として、①主張命題（宗《しゅう》）、②理由概念（因）、③実例（喩）、④適用（合）、⑤結論（結）の五項目が整っていなければならない、とされていた。これを五支作法《さほう》、または五分作法《さほう》という。

前述したナーガールジュナは、言語活動にもとづく固定的な認識を否定する立場から、そのような「論理」の絶対視に反対した。しかし、このことが大きな刺激となって、論理学の構築を主要な務めとするニヤーヤ学派が学説の体系化を進め、また、仏教界の内部でも、論理学的な研究が促進された。四世紀に現れた瑜伽行派《ゆがぎょうは》（次章参照）の古典『瑜伽師地論《ゆがしじろん》』では、学問領域を内明《ないみょう》（宗旨学。仏教の場合は仏教学）・医方明《いほうみょう》（医学・薬学）・因明《いんみょう》（論理学）・声明《しょうみょう》（文法学・音声学）・工巧明《くぎょうみょう》（工芸学・音楽学・数学・天文学など）の五つに区分し、論理学をその一分野としている。

このような展開を承けて、仏教の論理学を大成したのが、先に触れたディグナーガ（陳那《じんな》。四八〇〜五四〇頃）である。

かれは、南インドのアンドラ国の出身で、教学的には後述する唯識説をよりどころとする。そのディグナーガが唱えた論理学は、上の五支作法をより簡明かつ厳密にしたものということができる。すなわち、正しい論理の形式としては、①主張命題、②理由概念、③実例、の三項目で十分であるとする。いわゆる三支作法《さほう》の提唱である。ここでは、よく知られた例を一つだけ挙げよう。

① 言葉は無常である（主張命題）
② なぜなら、作られたものだから（理由概念）
③ 例えば、壺がそうであるように（実例）

ただし、ディグナーガによれば、この中の③実例は、上のように同じ性質のものを提示するだけではなく、反対の性質のものもあった方がより適切だという。今の場合でいえば、空間（虚空）を持ち出して、「無常でないものは、作られたものでない」ことを論証するというわけである。また、②理由概念は、(a)主張命題の主語に対して述語であること、(b)主語と同じ性質の事例にだけ認められること、(c)主語と反対の性質の事例にはけっして認められないこと――これら三つの条件（因の三相と呼ばれる）が、常に満たされていなければならない、という。上記の例の場合でいえば、「作られたもの」という理由概念が、主張命題の主語である「言葉」の述語となっており、壺のような事例にだけそれが認められ、空間のような事例にはそれが認められないから、論理的に正しいといえる、とされるのである。

さらにかれは、このような論理の問題に関連して、言葉そのものの性質について、「言葉の使用は、それによって指示されるもの以外のものの排除によって成立する」と主張している。これなども、現代の言語研究にも通じる、優れた洞察であるといってよかろう。

以上に概観したディグナーガの論理学は、画期的なものとして仏教の内外に大きな影響を与えた。そのため、かれ以後の論理学を新因明《しんいんみよう》と呼び、それ以前のものを古因明《こいんみよう》として、区別することがある。

第5章

瑜伽行派の形成と展開

†第二期の大乗経典

中観派の祖ナーガールジュナに続く時代にも、大乗経典は次々と作られていく。このことは、二〜三世紀以後もインド文化圏内において大乗仏教運動が衰えを見せずに継続し、かつ、多様化する傾向にあったことを示唆している。

ところで、ナーガールジュナに帰される『大智度論《だいちどろん》』（全百巻の漢訳本だけが存在する）は、実際にはおそらく、かれからおよそ百数十年以内、四世紀の半ばころまでに、その系統に属する、すなわち、中観系の仏教者らによって原本が作られ、さらに漢訳者の鳩摩羅什によって補訂されたものである。本書には多くの経典が引用されるから、経典成立の時期を区別するための一つの尺度となるが、以下に取り上げる「総合経典」ともいえる諸経典や、後述する唯識《ゆいしき》系、および如来蔵《にょらいぞう》系の諸経典は出てこない。これらの諸経の一部については、成立地域などの関係から『大智度論』の著者たちに見聞されていなかったことも考えられるが、多くは『大智度論』以後に出現した可能性が大きいと思われる。

では、この第二期に現れた経典には、どのようなものがあるのだろうか。本章の主題である瑜伽行派の思想形成とも密接に関連するので、ここで、それらの経典のうち、とくに重要なものをまず紹介しておこう。

†「総合経典」の編纂——華厳経と大般若経

すでに成立していた諸経典を一定の視座に立って見たときに、同じグループに属すると見られ、かつ、それらにいくつかの部分を付け加えるなどして集成することに大きな意義があると判断されてまとめられたと推測される一群の経典がある。これをかりに「総合経典」と名づければ、そういう総合経典として『大般若経』『華厳経』『大宝積経《だいほうしゃくきょう》』『大集経《だいじつきょう》』などを挙げることができる。

この中でもっとも早く出現したのは、おそらく『華厳経』である。本経は、簡潔にいえば、ゴータマによって実現された悟りの世界を前提ないし背景として、そこに至る菩薩の道を説くもので、前述した『十地経』と、『ガンダヴューハ』——スダナ（善財童子《ぜんざいどうじ》）という純真な求道者が次々に菩薩・神々・人々を訪ねて修行を重ね、ついに仏となることを約束される物語を骨子とする――を中核に置き、それらを中心的な章として編纂されている。成立は、四百年頃、西域のコータンの地においてであろうと推定される。本経は、後述するように、とくに東アジアにおいて尊重され、思想的・文化的に大きな影響を及ぼしてきている。

次に『大般若経』は、般若思想を説く諸経典を集大成したものである。全体は十六会《え》・二十万頌《じゅ》からなり、七世紀の玄奘《げんじょう》（後述）による漢訳本では六百巻に及ぶ。『大智度論』以降の成立であるが、どこで編まれたかは明らかでない。東アジア世界においては、本経の読誦《どくじゅ》には大きな功徳《くどく》があるとされ、日本のいくつかの宗派ではその転読を中心とする儀式が今も盛んである。

†大般涅槃経と勝鬘経――如来蔵系の諸経典

次に、初期経典の一つと同名で、同じくゴータマの死、すなわち、「完全な安らぎ」（マハー・パリニルヴァーナ）を表題に掲げるものに、大乗の『大般涅槃経《だいはつねはんぎょう》』がある。本経は、前述の総合経典の一つに加えることもあり、この場合には合わせて「五大部」という。しかし、本経はむしろ増広《ぞうこう》経典（大きく増訂された経、の意）と呼ぶべきもので、上の諸経とはやや性格が異なる。すなわち本経は、実質的には初めに成立した部分と後に増広された部分の二部構成の経典であり、前者が四世紀後半までに、後者が五世紀初頭までに成立していたことは確実である。また、前者は中インド、後者は西域のコータンの辺りで生まれた可能性が高い。

『大般涅槃経』は、思想的には先に述べた『法華経《ほけきょう》』の立場に連続するところが多い。本経は、仏となったゴータマの死は仮の姿であり、この世での教化の縁が完了したから、随意に示されたものにすぎない、と見なしている。また、衆生の素質に関しては、さらに踏み込んで、よい行いをして仏となる素質をもたないとされる一闡提《いっせんだい》（イッチャンティカの音写語。略音写して闡提《せんだい》ともいう。原意は「貪る人」）も必ず成仏《じょうぶつ》できるとして、最終的には「生きとし生けるもののすべてに仏の本性がある」（一切衆生《いっさいしゅじょう》、悉有仏性《しつうぶっしょう》）との明解な説を打ち出すに至っている。

さらに本経は、戒律の問題にも強い関心を示す。すなわち、仏教界における戒律の乱れを厳しく批判するとともに、例えば肉食に関しては、慈悲の精神にもとづいて「如来は肉食を許されない」と断言し、条件付きでそれを認める伝統的立場を踏み越えてさえいるのである。

ところで、この『大般涅槃経』のように、仏と衆生との本質的な一体性を説く思想を一般に如来蔵思想と呼ぶ。如来蔵とは、「仏の胎児」、あるいは「仏の母胎」の意味である。先駆的にこの思想の源流を示すのが『如来蔵経』で、本経は、三世紀の後半にはすでに現れていたらしい。この『如来蔵経』が主張するところは、要するに「一切の衆生に、仏となる可能体として如来蔵があり、それは永遠なもので、煩悩の中にありながら決して汚されない」ということである。このことを、「例えば天眼をもった人がしぼんだ花を見ると、そのなかに仏が坐禅されているのが見える。そのしぼんだ花を取り除いて、中の仏を顕現させるのである」といった比喩など、九つの譬えを用いて明らかにするのである。

こういう如来蔵思想の流れの中から、さらにいくつもの経典が現れる。勝鬘夫人《しょうまんぶにん》という王妃自身が、「如来蔵によるから生死があり、如来蔵によるから涅槃がある」などと仏法を説く『勝鬘経《しょうまんぎょう》』もその一つである。本経は、先に紹介した『維摩経』の在家主義的立場を受け継ぐとともに『法華経』の一乗思想を吸収し、その上で、このような宗教哲学を展開するのである。付言すれば、本経が、聖徳太子撰述と伝えられる優れた注釈書『勝鬘経義疏《ぎしょ》』があるためもあって、わが国においてとくに親しまれてきていることをご存じの方も多かろう。

†解深密経

上述した如来蔵系の諸経典と性格がはっきりと異なる経典群も、この時代に現れてくる。それが、次の節に論じる瑜伽行派の思想の先駆となる諸経典で、その代表が『解深密経《げじんみつきょう》』である。本経の完本が漢訳されたのは六世紀の初めだから、それは、あるいは『大般涅槃経』などよりも後の成立かもしれない。しかし、その一部の章に当たるものが五世紀以前に出現していたことは確かである。これも、一種の「総合経典」であるともいえる。

さて、この『解深密経』には、大きくいえば二つの思想的特徴がある。その第一は人間観である。すでに述べたように、『法華経』や『大般涅槃経』は「仏の教えは一つであり、誰もが必ず仏になれる」と、仏教とそれを受ける人間の平等性を宣揚する。これに対して本経は、そのような一乗の説は手立てとして説かれた不完全なものであって、衆生には明確に、声聞《しょうもん》・独覚（縁覚）・菩薩のそれぞれの素質のもの、確定していないもの（不定種性）、および、悟りの可能性をもたないもの（無種性）という、五種類に分類できる区別があると説く（これを「五性《ごしょう》各別」と呼ぶ）。

第二は、迷いの心の鋭い分析である。本経は、われわれの心の奥底には無意識の意識があり、それが迷いの生存を生み出し、支えているとする。そして、これをアーラヤ識（収め入れる意識）、執持識《しゅうじしき》（取り込み受け入れる意識）と呼んで、それにははるかな過去からの業《ごう》が種子の形で保存されている。それらは、激しい滝のようなもので、中身は常に変わるのだが、凡夫はそれを自我（アートマン）と誤解する、と論じるのである。本経が、長く仏教界を悩ませてきた非我・無我の教説と輪廻《りんね》の教説との調停を独自の形で実現していることが知られよう。

なお本経は、このいわば「迷いの心が作る現実」、および、それを超え出ていく実践のあり方との関連において、存在世界のありよう（法相《ほっそう》）を三種に区別して呈示する。すなわち、①妄想されたありよう（遍計所執相《へんげしょしゅうそう》、虚妄分別相《こもうふんべつそう》）と、②他に依存するありよう（依他起相《えたきそう》、因縁相《いんねんそう》）と、③完成されたありよう（円成実相《えんじょうじつそう》、第一義相）である（「相」の語は、後には「性」と訳される）。

この思想は、やがて瑜伽行派《ゆがぎょうは》において中心的理論の一つとして完成されるが、本経においてその骨組みは出来上がっているといってよい。というのは、本経にはすでに、①に関しては、われわれがものごとを実体的に捉えてそれを概念化し、それにとらわれることが迷いの世界の根本的な特徴であること、②に関しては、縁起《えんぎ》の捉え方が迷いから悟りへの転換を可能にすること、③については、それが真如《しんにょ》（ありのままにあるものとしての真理）の世界であり、悟りが実現される場であることが、それぞれ明示されているからである。

†瑜伽行派の成立

おそらく、上に紹介した『解深密経』（現本に増補・改訂される以前の、いわば「原テキスト」）などに影響を受けながら、瑜伽行《ゆがぎょう》、すなわち、ヨーガ（yoga）と呼ばれる瞑想の実践を仏教の根幹に据えてその立場を形成していったのが瑜伽行派である。瞑想における「ただ意識のみ」という体験的事実を重視し、精緻な意識構造論を作り上げたところから、唯識派《ゆいしきは》とも称される。

この派は、マイトレーヤ（Maitreya 弥勒《みろく》）に始まるとされる。しかし、マイトレーヤは、古くから未来仏としての弥勒菩薩と同一視する考え方があり、一説には実在の人物ではないともいう。この説を採れば、瑜伽行派の開祖はアサンガ（Asaṅga、無著《むじゃく》。三九〇～四七〇頃）ということになる。けれども、アサンガ以前にこの流れに含まれる、「経」以外の著述があったことはほぼ確実であり、少なくとも四世紀後半から五世紀にかけてマイトレーヤという名の人物がいたか、あるいはマイトレーヤに帰される学匠《がくしょう》（一人とは限らない）が存在したことは確かだろう。

　マイトレーヤの著述として中国に伝えられたものは、合わせて「五論の頌《じゅ》」と呼ばれる。すなわち、①『瑜伽師地論《ゆがしじろん》』、②『分別瑜伽論《ふんべつゆがろん》』、③『大乗荘厳経論頌《だいじょうしょうごんきょうろんじゅ》』、④『弁中辺論頌《べんちゅうべんろんじゅ》（中辺分別論頌《ちゅうべんふんべつろんじゅ》）』、⑤『金剛般若経論頌《こんごうはんにゃきょうろんじゅ》』の五著である。他方チベットには、「マイトレーヤの五法」が伝えられている。そのうち、上の「五論の頌」と合致するのは③と④のみである。また、ヨーガ実践者の境地の発展を詳細に論じる『瑜伽師地論』（Yogācāra-bhūmi）は、漢訳で百巻の大著で、この派の根本聖典ともいえるものであるが、チベットの伝承ではアサンガの著作となっている。内容としては、マイトレーヤに帰される③④などよりも古層に属する思想が含まれ、またアサンガの真撰であることが確実な文献に連続する思想もある。本書が一時に成立したものではなく、アサンガに至る同派の初期の成果を集成した著述であることは、まず間違いなかろう。

　では、マイトレーヤ、あるいはマイトレーヤに帰される人物は、どのようなことを説いたのだろうか。いまは、その思想的立場をよく表している④『弁中辺論頌』（サンスクリット語の原題は「中正と偏りとの区別」）を手がかりとして、かれの思想の特徴を見てみよう。

　本書には、後述するヴァスバンドゥ（Vasubandhu 世親《せしん》、天親《てんじん》。四〇〇～四八〇頃）によってかなり詳しい注釈が付けられているが、その冒頭でヴァスバンドゥは、真理に到達したひと（＝仏）の身から生み出されたこの論（＝頌）の作者と、それをわれわれなどに〔言葉をもって〕伝えられた語り手とに礼拝して、〔この論の〕意味を明らかにするために、私は力を尽くそう。

と自らの決意を述べている。ここでいわれる「論の作者」とは、マイトレーヤのこと、「語り手」とはアサンガのことである。つまりヴァスバンドゥは、マイトレーヤが現に兜率天《とそつてん》にある菩薩であり、やがて仏となってこの世に出現される存在であること、そして、その天に赴いてマイトレーヤから直接教えを聞いてこの世に伝えたのがアサンガであることを信じ、そのことを表明した上で、本論の注釈を行っているのである。

さて、本論の目的は、その題名に示されるように、偏り誤った見方を排除し、大乗《だいじょう》（『弁中辺論頌』自身は、これを「この上ない乗り物」（＝無上乗《むじょうじょう》）と名づける）の中正な立場を宣揚することである。そして、この目的のために何よりも問題とされるのが、現にわれわれ凡夫が抱いている「虚妄な分別」である。諸訳とヴァスバンドゥの注釈を参考にしながら、冒頭の二つの詩句を訳出してみよう。

〔知られるものと知るものとの対立的な把捉《はそく》という〕虚妄な分別がある。〔けれどもそこに、知られるものと知るものという〕二つのものは〔ともに〕存在しない。そこには「空であること」（空性）があるだけであり、その〔空であることの〕中にまた、それ（＝虚妄な分別）がある。
それゆえに、すべてのものは空であるのでもなく、空でないのでもないといわれる。〔なぜなら、空である虚妄な分別が〕あるからであり、〔虚妄な分別において立てられる、知られるものと知るものとの二つは〕ないからであり、また〔虚妄な分別の中に「空であること」が〕あるからである。
そしてこれが、中道の意味である。

極めて簡潔な詩句であるが、ここには本論の基本的な立場と中心的な主張が端的に示されている。すなわち『弁中辺論頌』は、中観派が注目し、その理論化に努めた「空」や「中道」の真実を、主にわれわれの誤った認識のあり方との関わりにおいて究明する。そして、この「虚妄な分別」がなくなることによって、解脱が実現すると見るのである。

また本経では、『解深密経』において先駆的に三種のありようとして説かれていた教説が、「根本の真実」を表す三種のあり方（自性《じしょう》。スヴァバーヴァ svabhāva）として示される。すなわち、①遍計所執自性《へんげしょしゅうじしょう》（分別自性）、②依他起《えたき》自性《じしょう》（依他自性）、③円成実自性《えんじょうじつじしょう》（真実自性）が立てられ、それらについて、

〔それら三種のあり方は、それぞれ順に〕いつでも存在しないものと、存在するが事実としてではないものと、事実として存在し、かつ、存在しないものとである。これらが、三種のあり方〔の真相〕である。

と論じられる。さらに本論は、四諦《したい》の教説などとこの三自性との関係を解明していて興味深いが、実践的な意味においてとくに重要な「道の真理」（道諦）との関わりについては、

〔①を〕知り尽くすこと、〔迷いの生存の縁起としての②を〕断ち切ること、〔③を〕証得《しょうとく》すること〔という三つのこと〕にもとづいて、道の真理が説かれた。

と述べられている。三自性説（三性説）は、本論において、存在と認識の理論であるだけでなく、実践の理論でもあることが知られよう。

†アサンガとその思想――アーラヤ識と三性

アサンガは、伝承によれば、北インド・ガンダーラ国の名家の出身で、父はカウシカといい、

国師を務めたという。はじめ部派仏教の上座部から分かれた化地部《けじぶ》で出家したが、のちに大乗に転向し、瑜伽行派の基礎を固めた。著述としては、主著と見なされる『摂大乗論《しょうだいじょうろん》』（原題は、Mahāyāna-saṃgraha.「大乗の総合」の意）のほか、『顕揚聖教論《けんようしょうぎょうろん》』『大乗阿毘達磨《あびだつま》集論』などがある。ここでは、その中から『摂大乗論』を取り上げ、アサンガの基本思想について考察しよう。

本書は、その名が示唆するように、一種の「大乗仏教概論」である。しかも、部派仏教のアビダルマ的な議論をしばしば組み入れている。それゆえ問題は多岐にわたるが、全体は「境」（研究対象）、「行」（学習・実践）、「果」（悟りの知恵の体得）の三部からなると解される。

では、アサンガは、何をこの派の学問の基礎となる「境」と考えたのであろうか。それは、（1）アーラヤ識と、（2）三性《さんしょう》（三自性、三相）に他ならない。かれによれば、これらを知ることを前提として、悟りの世界は開かれていくのである。

まず、アーラヤ識について注目されることは、本論が初めてこの概念を中心として人間の生存の基点ともいうべきところを説明したことである。すなわち本論は、その巻頭において『阿毘達磨大乗経』を教証としつつ、いわば意識下の意識として内蔵されているアーラヤ識があらゆる存在のよりどころであり、それが迷いの生存と涅槃の悟りの両者を成り立たせる、と主張する。

続いて、アーダーナ識（「アーダーナ」は「取る」「自分のものにする」などの意）という別名を挙げ、それはこの識がすべての感覚器官を統合・掌握しているので、現にわれわれは生きることができるとともに、次の世に生まれることができるからである、という。さらに、これを凡人は自我（アートマン）と思い込むが、それは大きな誤りである、と論じている。本論においては、まだ八識説（後述）やこれに類する意識構造論は示されない。しかし、潜在意識としてのアーラヤ識の基本的性格はほぼ固められているといってよかろう。

前述したアーラヤ識は、「知られるべきもののよりどころ」とされていた。次に、「知られるべきもののありよう」として示されるのが、三性である。原語名、漢訳名とも『解深密経《げじんみつきょう》』と同じであるが、本論では一般には第二に挙げられる②「他に依存するありよう」（依他起自性）が最初に解説される。これは、本論がこのありようを三性の中でもっとも重視したからであろう。教説の要点を抜粋して紹介しよう。

「他に依存するありよう（依他起自性）」とは何か。それは、アーラヤ識を種とし、空虚な分別に包摂されるさまざまな表象である。……それらの表象（の基底）には、（世界は）ただ表象のみ（＝唯識）ということがあり、また実在ではなく、迷妄《めいもう》に過ぎないものが対象として現れることのよりどころとなっている（という意味がある）こと、これが「他に依存するありよう」である。

「妄想されたありよう（遍計所執自性）」とは何か。それは、（実は外界の）対象は存在せず、ただ表象のみであるのに、その対象が（実在するかのように）現れることである。

また、「完成されたありよう」（円成実自性）とは何か。それは、上に挙げた「他に依存するありよう」そのものにおいて、対象としてのありようが、あらゆる意味で無に帰することである。

『摂大乗論』は、以上のように三性それぞれの意味ないし特徴と、それら相互の関係を説示する。これだけからもうかがえようが、本論の三性説は、それ自体として唯識的世界観を端的に示すとともに、「他に依存するありよう」、換言すれば、縁起の見方を媒介として、迷いから悟りへの転換を目指す実践的理論なのである。

では、この迷いから悟りへの転換は、どのようにしてなされるのだろうか。本論は、その直接の契機として、正しい教えを「多く聞くこと」による薫習《くんじゅう》を強調する。すなわち、自己という存在が、法に親しむことに習慣づけられて、これがアーラヤ識とは異なる別の種、つまり、悟りの原因となると説く。この思想は、一般的にいわゆる人間教育のあり方を考える上でも、大いに参考になるのではなかろうか。

なお、ここでは細説しないが、「境」に続く「行」の問題としては、六波羅蜜《ろくはらみつ》、菩薩の十地《じゅうじ》、および、戒《かい》・定《じょう》・慧《え》の三学（学習・修得すべき三種の実践）がその枠組みを作っている。「摂大乗」の名にふさわしく、極めてオーソドックスな論の立て方だといってよかろう。

†ヴァスバンドゥ——唯識説の大成

アサンガの思想的立場を継承して、瑜伽行派の思想を大成したとされる人が、ヴァスバンドゥである。かれは、アサンガの実弟である。一説には、さらにその下にブッダシンハ（師子覚《ししかく》。覚師子とも漢訳する）という弟もいたというが、この人はアサンガの弟子らしい。

ヴァスバンドゥは、はじめ伝統仏教を信じて勉学に努め、やがてカシミール国に行って有部の「正説」を示すといわれる『大毘婆沙論《だいびばしゃろん》』を学んだ。現在も仏教学の基本テキストの一つとされる『倶舎論《くしゃろん》』は、かれがその『大毘婆沙論』を評釈・要約して著したもので、有部の教学に対する批判的記述も見える。しかしヴァスバンドゥは、この著述のあと、大乗に転じた。それは、兄のアサンガの教化によるという。以来、瑜伽行派の学匠として多くの著作を残し、後世に多大な影響を及ぼすこととなった。

ヴァスバンドゥの著作は、大きく分ければ次の四グループに分類される。すなわち、①先に挙げた部派の立場の『倶舎論《くしゃろん》』、②部派から大乗への架橋的な『成業論《じょうごうろん》』など、③明確に瑜伽行派の立場の『唯識三十頌』『唯識二十論』、および先に言及したマイトレーヤやアサンガに帰される諸著述に対する注釈、④『十地経論』と、これを除けば厳密な意味では真偽不明ながら、より広い大乗的立場で著したとも見られる『法華経論』『浄土論』（『無量寿経』の注釈）などの経典注釈書類、である。ここでは、それらの中からまず、『唯識二十論』の冒頭の一節を見てみることにしよう。

大乗においては、〔欲《よく》界（欲望の世界）・色《しき》界（物質の世界）・無色《むしき》界（物質を超えた世界）という〕三つの領域（三界）からなるこの〔迷いの〕世界は、ただ表象にすぎないものである、と教えられる。経（＝十地経）に、「勝者の子たちよ、実にこの三つの領域は、心のみなるものである」といわれているからである。心（チッタ citta）、意（意思。マナス manas）、識（認識。ヴィジュニャーナ vijñāna）、表象（vijñapti）というのは、みな同義語である。ここで（＝引用した経において）「心」といわれているのは、〔それに伴って起きるさまざまな心のはたらきと〕つながっている心のことである。「のみ」というのは、外界の対象が〔実体的なものとして〕あることを否定するためである。

この一切のものは、表象のみなるものである。〔実体的なものとしては〕存在しない対象が、そこに現れるからである。喩《たと》えていえば、〔特定の〕眼の病気の人が、実際には存在しない網のような繊毛《せんもう》を見るようなものである。

本論は、この命題的な主張を提示したあと、反対者のこれに対する反論を出し、さらにそれに答える、という手法で議論を進めていく。そして最後に、

この「一切は表象にすぎない」という証明を、私は自分の能力に応じて行った。しかし、完全な形では、それはわれわれの思考を超えている。それは、ブッダたちによってのみ知られるところである。

と述べて、本論を結んでいる。ヴァスバンドゥが、現実の世界を「表象」という形で現出する純粋な意識世界として捉えようとしていることが理解されよう。

次に『唯識三十頌』は、その題名の通り三十の詩句からなる短編である。それゆえ、その思想について「これこれである」と明確にできるところはあまりなく、実際、後代には本論の内容に関してさまざまな解釈が生まれている。ただ、とくに注意されることは、本論において、識を業《ごう》の結果である根本の識としてのアーラヤ識、思量のはたらきを特徴とするマナ識、および、対象を知覚・認識する顕在的な六識に区別する八識説を明示するとともに、それらが現実世界を生み出すことを説明するために、初めて識の変異（転変。パリナーマ pariṇāma）という概

念を持ち出したことである。

ヴァスバンドゥは、おそらく説一切有部などで法の連続性（相続）に関わって用いられていたこの概念を、識のはたらきを示すものに転用した。すなわち、かれの用法では、前後の刹那の間に識が変化して別なもののようになることを意味するものとなった（これと異なる後代のダルマパーラ〔護法〕の解釈については、後述する）。そして、この識の変異を根拠として、かれは「一切はただ識のみ」であることを論証したのである。

†ヴァスバンドゥ以後

前節に述べたように、ヴァスバンドゥの最大の功績は、哲学的には唯心論とも呼べる瑜伽行派の唯識説を大成したことである。しかし、かれ自身の思想的立場は、おそらくそこに原点がありながらも、全体としてはより大きな広がりをもつものであった。一例を挙げよう。

例えば、かれが著した『十地経論』は、六世紀の初めに中国に伝訳された。その際、翻訳の中心となったインドの学匠たちの間に深刻な意見の相違があり、これが原因となって、本書の研究を進めるグループとして成立した地論宗《じろんしゅう》も二派に分かれ、それぞれ別の道を辿ることとなった。そして、その一方は、瑜伽行派とは大きく思想的性格を異にする中国華厳宗（後述）の形成へとつながっていくのである。この事実は、ヴァスバンドゥの思想には全体的にかなりの幅があり、いくつかの解釈の可能性と展開の方向があったことを証していると思われる。

では、ヴァスバンドゥ以後、瑜伽行派はどのように展開していくのであろうか。

中観派の系統に属するボーディバドラ（覚賢《かくけん》。九世紀頃）が紹介するところによれば、瑜伽行派には先述のディグナーガが開いた有相《うそう》唯識派とアサンガに始まる無相《むそう》唯識派の二派があるという。これは、「行相」、すなわち、客観的対象として現れる形相（一般的には「外界」とされる、色や形などの感覚・意識の対象）が、もともと「識」にそなわっていると見るかどうかによる区別で、そう見るのが前者、見ないのが後者である。三性との関係でいえば、前者は、行相は「他に依存するもの」（依他起性。依他起自性に同じ）だとし、後者は「妄想されたもの」（虚妄分別性《こもうふんべつしょう》。遍計所執自性に同じ）だとする。歴史的にいえば、前者の方が成立は新しく、それは、後者、つまり、伝統的な瑜伽行派の思想がもつ論理上の難点を克服しようとしたものである。

この有相唯識派の認識論は、外界の成立には説得力のある理論的根拠を提供した。けれども逆に、そのために、迷いの大本である識がどうして悟りの智慧へと転換されるのか（転識得智《てんじきとくち》）をうまく説明できなくなったきらいがある。しかし、この派はアスヴァバーヴァ（無性。五〇〇頃）から次節に述べるダルマパーラへと受け継がれて発展した。そして、中国には七世紀に玄《げん》奘《じょう》によってこの系統が正統として伝えられて法相宗《ほっそうしゅう》となった。以来、東アジア世界の唯識思想は、主にこの法相宗によって担われていくのである。

なお、「識から智へ」の転換は、法相宗がとくに重視する『成唯識論《じょうゆいしきろん》』（後述）などでは八識から四智への変化として説明される。すなわち、八識のうちのアーラヤ識は大円鏡智《だいえんきょうち》へ、マナ識は平等性智《びょうどうしょうち》へ、第六識（意識）は妙観察智《みょうかんざっち》へ、前五識（眼識・耳識・鼻識・舌識・身識）は成所作智《じょうしょさち》へと変わるとされている（八識そのものについては、後に検討する）。

†ダルマパーラの役割

ディグナーガ（陳那《じんな》）の門下と推測されるアスヴァバーヴァ（無性《むしょう》）には、アサンガの『摂大乗論』に対する注釈がある。そこには、例えば主観の領域（見分）と客観の領域（相分）をともに「他に依存するもの」（依他起性）とするなど、いくつか特徴的な思想が表れている。しかし、それらはおおむね次世代のダルマパーラによって組織化される理論である。

ダルマパーラ（護法《ごほう》。五三〇～五六一）は、南インドの出身である。若くして当時の仏教界の大学林であったナーランダー寺の学頭となったが、二十九歳のときに引退してブッダガヤーに隠棲し、三十二歳で没した。主著『成唯識論《じょうゆいしきろん》』（原名は、vijñaptimātratā-siddhi-śāstra に比定される）は、ヴァスバンドゥの『唯識三十頌』の注釈書であるが、これはダルマパーラが隠棲後に著したもので、その死後に本書を託された信者から玄奘へと手渡されたという。かれの著述としては、この他にもいくつかのものが伝えられている。例えば、中観派のアーリヤデーヴァの

『四百論』の後半部を注釈した『大乗広百論釈論《だいじょうこうひゃくろんしゃくろん》』などである。しかし、それらはいずれも漢訳のみが存し、かれの真撰かどうかは定かでない。ここでは、漢訳『成唯識論』によって、ダルマパーラの特徴的な思想の一端に触れてみよう。

伝承によれば、玄奘がインドに赴いた七世紀、インドには『唯識三十頌』に対してスティラマティ（安慧《あんね》）やダルマパーラなど、十人の学匠たちがそれぞれに著した注釈書が存在した。玄奘はそれらをすべて手に入れ、帰国後、別々に訳出しようと考えていたらしい。ところが、高弟の基《き》（窺基《きき》）はそのことに反対し、ダルマパーラの解釈を主とし、その他の人の解釈は適宜に取捨して訳出したほうがよいと進言した。玄奘は、結局その勧めを受け入れた。こうして出現したのが漢訳『成唯識論』であるという。

実際、漢訳『成唯識論』には、問題に応じてスティラマティ、ディグナーガらの学説が引用される。しかし、そのあとにダルマパーラの学説が挙げられて、その正当性が主張されるのである。それゆえ、本論はダルマパーラの解釈そのままではない。この論書は、「玄奘らの共著・共編」という一面を合わせもっているわけである。われわれは、このことに十分注意する必要がある。

ともあれ、ダルマパーラはいくつかの問題について唯識説の学問的な体系化を果たした。その代表的な理論で、近代の心理学に比較しても興味深いのは、ヴァスバンドゥが提唱した八識説の精密化である。そこでいまは、これについて一言しておこう。

八識説は、世界のすべてを「ただ識のみ」と見るとき、その「識」そのものがどういう構造をもち、どのようにはたらくかを明らかにしようとするもので、同類の諸説——例えばアーラヤ識のさらに奥にアマラ識（無垢識。純粋意識）をおく九識説もある——の中でもっとも有力となった理論である。

実際、われわれの中にも、自分の心の正体をそれだけで押さえきれるとは思っていない人が多いのではなかろうか。それは、さまざまな機会に潜在する意識のはたらきを感じざるをえないからである。仏教の場合、初期仏教以来説かれてきた六つの感覚・意識（六識）は、だれもが確認できる顕在的なものである。ところが、八識説によれば、その奥に潜在的意識としてマナ識があり、さらにその奥にアーラヤ識がある。つまり、二重の潜在意識がある、というのである。

このうち、まずアーラヤ識は、前世における業の結果として成立しているとされ、いわば現存在としての人間の主体を指す。そして、これには三つの意味、すなわち、現象的世界を現しだす種を宿すという意味と、現実の行為、ないしありようの影響を受けて変わるという意味と、自我と見なされ、執着されてしまうという意味がある、とされている。根本識とも称される所以である。

また、マナ識はアーラヤ識から生まれたものであり、また第六の意識の背後にあって、思量することを本性とし、アーラヤ識を見て自我と誤解し、自我意識を起こす、という。そのため、「汚れたこころ」（染汚意《ぜんまい》）とも呼ばれる。このマナ識は、いわばわれわれの心の中で不断にはたらいている自我意識の隠れたよりどころとされるものなのである。

さらに、それら二重の潜在する意識に支えられつつ活動する六つの感覚・意識（六識）は、直接的に客観対象を知覚し判断するはたらきである。このうち、前の五つ（前五識。見る・聞く・嗅ぐ・味わう・触れて感じる）は感覚だから、それ自体に善や悪といった区別はない。これに対して、第六の意識にはそれらの感覚と同時にはたらいてその結果を認識する側面と、それだけで単独にはたらく側面があるという。例えば、バラの花を見て「バラだ」と認識するのが前者であり、宇宙人を空想的に考えるのは後者に当たろう。また、意識が前者のはたらきをもっているために、前五識もそれに色づけられて、結果としては善・悪・無記（善でも悪でもなく、倫理的・価値的に中性であること）のいずれかの性格を帯びるとされる。

さらに第六の意識は、アーラヤ識やマナ識を対象として「自我がある」という誤った見方を生じる。身体を自我と見たり、心を自我と見たりすることもある。他の哲学・宗教を学んだり、自分勝手に思索して、「自我がある」という見解を抱くこともあるという。

以上、ダルマパーラの解釈にもとづいて八識説を概観した。このように精緻で分析的な感覚・意識論が、今から千四、五百年も前に現れていることは、われわれにとって驚嘆すべきことといわなければなるまい。

ちなみに、アスヴァバーヴァ（無性）に触れて言及した、識にもとづく主観と客観の問題については、ダルマパーラは、次のように考えたという。つまり、アーラヤ識に所蔵される種から、八識それぞれの本体（自体）が生じる。この本体から主観と客観が分裂して現れるが、本体自身はその主観の認識作用を確認し自覚する（このはたらきの面を「自証分」という）。そして、その結果が、記憶としてアーラヤ識を性格づけ（薫習《くんじゅう》）、保存される。さらに、このことを確認するはたらきもある（このことを「証自証分」と呼ぶ）、というのである。この思想は、やや煩雑で、論理的には無限遡及《むげんそきゅう》に陥る危険もある。しかし、このような、心の深層におけるはたらきの様相を綿密に究明しようとするダルマパーラの姿勢には、ある種の感銘を覚える。

第6章　大乗から密教へ

前章のはじめに述べたように、三、四世紀になると、大乗仏教運動《だいじょう》は、それまでの「空《くう》」の智慧を中心的に標榜する流れに関わりながらも、新たに、まずは迷いの世界としての「有《う》」の現実に目を向け、それを意識の問題として深く考察し、その知見を実践論的に仏の智慧の世界に結びつけようとする流れを生み出した。

それが瑜伽行派《ゆがぎょう》の形成へとつながったのだが、これは、大胆に、かつ簡略化していえば、中核となる視座を現実否定から現実重視（そのままの現実の肯定ではない）へ、形而上学的存在論から経験主義的意識論へと移したということである。しかもこのことは、より大きな観点から見れば、初期仏教の「非我」「無我」から初期大乗の「空」までを含めて、素朴な唯物論や宿命論だけではなく、不滅の自我（アートマン）の「有」を掲げるインド思想の正統派にも反対する立場を維持してきた仏教が、その立場を転換しつつあったことを意味している。

思うに、この傾向をより明確に示すのが如来蔵思想の系譜に属する諸経論であり、それを確定的なものにしたのが密教にほかならない。

†如来蔵思想の大成——宝性論

如来蔵系統の経典については、前章で略述した。ここでは、インドにおいて如来蔵思想をまとめあげたといえる『宝性論《ほうしょうろん》』を一瞥しておこう。

『宝性論』は、最終的にはおよそ五世紀前半に成立したと推定されている。著者については、構成の複雑さも手伝って諸説があるが、のちに華厳宗《けごんしゅう》において重視されることになる『法界無《ほっかいむ》差別論《しゃべつろん》』の作者サーラマティ（堅慧《けんね》）が本論をも著したという説が有力である。原題は、「宝のような素性《すじょう》の分析」の意で、本論が如来蔵・仏性《ぶっしょう》を主題とする注釈書であることを示している。

また本論には、「最後の教え」（ウッタラタントラ）という別名がある。その意味は、『宝性論』自体が説明するところによれば、先に「すべては空である」と説かれたのに対して、「（衆生《しゅじょう》に）仏の本性（仏性）がある」と説くことが、前説の補説であり、究極の教説であるということである。この別名に、本論の立場は明瞭に示されているといえよう。

さて、『宝性論』は、全体としては「七種の金剛句」としてその主題を提示する。すなわち、（1）仏、（2）法、（3）サンガ（僧、僧伽《そうぎゃ》、教団）、（4）仏の本性（仏性）、（5）悟り（菩提）、（6）仏の徳性、（7）仏のはたらき、である。しかし、その中心の議論が（4）の仏の本性であることは一見して明らかである。

まとめていえば、本論は、三宝論の上に「すべての衆生は如来蔵である」ことを論証することを主眼とし、その衆生が「なる」ものとしての仏について補説する論書なのである。そのために本書は、①基本となる根本の詩句、②それを要約する注釈的な詩句、および、③上の②を注解する散文、という三つの部分を構成単位として論述を進める。では、その基本命題である「すべての衆生は如来蔵である」という主張は、どのように示されるのだろうか。

ここで、「汚れをもつ真理」（有垢真如《うくしんにょ》）に関して、『如来蔵経』に］「すべての衆生は仏を宿している（＝如来蔵である）」と説かれている。それは、いかなる意味によってか。

［根本の詩句］衆生には仏の知恵（智）が浸透しているから、その［衆生が］汚れがないことはもともと［仏と］違わないから、仏の素性においてその結果（果。仏であること）が想定されるから、すべての「身体をもつもの」（＝衆生）は仏を宿すと説かれた。

［注釈的詩句］仏の身が遍満《へんまん》するから、真如が無差別であるから、［仏の］素性（があること）から、すべての「身体をもつもの」は常に仏を宿すと説かれた。

〔注釈〕要約すれば、三種の意味によって世尊《せそん》は「すべての衆生は仏を宿している」と説かれた。すなわち、すべての衆生に関して、

① 如来（=仏）の「真理そのものとしての身体」（法身）が遍満しているという意味によって、

② 如来の「真如」が無差別であるという意味によって、

③ 如来の「素性」が存在するという意味によって、である。

ここに示されるように、『宝性論』は、真理そのものの平等性と、それを体現するものとしての仏の普遍性を根拠として、衆生は本来的に仏の素性をもつと主張するのである。以下には、さらに、先に触れた『如来蔵経』の九つの喩《たと》えを引くなどしてこの主張が固められていく。本論において、仏と衆生との本質的な一体性は、きわめて明瞭に開示されたといってよかろう。

このほか、如来蔵系の論書として重要なものに、アシュヴァゴーシャ（馬鳴《めみょう》）なる人物が著し、六世紀に中国に来た訳経僧パラマールタ（真諦《しんたい》）が訳出し、のちにまた、『華厳経《けごんきょう》』（八十巻本）の翻訳者として名を知られたシクシャーナンダ（実叉難陀《じっしゃなんだ》。六五二〜七一〇）が再訳したと伝えられる『大乗起信論《だいじょうきしんろん》』がある。

アシュヴァゴーシャという名をもつ仏教者としては、一〜二世紀に出た仏教詩人が有名である。しかし、この人物を本論の著者と見なすことは、事跡の内容からいっても年代の開きからいっても困難である。そのため、本論の著者は、ナーガールジュナ以後、四〜五世紀に現れた同名異人のアシュヴァゴーシャである、とする説もある。確かに、本論の思想的素材のほとんどはインド仏教の諸文献の中に見出せるし、二つの「漢訳」とされるものも、パラマールタ、シクシャーナンダそれぞれの翻訳書として目立って不自然なところがあるわけではない。

これらのことは、本論のインド成立を支持する材料である。しかし、ここで細論はできないが、構成・内容・論理などを詳細に検討してみると、ことはさほど簡単ではない。少なくとも本論が最終的にまとめられたのは、六世紀の中国においてであり、ふたつの「訳書」はそれぞれの訳経僧への仮託であろうと推測されるのである。

さらにまた、『大乗起信論』がインド仏教界に対して顕著な影響を残した形跡もほとんど発見できない。他方、「真諦《しんたい》（パラマールタ）訳」とされる本論の出現以後、その東アジア世界における浸透度は深く、それが与えた思想的影響は甚大である。

†密教の起源

「密教」という言葉には、二つの意味がある。すでに述べたように、仏教は本来、完全に開かれた教えであった。しかし、それが大きく展開していく中で、特別な教えについては秘密とし、一定の境位に達したもの以外には聞かせない、見せないとする立場も生まれた。「密教」の第一の意味は、そのような、仏教において「秘密の教え」とされるもののことである。

第二の意味は、歴史的にインド大乗仏教の末期から本格化する新しい仏教のことである。ここで取り上げるものは、こちらの意味の「密教」にほかならない。まず、その源流の考察から話を始めよう。

開祖ゴータマが説いた教えは、すでに述べたように、相手に応じて分かりやすく説かれる、現実的で、明解なものであった。初期仏教の諸経典にブッダの説法を総括してしばしば表れる、現に実証されるものであり、時を待たないものであり、「来て、見よ」といえるものであり、〔安らぎへと〕導くものであり、知恵ある人によって知られるべきものである（例えば『マハータンハーサンカヤ・スッタ』（愛尽大経）、中部第三十八経を参照されたい）。

といった定型的な表現は、ゴータマとその弟子たちの自負にもとづくとはいえ、仏教の性格をよく示しているといえよう。

ゴータマは、それゆえ、占いを行ったり、呪文を唱えたりすることに反対したらしい。『スッタニパータ』には、次のような教えが示されている。

私に随《したが》うものは、『アタルヴァ・ヴェーダ』の呪法と夢占いと相の占いと星占いとを行ってはならない。鳥や獣の声を占ったり、妊娠術や医術を施してはならない。（九二七偈）

師はいわれた。「吉兆の占い、天変地異の占い、夢占い、相の占いを完全に止めて、吉凶の判断を捨てた修行者は、正しく世を遍歴するだろう」。（第三六〇偈）

このように、おそらくゴータマは、バラモン教がその有力な伝統の一つとして作り上げてきた呪術や占いを基本的には否定した。そしてこの立場は、原則的なものとしてその後も長く受け継がれていったと考えられる。

けれども、ゴータマが弟子たちに対してそれらを行うことを厳しく全面的に禁止したかどうかは分からない。というのは、同じ『スッタニパータ』の中に、

肉食をしないことも、断食も、裸〔の苦行〕も、頭を剃ることも、髪を結うことも、塵《ちり》・埃《ほこり》にまみれることも、ゴツゴツした鹿の皮〔を身にまとうこと〕も、アグニ（火の神）への供養に努めることも、また、世の中で行われているような、不死を得る苦行も、〔ヴェーダの〕呪文

（マンタ。マントラ）も、いけにえも、祭りも、季節ごとの荒行も、それらはみな、疑いの念を超えていなければ、その人を清めることはできない。（第二四九偈）

とあって、苦行主義的な宗教が勧める断食などの行為も呪文も、それら自体が誤りだとは述べられていないからである。

実際、ある種の呪文、中でも「パリッタ」と呼ばれる護身のための呪文は、かなり早くから用いられていたようである。各部派が伝承する戒律文献（律蔵）には、それは「戒律に背かない」（不犯）としている。また、第2章で紹介した『ミリンダ王の問い』は六種のパリッタを挙げ、その力を認めているのである。

†大乗仏教と呪文

大乗仏教になると、呪文の導入と活用は、さらに進む。例えば、般若経《はんにゃきょう》類は共通して「般若波羅蜜は大明呪《だいみょうじゅ》（偉大な明知のマントラ）である」と宣言する。つまり、真実の智慧が神秘的な呪力をもつことを主張するのである。このことは、例えば般若思想のエッセンスを詩的にまとめる『般若心経』が、それ自身、読誦用の呪術経典であるとともに、末尾を簡潔な呪文によって結ぶことにも端的に示されていよう。このほか、『法華経』にはその一章として「陀羅尼《だらに》品《ぼん》」が立てられる。また、『ガンダヴューハ』（『華厳経』入法界品《にゅうほっかいぼん》）に登場する善財童子《ぜんざいどうじ》の師の一人、シルパービジュニャ（善知衆芸《ぜんちしゅげい》）童子は、「阿字《あじ》」（サンスクリット文字のa）などの四十二字を唱えることによって般若の門に入ることを説き示す。

このように、大乗の諸経典は、呪文の類に対するアレルギーをほとんどもたないようにさえ見える。そして、四世紀ころからは、『孔雀王呪経《くじゃくおうじゅきょう》』など、ほとんどもっぱら呪法を説く大乗経典も出現する。いわゆる密教は、こうした流れの上に位置づけられるのである。

†密教の伝承

では、密教の開祖に当たる人は誰で、どのように伝承されていくのであろうか。

日本の真言宗を開いた空海《くうかい》（七七四〜八三五）によれば、密教は根源の仏である大日如来《だいにちにょらい》がヴァジュラサットヴァ（金剛薩埵《さった》）に授け、さらにナーガールジュナ（龍猛《りゅうみょう》、龍樹《りゅうじゅ》）、龍智《りゅうち》、ヴァジラボーディ（金剛智。六七一〜七四一）へと伝えられてきたという。このうち、ナーガールジュナは他のいくつかの伝承にも現れる。それゆえ、密教の形成史上、重要な役割を担った初期の人物と思われ、中観派の初祖のナーガールジュナ（龍樹）と同一視する見方もある。しかし、この密教の祖師の年代は、時代的に六世紀より以前に遡ることは無理だろう。

このほか、空海以前の密教者として知られている人には、上に触れたヴァジラボーディと前後して中国に密教を伝えたシュバーカラシンハ（善無畏《ぜんむい》。六三七〜七三五）、ヴァジラボーディの弟子で、中国密教の立役者となったアモーガヴァジラ（不空《ふくう》。七〇五〜七七四）、チベットに密教をもたらしたパドマサンバヴァ（蓮華生《れんげしょう》。八世紀後半）らがいる。密教は、おそらく七世紀ころから隆盛へと向かい、インドにおいてはパーラ王朝（七五〇頃〜一一九九）のもとで最盛期を迎えた。また、八世紀の前半には、中国に伝えられ、さらに九世紀初めには日本にまで伝播した。このころ密教は、いわばアジア世界をほぼ席巻していたのである。

†密教の特徴

では密教は、何によって特徴づけられるのだろうか。思うに、それには、呪文（マントラ＝真言やダーラニー＝陀羅尼）のほか、主尊・大日如来をはじめとする多くの仏、菩薩、明王《みょうおう》、神（天）などの諸尊（古代インドの神々を含む）、印契《いんげい》（諸尊の悟りや誓いを象徴するとされる身体的表現で、主に指を使って特定の目的に応じた形を作ること）、マンダラ（曼荼羅）、各種の法具類など、さまざまなものがある。

さらにまた、それらを統合的に用いて行われる独自の諸儀式がある。それらの儀式の原型は、土砂で方形または円形の祭壇を築き、仏等の諸尊をそこに安置し、印を結び、呪文を唱えて、供養や祈禱《きとう》を行うことだといってよかろう。なお、原義としては「まるいもの」を意味するマンダラは、密教においては、もとはそうした儀式のために設けられた祭壇のことであった。けれども、後には主に、仏の悟りの世界としての宗教的宇宙を表現した図を意味するようになった。

ちなみに、マンダラについて近代の心理学者ユング（C.G.Jung　一八七五〜一九六一）は、あるチベットの僧院長から聞いた話をもとに、次のような興味深い見方を示している。

マンダラとは、すなわち心の像であって、十分に修練したラマ僧だけがイマジネーションの力によって作り上げることができる。……僧院や寺院で掛けられているマンダラは、さほど意味をもたない。なぜかといえば、それらは外的な表現にすぎないからである。ほんとうのマンダラは、常に内的な像である。

（『心理学と錬金術』1）

図としてのマンダラには、さまざまなものがある。このユングの見方からいえば、それらはみな、修行を積んだチベット仏教の高僧たちの心の底から生まれた像、いわば、かれらの意識下の世界を開示しているということになろう。

†密教の経典

次に、密教の経典とその思想的な特徴について一瞥しよう。

初めに、その経典についてであるが、基本的にはそれらはみな大日如来（マハーヴァイローチャナ）の教説とされ、「スートラ」ではなく、「タントラ」と呼ばれる。そして一般には、教説の深浅に応じて、浅いものから深いものへ順に、①所作タントラ、②行《ぎょう》タントラ、③瑜伽タントラ、④無上瑜伽タントラ、の四種類に分類される。

このうち、①は前段階的な呪法を明らかにする経典で、『金光明経《こんこうみょうきょう》』などの大乗経典も含まれる。②は、菩薩の実践の説示を主眼とする密教経典で、『大日経《だいにちきょう》』がその代表である。③は、瑜伽、すなわち、密教的な瞑想世界を明らかにするもので、七世紀末に成立したと推定される『金剛頂経《こんごうちょうきょう》』がその根本タントラとされる。また、日本でよく読誦される『理趣経』（『大般若経』理趣分）もこの③に含められる。④は、密教の究極を開示するもので、さらに、方《ほう》便《べん》としての父タントラ、般若としての母タントラ、および、それら二つに属さないもの、の三種類に区分されている。

この④のグループは、全体としては成立もおそらく前の三グループよりも新しく、日本にはなじみがない。しかし、チベットにおいては今もきわめて重視されている。インドにおいては、九世紀以後、十三世紀に仏教が衰亡するまで、「父タントラ」に属する『秘《ひ》密《みつ》集会《しゅうえ》』など、この④に含まれる諸経が数百年にわたって密教の首座を占めていたのであろう。

†密教経典の思想――大日経と金剛頂経

以上に概観したように、密教には固有の経典史があり、経典の数も多い。また、とくに④に関しては学問的な研究はまだ十分に進んでいない。まず、密教の一応の完成態を示すといえる『大日経』『金剛頂経』を中心に、その思想の特徴を見ておこう。

さて、密教全体について共通していえることは、密教の主尊は大日如来であるということである。すなわち、この仏は、『華厳経』の教主毘盧《びる》遮那《しゃな》仏《ぶつ》（盧《る》舎那《しゃな》仏《ぶつ》、ヴァイローチャナ）のイメージをもう一つ展開させた大日如来（マハーヴァイローチャナ、大毘盧遮那仏）で、密教の教主であると同時に、宇宙を支え、統括する存在であるとされる。また、この大日如来に付き従う諸仏・諸尊に関しては、『金剛頂経』は、先行する『大日経』の捉え方を継承・発展させて、仏部・蓮華《れんげ》部・金剛部の三部に宝部・羯磨《かつま》部を加え、五部に分離・配当している。

しかし、両経の思想的な関係はさほど密接ではない。というのは、『大日経』がむしろ中観派の思想を中心として仏教を統括する立場に立つのに対して、『金剛頂経』は「瑜伽タントラ」に配されることからも分かるように、瑜伽行派に連続する面が大きいからである。このことは、

『大日経』にもとづくマンダラが「胎蔵界曼荼羅《たいぞうかいまんだら》」、『金剛頂経』にもとづくマンダラが「金剛《こんごう》界曼荼羅《かいまんだら》」とされ、まったく別の様式で図示される点からもうかがえよう。

さて、まず『大日経』とは、詳しくは『大毘盧遮那成仏神変加持経《だいびるしゃなじょうぶつじんぺんかじきょう》』（大日如来が悟りを完成し、神変《じんぺん》を現し、加持《かじ》をなすことを説く経）という。七世紀の半ば頃に成立したと推定されているが、サンスクリット本は現存しない。しかし、漢訳本とチベット訳本とが残されており、その内容を知ることができる。両本の間には若干の異同があるものの、大意に際立った相違はない。

この『大日経』に関しては、二つのことを述べておきたい。

第一は、本経の基本的立場について、「最高の知恵（一切智智《いっさいちち》）は、菩提心（仏の悟りを実現しようという決意）を原因とし、大悲《だいひ》（仏の大いなるあわれみの心）を根本とし、方便（仏の悟りに到達するための手立て）を究極とする」と明言されていることである。この命題的な説示の中に、本経が『般若経』の流れを受けて真実の知恵の開示を意図すること、菩提心と大悲と方便を三本の柱として立てていること、そして、真実の知恵のはたらきとして方便をきわめて重視していることが示されているといえよう。

第二は、人間存在および世界存在における五字の字母・字義の根幹性を宣揚するとともに、存在を構成する諸要素とそれらの対応ないし関連についての理論をほぼ体系化していることである。すなわち、その五字とは、ア（a）、ヴァ（va）、ラ（ra）、カ（ha）、キャ（kha）であり、それらは順に、例えば、宇宙の根本要素である地、水、火、風、空（虚空、空間）の五輪・五大に、また、小宇宙である人間の下半身、腹、胸、眉間、頭頂に対応するという。この思想は、おそらく、古代インドの中心的哲学といわれる「梵我《ぼんが》一如《いちにょ》」（宇宙の本体であるブラフマンと人間の本体であるアートマンが不二・一体であること）の考え方や、呪句を集めた聖典『アタルヴァ・ヴェ

図６　木造大日如来像（メトロポリタン美術館蔵、毎日新聞社刊『在外日本の至宝』８より、11〜12世紀）

ーダ』に影響を受けて成立したのであろう。ともあれ、われわれはこの思想から、現代において再び問題化してきている、言語と宇宙と人間存在とのつながりについて、一つの大きな示唆を読み取ることができる。

次に、『金剛頂経』は、正式名称を「金剛頂一切如来真実摂《しょう》大乗現証大教王経」（金剛の頂きである、一切如来の真実を摂《おさ》めた、大乗の現証を表す、もっとも優れた教えの経）という。成立は七世紀後半と見られる。本経は、伝承によれば、金剛頂部に含まれる十八部（十八会）の経典の一部で、その初会の初めの部分に当たるとされ、密教的なブッダとしてのゴータマ、すなわち、金剛界如来が、金剛三摩地《さんまじ》（深い瞑想の境地）に入り、金剛界の三十七の諸尊を出生し、金剛界大曼荼羅のきまりなどについて説くものである。

さて、上に触れたように、本経は瑜伽行派の思想との関連性が強い。そこで、この観点から大事な問題を少し考えてみよう。

『金剛頂経』は五仏を立て、それらは五智を表すとする。すなわち、中央の毘盧遮那《びるしゃな》如来《にょらい》は法《ほっ》界体性智《かいたいしょうち》を、東方の阿閦《あしゅく》如来は大円鏡智を、南方の宝生《ほうしょう》如来は平等性智《しょうち》を、西方の無量寿如来は妙観察智を、北方の不空成就如来は成所作智《じょうしょさち》を表すというのである。実は、このうち、四方に配される四智の名は、瑜伽行派において説かれる四智、つまり、修行の結果として八識が転換されたときに得られる仏の知恵とされる四智と同じである。おそらく『金剛頂経』は、この四智論を取り込むとともに、如来蔵思想の影響の下、さらにその奥に、毘盧遮那仏が有する根源的・統合的な知恵として、法界体性智を立てたのであろう。

この五仏・五智の枠組みによって、『金剛頂経』は従来の仏教（これを密教の観点からは顕教と名づける）において説かれるゴータマの成仏を不完全なものと見なしつつ、独特の成仏《じょうぶつ》論を展開する。それが五相成身観《ごそうじょうしんかん》で、いわば、ゴータマの成仏を密教的に捉え直し、「一切義成就菩薩《いっさいぎじょうじゅぼさつ》が金剛界如来となる」プロセスとして五つに段階づけるのである。

それによれば、第一は、自らの心を観察して、その本質が清らかであることを悟る段階である。これによって、大円鏡智が得られる。第二は、その清らかな心にもとづいて菩提心を起こし、修めていく段階である。これによって、平等性智が得られる。第三は、その菩提心を揺るぎないものとすることを通じて金剛心を育む段階である。これによって、妙観察智が得られる。第四は、その金剛心を確かなものとして、自らの行為のすべて（身・語・意の三つ）が金剛の本性をもつことを悟る段階である。これによって成所作智が得られ、この段階で菩薩は金剛界菩薩となる。第五は、その菩薩が「一切如来と同じありようにおいて自らもある」と悟る究極の段階である。この段階で法界体性智が得られ、菩薩は大毘盧遮那仏となる。それが金剛界如来である、という。五相成身観が、密教的視点からする理想の修行過程を呈示するものであることが知られよう。

†理趣経について

ここで、関連的に、『大楽金剛不空真実三摩耶《さんまや》経』（『大般若経』般若理趣分）、略して『理趣《りしゅ》経』について一言しておこう。この経典は般若経類の一つともされ、般若の知恵の帰趨《きすう》を示すといわれる。しかし本経は、『金剛頂経』と同じく「瑜伽タントラ」に含まれ、教理上もあい通じるところがあるばかりではなく、『金剛頂経』よりもさらに進んで、むしろ「無上瑜伽タントラ」の密教的世界と関わる一面をもつ。例えば、「大楽の法門」と名づけられる一節がある。

そこでは、男女間の性的な関わりあいをおおらかに、かつ、全面的に肯定し、賛美しているのである。いわば、欲望ないし煩悩そのものが「空」となることが深く体得されれば、それによって性欲そのものも浄化されるとし、そういうあり方に菩薩の悟りの境地を見出しているわけである。般若波羅蜜の実践の中で確信された思想の表明であろうが、これは一歩誤って結論だけを受け取れば、まったく仏教から離れ、かえって享楽主義を助長しかねない。そして実際、包括的に左道密教《さどうみっきょう》（原義は「邪《よこしま》な道を説く密教」の意）と称されるが、男女の性的交わりを至上の宗教的境地と見なす人びとも生まれたらしい。

†密教は大乗か

以上のように、密教には大乗仏教を統合的に集約する側面と、大乗仏教を批判し、インドの宗教伝統を取り込みながら新しい仏教の立場を打ち出そうという側面がある。このうちの前者に力点を置けば、密教を後期大乗仏教と名づけることができる。他方、後者に力点を置けば、密教は密教であり、大乗仏教ではない、ということになる。事実、後代の密教徒の中には自ら信じる教えを大乗（マハーヤーナ）と区別して「金剛乗」（ヴァジュラヤーナ）と呼ぶ人々も現れている。

思うに、例えば上述した欲望の問題を軸にしてインド仏教史を捉えれば、仏教は初期仏教における厳しい欲望否定論から密教の絶対的な欲望肯定論へと大転換をしたように見える。そして、これら両者の中間に、大乗仏教の空性や唯識の教説がその転換の媒介項として存在している。こういうところに仏教の奥行きの深さとそれを解明していく面白さがあるのだが、それだからこそわれわれは、仏教とは何か、ゴータマの教えの本質は何かを考究することを不断に求められているともいえるのではなかろうか。

†チベット仏教のあゆみ

最後にここで、インド北方に位置し、八世紀頃、最終段階に達しつつあった大乗仏教を受容した、チベットと呼ばれる地域に展開してきた仏教の歴史について概観しておこう。

十七世紀以降、チベットは、観音菩薩の化身《けしん》といわれるダライ・ラマが宗教と政治の中心の座を占める政教一致の体制であった。しかし、それは、中国の「解放」によって崩壊し、当時の法王であったダライ・ラマ十四世は、一九五九年にインドに亡命した。一九六五年、チベットの地は中国の西蔵《せいぞう》自治区となった。

しかし、インド北部のダラムサーラに逃れたダライ・ラマ十四世は、その後、自らの復権と独立国チベットの回復を最終目標として、活発に世界各国を訪問して主に科学者たちと意見を交換し、また自らが体現する仏教をやさしく説き広めるという活動を進め、今日に至っている。多くの日本人が「チベット」という地域名を覚え、日本の仏教とは色合いの異なる「チベット仏教」(古くは「ラマ教」と、ある種の偏見にもとづいて名づけられていた)という仏教の括り方があることを知るようになったのには、こうした法王の活動が大きく関わっているといってよかろう。

ちなみに、ラマとしてはダライ・ラマの他に、それに次ぐ地位に立つパンチェン・ラマがいる。パンチェン・ラマは、無量光仏《むりょうこうぶつ》の化身とされ、十世まで続いた。しかし、一九九五年、ダライ・ラマ十四世が認定した十一世が突然行方不明となり、別に中国政府が指名した人物が、二〇二一年現在はパンチェン・ラマとして活動しているようである。

†仏教の伝来と定着

さて、このチベットの地に仏教が初めて伝えられたのは、七世紀前半に吐蕃《とばん》王国を創建したソンチェンガンポ王の時代である。すなわち、かれが外国から王妃に迎えた二人が、それぞれ熱心な仏教徒で、彼女たちによって中国系の仏教とインド・ネパール系の仏教がチベットにもたらされることになったのだという。その後、七六一年、同じ王朝の三代目のティソンデツェン王が仏教を国教とすることを決め、ネパールに滞在していたインド僧シャーンタラクシタ（寂護《じゃくご》）を招いた。

こうしてチベットに仏教教団が成立したが、七八六年、敦煌《とんこう》で活躍していた禅僧の摩訶衍《まかえん》（大乗和尚）がチベットに入って禅宗の教えを広めたため、先行していたインド系の仏教者たちとの間に対立が生じた。そのために王は、インド系仏教の代表者としてシャーンタラクシタの弟子のカマラシーラ（蓮華戒《れんげかい》）を招き、摩訶衍との間で、いずれが正統の仏教であるかを明確にするための論争を行わせた。「サムイェーの宗論」といわれるものがそれである。

その結果については、中国側の資料である『正理決』では摩訶衍側の勝利としているが、実際には、摩訶衍はこの論争の後、チベットを去らざるを得なくなっている。王は、最近の諸研究が明らかにしているように、政治的な意図もあって、因果・業報の思想を説き、方便の重要性を強調するインド仏教側の勝利を認定したらしい。この後、チベットでは一時期、廃仏などもあったが、吐蕃王国の時代には仏教が尊ばれ、仏典の翻訳などが継続的に行われた。しかし、この王朝が八四三年に分裂してからは、以後ほぼ二百年にわたって仏教教団も混乱が続いた。

このような混乱からチベットを抜け出させたのには、一〇四二年にチベットに入った中観派のインド僧アティーシャの力が大きい。かれは、戒律重視を柱としてチベット仏教の復興に尽くすとともに、自ら仏典の翻訳の推進にも功績を残している。以後、カダム派、サキャ派、カギュー派など、チベット仏教の諸派が次々と誕生していく。

そのような中で、十四世紀後半になって、チベット仏教史上もっとも大きな存在といってよい人物が現れる。それは、ツォンカパ（正式名、ロブサンタクパ。宗客巴《そうかくは》。一三五七〜一四一九）である。かれは、チベット東北部のツォンカに生まれ、幼い時に出家して以来、密教を含めて幅広く仏教諸学を学ぶとともに、文殊菩薩《もんじゅぼさつ》に出会うという神秘体験ももったという。そして、戒律を重視するとともに、学問的には中観派の中のプラーサンギカ（帰謬派《きびゅうは》）の立場を根本のよりどころとして、密教の最終第四段階における実修を含む仏教の統合化を大成したのである。かれの下から生まれたのが、長くダライ・ラマ政権を支えたゲルク派にほかならない。

†チベット大蔵経の特徴と意義

チベットの仏教界が生み出し、現在も仏教学の発展に寄与しているものは何か。——そう問われれば、第一に挙げるべきものは、間違いなく、版を重ねてきたチベット大蔵経、すなわち、インド仏教の展開の中で生み出された大量の仏典をチベット語に翻訳した一大叢書であろう。

すでに述べたように、仏典のチベット語訳の作業は七世紀に始まり、断続的に十七世紀まで続けられた。まず、翻訳仏典の最初の目録が八世紀末に作られ、ついで九世紀に『デンカルマ目録』が成立し、また訳語集として『マハーヴィウトパッティ』（翻訳名義集《みょうぎ》）が生まれた。そして、このような成果を踏まえて十三世紀頃に、ナルタン版と呼ばれる最初のチベット大蔵経が編集された。この版は、その後一七三〇年に改訂されて新版となり、これが以後のチベット大蔵経のモデルとなる。

また、これとほぼ同じ時期、別にデルゲ版と呼ばれる版本も生まれた。そして、中国との関係が深まる中、明代には永楽版《えいらく》、次いで万暦重版《ばんれき》が、さらに清代には康熙版《こうき》（北京版《ぺきん》）が開版されている。このことは、大蔵経を開版することそれ自体が、その功徳《くどく》の大きさがチベットや中国において信じられる中で、いかに重要視されたかを物語っていると思われる。

ところで、チベット大蔵経（デルゲ版では約四千六百部）には、独自の特徴と意義がある。

その第一は、漢訳大蔵経（版によって部数は大きく異なる）と比べると、大きな相違があるということである。これら両者に共通する経論はわずかに五百五十部ほどにすぎず、しかも全体の中で密教関係のものが約六十五％を占める。このことは、仏教の伝播の仕方の違いとともに、インド仏教そのものの変化・変貌を反映すると考えられる。

第二は、チベット大蔵経に納められる諸仏典は、サンスクリット語のテキストをおおむね逐語的に丁寧に訳しているということである。この点では、同じ経論にチベット語訳と漢訳がある場合、漢訳のテキストがどれほど原テキストを意訳しているかを判断する際の有益な手がかりともなる。

ただし、注意しなければならないことが一つある。それは、同じテキストを翻訳した場合、漢訳は何度翻訳がなされようと、原則的にはその最初のものからすべての訳本を残していく。それに対して、チベット語訳本は、新しい訳本ができると前のものは棄てられて残らない。そのために、元のテキストそのものが後に加筆・改訂されている場合が少なくないから、チベット語訳本といくつかの漢訳本とを比較して、「この漢訳は誤訳である」などと簡単に断定することはできないのである。

第三には、チベット大蔵経は、先に触れたように、東アジアには伝わらなかった後期密教の思想と実践の最後のすがたを伝えてくれるということである。すなわち、その第三段階の「瑜《ゆ》伽《が》タントラ」までは漢訳仏典を通じて、ある程度は知ることができる。けれども、第四段階の「無上瑜《むじょうゆ》伽《が》タントラ」の内容と修行のあり方は、実際に現地で勝れた師に就いて学んでいくか、チベット大蔵経に含まれる『グフヤサマージャ（秘密集会《ひみつしゅうえ》）・タントラ』『ヘーヴァジュラ・タントラ』『カーラチャクラ・タントラ』などとその注釈書類を通じて知るほかはないのである。

チベット大蔵経は、仏教研究者にとって解読は容易ではないが、いろいろな意味において貴重な知恵の宝庫なのである。

第7章　テーラヴァーダ仏教の伝統

現代の仏教には、系統的に大きく分けると、テーラヴァーダ系の仏教と大乗《だいじょう》系の仏教の二種類があるといってよい。国別にいえば、タイやスリランカの仏教は前者に属し（ただしこのことは、後に触れるように、タイやスリランカに大乗仏教がまったく伝わらなかったという意味ではない）、日本・韓国・中国・チベットなどの仏教は後者に属する。

また、現に見るヨーロッパやアメリカの仏教は、これらの国々から教団ないし宗派ごとに別々に伝えられ、そのうちの多くは一定の土着化を果たしている。いずれは「日本仏教」などと並んで、例えば「アメリカ仏教」とか「アメリカ禅」といった呼び方が一般化するかもしれない。ここでは、これら二系統のうち、テーラヴァーダ系の仏教の歴史と思想を概観しよう。

†テーラヴァーダの意味

テーラヴァーダとは、「長老の教え」の意味で、すでに第2章において述べたように、仏教教団が、ゴータマの死後、百年ないし二百年後に大きく二つに分かれた際の保守系の部派を指す名称ともなった。「上座部《じょうざぶ》」と意訳され、その系譜はゴータマの時代からの伝統を大切にしつつ現代まで続いている。けれども、大乗仏教が大勢を占める東アジア世界では、この部派を含む伝統仏教を利他の精神に欠けた「小乗《しょうじょう》仏教」として、さげすむ傾向が強かった。

しかし、近代に至って初期仏教および部派仏教の研究は大きく進展した。また、数十年来、仏教者間の国際的な交流・連携の気運も高まっている。その結果、「小乗仏教」という呼称が大乗仏教徒のある種の気負いと偏見にもとづくものであったことが反省され、現在では用いられなくなっている。実際、これから述べていく中である程度明らかになるだろうが、「利他」の面でも、大乗仏教がテーラヴァーダ仏教に学ぶべきところは少なくないのである。

†僧のすがた

テーラヴァーダ仏教は、すでに述べたとおり、われわれに親しい大乗仏教よりも数百年も長い伝統をもち、仏教古来の習慣や儀式を今日に伝えている。まずその実情を、二つの文章を手がかりとして考えてみよう。

第一は、長くタイ仏教の研究に携わってこられた故・石井米雄《よねお》教授による次の文である。

はじめてタイ国を旅行する人がいたら、わたくしは、まず、早起きをおすすめしたい。……こころみに、ホテルの窓から外の景色を眺めてみよう。まだ人影もまばらな街なみにそって、あるいは両腕に鉄鉢《てっぱつ》をかかえ、あるいは左肩から鉄鉢を下げた黄衣裸足《こうえらそく》の托鉢《たくはつ》僧の姿が、きっと目につくにちがいない。

ひとりの僧の動きに注目してみよう。かれは、やがて一軒の家の前に立ちどまるだろう。そこには、なにやら鉢のようなものを盆にのせ、僧を迎える老婆の姿がある。ズームレンズをぐっとしぼりこんでみよう。鉢のなかは、たきたてのご飯のようだ。そのわきに積まれたバナナの皮包みには、なにが入っているのだろうか。もしかすると、トウガラシのピリッときいた鳥の「ホーモック」かもしれない。黄衣の僧は、だまって鉄鉢のふたをあけた。老婆は、右手に持った大さじで、まだ湯気のたつ真っ白なご飯を、ひとすくい、ふたすくいと、差し出された鉄鉢に移し入れる。それから、盆の上の緑色のおかず包みをひとつ取ると、これを静かに鉄鉢のご飯の上にのせた。行乞《ぎょうこつ》の僧は、無言で鉄鉢のふたを閉じる。老婆は、一歩下がって、うやうやしく合掌《がっしょう》しながら、立ち去ってゆく僧の後ろ姿を見送っている。

托鉢《たくはつ》は、バンコクの朝をいろどる風物詩だ。澄みわたる青空。緑の街路樹。朝日に照り映える寺院〈ワット〉の朱甍《あかいらか》。すべてが明るく、すべてが原色ずくめのタブローのなかでも、ひときわあざやかな三衣《さんね》の黄橙色は、行きずりの旅行者の目にも、強烈な印象となって残るにちがいない。

（石井米雄『タイ仏教入門』めこん、一九九一年）

思うに、ここには、テーラヴァーダの流れを汲むタイやスリランカなど、南方仏教国でもっともポピュラーな、僧侶たちと一般民衆との関わりを表す毎朝の托鉢（行乞《ぎょうこつ》、乞食《こつじき》）の様子が鮮やかに描き出されている。托鉢とは、袈裟《けさ》（コート状の上着）をまとい、鉢をもって、食べるものをもらうために町へ出かけていくことである。そしてこれは、実は初期仏教以来、二千数百年にわたって受け継がれてきたあり方なのである。

すでに述べたように、開祖ゴータマ自身がどこまで僧の振舞いや教団の規律について定めたかははっきりしない。けれども、仏教僧（比丘《びく》、比丘尼《びくに》）が自分のものとして所持を許されるものが三枚の着衣（三衣）と一つの丸型の食器（一鉢）と決められたのは、相当に早い時期からであったことは間違いない。しかも、それらの着衣は、原則として捨てられた布を洗い、縫い合わせて作られる粗末なものだから、色も必然的に見栄えのしないくすんだ中間色だったろう。これを壊色《えじき》というが、系統的には青・黒・木蘭《もくらん》（黄橙《きだいだい》）の三種に区別されている。現在の南方仏教国の僧たちは、このうち第三の色の袈裟を身につけているのである。

では、どうしてかれらは毎朝、托鉢をするのか。その理由は、原則的に、食物やその材料となるものを僧院に貯蔵しておくことも、畑を作って作物を取得することも、戒律の上で禁止されており、生きていくためには毎朝、行乞、つまり、食を乞いに町へ出て、信者たちからそれを貰い受けなければならないからである。ちなみに、かれらの食事は午前中に一度である。

また、上の文にあるように、僧たちは食事（調理された肉料理であってもかまわない）をもらった際に返礼はしない。逆に、その供養《くよう》をした信者の方が合掌し頭を下げて礼をする。なぜか。それは、一方において、僧は修行に専念するという、尊敬されるべき立場にあるので、供養されることが当然とされているからであり、他方、信者は僧たちを供養することを通じて、功徳《くどく》を積み、死後にはより望ましい世界に生まれることができると信じられているからなのである。

†ウポーサタの現状

もう一つ、事例を挙げよう。これは、タイにおけるウポーサタ（「布薩《ふさつ》」などと音写し、また「斎戒《さいかい》」などと意訳する）という、現代では毎月四回、月の満ち欠けに従って、新月・満月・上弦・下弦の日に行われるテーラヴァーダ仏教の重要な行事について、恩師のお一人である故・中村元先生が報告されているものである。少し古いが、その実態がよく描き出されているし、現在もさほど変わってはいないと思われるので、紹介する。

一九六三年八月十九日は新月の日に当たり、ウポーサタの祭りが行われるはずであった。

その夕刻に一寺院に赴くと、本堂では夕べのおつとめのあと少憩があり、つづいて僧侶の点呼が行われている。いくらか赤みがかった黄衣をまとった僧侶が二百三十人、大きな仏像に向かって前方に坐し、後方と、両側に大きな四角な柱が並んでいる外側とに俗人が坐している。俗人と僧侶とはほぼ同数のように見受ける。……

いよいよ六時四十分からウポーサタが開始される。僧侶らの坐している中央に導師の座席があり、その導師がパーティモーッカ（戒律の規定）の条文をパーリ語で一気に唱える。その間衆僧《しゅそう》は合掌し、あるいは合掌しないで謹聴《きんちょう》している。日本人のするようにきちんと坐っている人々もいるが、足をくずしたり、あぐらを組んでいる人々もいる。どちらでもよいのである。そして導師が最後に「汝この戒律を受持《じゅじ》することを誓うや否や」とパーリ語で尋ねると、衆僧は「さようでございます」(evam) と答える。右の暗誦が終わってから、誓文を唱え、三度礼拝して、儀式が終わり、衆僧が退去する。必ずしも列を組むことはない。

右のパーティモーッカを唱えるのに、約四十五分かかった。……戒律の箇条は二百二十七あるが、どれも似た文句で終わるために、人によっては間違えて、途中をとばしてしまうことがある。全部［暗誦して］間違いなく、短時間に言いのけてしまうのが、自慢であり、時間の短いのを競う傾向がある。この日も「四十五分かかった」ということを僧侶たちは語っていた。田舎で無学な僧が唱える場合には四時間もかかることがあるという。……

いよいよ［最後に］在俗信者たちのウポーサタが始まる。僧侶たちが坐していた所よりも一段低いところに世俗の人たちが集まっている。約三百人もいたであろうか。老若男女さまざまで、子どもたちも来ている。割合に婦人が多いが、インドにおけるように男女の座席が分かれていることはない。花や線香・燈明《とうみょう》などを捧げる。いよいよ信徒のウポーサタということになると、仏に向かって一列にともされていた蠟燭《ろうそく》が急に多くともされ、香煙《こうえん》がますます堂に立ちこめるようになる。メーチ（尼僧）二人が剃髪《ていはつ》し、白い衣をまとって、その間に坐していたのが見えた。僧侶のように肩をあらわすことはない。かれらは戒律を全部受けた正式のビクニー（修行尼）ではないから、俗人と同格とされているのである。

一人の男の僧侶がかれらのすぐ前の、一段高いところから、説法を始める。それが終わると、かれらは御詠歌《ごえいか》のような讃歌を唱え、深更《しんこう》に至る。わたくしは途中で帰ったが、かれらは本堂で寝て、暁方《あかつきがた》に知り合いの僧侶を訪ね、供養して、各自、家に帰るのだという。

（『アジアと日本』春秋社、一九六六年）

著者は、僧侶のウポーサタに続いて行われた沙弥《しゃみ》（見習い僧）のそれについても述べている。この部分は省略したが、タイにおけるウポーサタの様子は、これによっておおよそ知っていただけるだろう。

ウポーサタは、初期仏教の時代からしばらくは、月に二回、満月と新月の日に行われていたという。また、もともとは出家者と在家信者とで儀式の内容にはっきりと区別があり、場所も異なったようである。すなわち、出家者は、その日が来ると一堂に会して戒律の各条項をいちいち読み上げ、もしもそれに違反した行為があった場合には、そのことを告白して罪を懺悔する（罪の重さによって懺悔の仕方に区別が設けられている）。他方、在家の信者は、その日は八斎戒と呼ばれる八つの戒律（先述した五戒に、⑥身を飾り、歌舞音曲を楽しむようなことをしない、⑦高くてゆったりとしたベッドに寝ない、⑧正午以後は何も食べない、という三項を加えたもの）を守り、身心を清める。そして、お寺に行って説教を聴き、僧たちに食事の供養をするのである。

上に引いた中村先生のご報告によれば、このようなウポーサタの方式は現在のタイ仏教においては若干変わっているらしい。すなわち、日数が増えていること、僧侶と信者が一緒に集まること、僧たちの懺悔の儀式が独立した形ではないこと、在家信者のウポーサタの中心が仏と僧たちへの供養に置かれていることなどである。しかし、その大枠は崩れていない。伝統の力に圧倒される思いである。

†スリランカ仏教の歴史

では、上記のようなすがたをもつテーラヴァーダ仏教は、いつ、どのようにして始まり、今日に至っているのであろうか。この点を、最古の歴史を有するスリランカ（セイロン。一九七二年に国名を改めた）と、もっとも有力なテーラヴァーダ仏教国といえるタイを中心に見ていこう。

まず、スリランカについていえば、この国には、ゴータマ自身が生前、三度にわたって来島したという伝説がある。これが事実であったことを示す証は何もない。しかし、この伝説は、スリランカの人々がゴータマに対して深い親しみの心をもち、その教えに篤《あつ》く帰依してきたことを雄弁に物語っている。また、実際、ゴータマの弟子たちの中に、古代からスリランカと交流のあった西インド出身者が含まれていることを考えると、ゴータマの死後さほど経たないころから、この島に仏教が伝えられた可能性も存すると思われる。

ただし、信頼できる文献に記されているところでは、スリランカに仏教が初めて伝えられたのは、紀元前三世紀の後半である。すなわち、それは、仏教を国教化し、インド世界に広めたアショーカ王の子（一説には弟ともいう）、マヒンダによるものである。マヒンダはこのとき三十二歳で、四名の比丘たちとスリランカにやってきた。王は、かれらを歓迎し、当時の首都のアヌラーダプラに、のちにマハーヴィハーラ（大寺）と呼ばれることになる精舎《しょうじゃ》（寺）を建てて寄進した。マヒンダはそれ以来、八十歳で逝去するまでこの国にとどまり、布教を続けた。また、すでに比丘尼となっていたかれの妹のサンガミッターも、やがて要請を受け、ブッダを象徴する菩提樹の枝を携えてやってきた。こうして、スリランカには、比丘尼の教団（サンガ、僧伽）

もはやばやと成立したという。

以後スリランカは、総じていえば、仏教国として成長を遂げていく。しかし、道は決して平坦ではなかった。その節目となる事件などを年代を追って挙げれば、次の通りである（前田恵学編『現代スリランカの上座仏教』参照）。

紀元前一世紀、当時の王の指示でジャイナ教の寺院が破壊され、代わりに仏教寺院アバヤギリヴィハーラ（無畏山寺《むいさんじ》）が建てられた。ところが、マハーヴィハーラ（大寺）の人々は、その住持《じゅうじ》となったマハーティッサ長老を「在家信者と深く交わった」罪で追放した。こうして、より革新的なアバヤギリヴィハーラ派が分立し、教団は二分された。また、これを契機に、マハーヴィハーラ派の比丘五百人が結集し、仏典（経・律・論の三蔵）を自らの言語であるシンハラ語で書写し、窟院《くついん》に保管したという。

三世紀後半に、中観系かと思われる大乗の教えが伝えられた。しかし、異端視され、スリランカに根づくことはなかった。

四世紀の後半、インドのカリンガ国からゴータマの左の犬歯と伝えられる遺骨（舎利《しやり》）の一部が贈与された。王はこれを迎えて盛大な仏歯祭《ぶっしさい》をアバヤギリヴィハーラにおいて催した。この祭り（ペラヘラ）は、それ以来、国家の一大行事となった。やがては諸外国からも多くの仏教者が仏歯礼拝のために訪れるようになり、現在は古都キャンディの仏歯寺で八月に盛大に行われている。仏歯は、厳重な管理の下に今日まで守り続けられてきている。

五世紀に入ると、仏教界における諸外国との交流が活発化した様子がうかがえる。例えば、中国の僧・法顕《ほっけん》は、四一〇年ころにスリランカに来て二年間アバヤギリヴィハーラに留まり、『長阿含経《じょうあごんきょう》』および『五分律《ごぶんりつ》』のサンスクリット本を中国にもたらしている。また、四三三年には、この国の十一人の比丘尼が、尼僧の教団を作るために中国に入っている。さらに、インドの僧がこの国で学問と修行に励む事例も少なくなかったらしい。後述するブッダゴーサ（仏《ぶっ》音《とん》、覚音《かくおん》）は、そのようなインド僧の一人であり、仏教史上に大きな足跡を残すことになる。

五世紀後半以後、十一世紀頃まで、マハーヴィハーラ派を中核とするスリランカのテーラヴァーダ仏教は力を失った。その理由は、国内の混乱が続いたことと相俟って、インドにおいて新勢力となった密教が八世紀の初めあたりからスリランカにも伝わり、一時期、大いに興隆したことによるといわれる。しかし、十一世紀後半から十二世紀にかけて、二代にわたって有力な王の統治が続き、治安が回復した。その統制下に、ミャンマー（ビルマ）の僧たちを招請するなど、積極的にテーラヴァーダ仏教の再興が図られ、乱れていた教団の風紀も粛清された。これ以後、スリランカの仏教は、マハーヴィハーラ系のテーラヴァーダ仏教に統合されていき、その立場が正統と見なされて今日に至っている。ただしこのことは、比丘教団が長く一宗一派にまとまってきたという意味ではない。現在、教団は、シャム派、アマラプラ派、ラーマンニャ派の三派に大別されるが、さらにシャム派は四～六派に、アマラプラ派は二十以上の小会派に分かれているという。

†タイ仏教の歴史

タイにどういう系統の仏教がいつごろ初めて伝えられたかは、ほとんど不明である。しかし、学者の研究によれば、仏教遺跡の発掘によって発見された弥勒菩薩や観音菩薩の像などの調査・分析によって、かつて、およそ七～九世紀のころ、この地に大乗仏教がかなり浸透していたことは確かなようである。ジャワ（インドネシア）のシャイレーンドラ王朝が壮大な仏教建築ボロブドゥールを建立《こんりゅう》する時代か、それに少し先立つ時代である。けれども、このタイにおける大乗の伝統は長く続かず途絶えたらしい。

タイの地に本格的にテーラヴァーダ仏教が伝播されるようになるのは、さほど古いことではない。タイ民族の最初の王朝は十三世紀に成立したスコータイであるが、同王朝が誕生するまでこの地を支配していたミャンマーのバガン王朝の始祖アノウラータ王が、十一世紀にスリランカからテーラヴァーダ仏教を導入したのがその始まりである。スコータイも、これを踏襲したのである。

やがて、十四世紀後半に至ってアユタヤ王朝が起こった。以来約四百年、アユタヤの諸王は仏教を信奉し、仏教先進国のスリランカとの交流を図り、国家的宗教として保護した。この王朝は、十八世紀の中葉、度重なるミャンマーのアラウンパヤー王朝の侵攻に屈して滅びるが、その治世において仏教がいかに盛んであったかは、残存するアユタヤの遺跡群だけからも十分に推察することができる。

その後、十数年の混乱を経て、一七八二年にラタナコーシン王朝（バンコク王朝。初代の王の名をとって、チャクリ王朝ともいう）が成立した。歴代の王たちが仏教に帰依して仏教界の立直しを進めたが、とくにラーマ四世の時代（一八五一〜六一在位）には大胆な近代化と仏教教団の改革を断行した。その結果、タイのテーラヴァーダは、王の意向に沿って戒律遵守を信条とするタマユット（正法派）と、その他のマハーニカーイ（大衆派）に分裂した。

一九三二年、タイは立憲君主制に変わり、三九年には国名をシャムからタイに改めた。しかし、それ以後も、国を挙げてテーラヴァーダ仏教を信奉するという立場に基本的な変更はない。一九〇二年にサンガ法を制定するとともに、仏暦を採用し、一九五〇年に結成された世界仏教徒会議をしばしば主催するなど、現在は仏教を支持しその活動を後援するもっとも有力な国となっている。今は、人口約六千六百万人のうち、約九十五％が仏教徒である。青年時代に一時期、出家・修行するという習慣も現に生きている。ただし、信教の自由は保障されており、一九四五年には「イスラームの擁護に関する勅令」も出されている。

なお、最後に一つ付言しておきたいことがある。それは、タイの仏教は、上に挙げたテーラヴァーダ系の二教団だけではないということである。それら以外に、それぞれ、アンナムニカーイ、チンニカーイと呼ばれる仏教教団がある。いずれも大乗系で、前者は十三ほどのヴェトナム系寺院――その源流は中国南部にある――、後者は十六ほどの中国系寺院の集合体である。このうち、中国系寺院に関しては一九九五年に筆者自身が調査したことがある。その時点では、置かれている状況はさまざまであったが、それらの中には多くの寄進を得て新たに大寺院の建立を進めている住職もいた。全体としては、華僑を中心にかなりの信者を集めているといってよかろう。また、それらの諸寺院の中には、政府や王室との間に太いパイプを維持しているものがあり、そのことが大乗系ニカーイ全体の安定に深く関わっているように見受けられた。

†ブッダゴーサとその思想

連綿と続いてきているテーラヴァーダ仏教史上、もっとも大きな功績を残した人は、ブッダゴーサである。ゴータマが悟りを開いたと伝えられるインドのブッダガヤー近くの村で、かれは五世紀の初めころ、バラモンの子として生まれた。やがて、当初スリランカの比丘たちのために建てられたマハーボーディヴィハーラ（大菩提寺）で出家し、スリランカに多くの仏典が伝持されてきていることを聞いて、同国に渡った。初めは当時力を誇っていたアバヤギリヴィハーラに入ったが、やがてマハーヴィハーラに移った。おそらく、その方が所期の目的にかなうと判断したためであろう。

ブッダゴーサは、ここを拠点として、シンハラ語で書かれていた多くの仏典の注釈書類を収集し、それらを整理・修正しつつ、パーリ語に翻訳した。また他方、その間にテーラヴァーダ仏教の教理の綱要書と呼ぶべき『清浄道論《しょうじょうどうろん》』（ヴィスッディマッガ）を著した。南方仏教国においては、これらの仕事によって、かれはテーラヴァーダの正統説を確立したと評価され、大乗仏教におけるナーガールジュナ（龍樹）に匹敵する位置を与えられているのである。

では、ブッダゴーサは、仏教をどのように理解したのだろうか。ここでは、『清浄道論』によってその一端を見てみよう。

本論には、先行する重要な論書がある。それは、西暦三百年ころにアバヤギリヴィハーラの学僧ウパティッサが撰述した『解脱道論《げだつどうろん》』（ヴィムッティマッガ）である。ブッダゴーサは、この論書を参照し、基本的にはそれに準拠して本論を著したのである。

全体は、初めに序論として本書を作る因縁などを述べたあと、戒《かい》（戒律を守って生活すること）・定《じょう》（瞑想などの修行によって心を清め高めること）・慧《え》（真実の知恵を修得すること）の三学に対応する形で論述が進められる。全体は二十三章からなり、戒の部に二章、定の部に十一章、慧の部に十章が当てられている。著者によれば、こういう構成を採る理由は、ゴータマの教えにもとづいて、これら三学を修めることによって根本的な煩悩である愛着を離れ、涅槃《ねはん》の安らぎに至る清らかな道（清浄道）が開示されているからだという。

以下、具体的な教義として、とくに興味深く、重要でもあるところを二点紹介しよう。

その第一は、ゴータマの悟りの内実に深く関わる縁起《えんぎ》についての基本的な見方で、その一節には次のように論じられている。

「十二因縁《いんねん》という迷いの」縁起は、老いと死などの諸法の縁を相とし、苦しみと結ばれているのがその味であり、よこしまな道を現実のすがたとすると知るべきである。この縁起は、それぞれ多くも少なくもない「適切な数の」縁によってそれぞれの法が発生するから、「ありのままの正しいあり方」（如性《にょしょう》）といわれ、和合するに至る諸縁があるときには、ほんのわずかの間も、それから生じるべき諸法が生じないことはないから、「ありのままの正しいありように相違しないあり方」（不違如性《ふいにょしょう》）といわれ、あるものが生じるべき縁によって他のあるものが生じることはないから、「他のものとはならないあり方」（不他性）といわれ、「十二因縁のそれぞれが」老いと死などの縁であるから、また、「十二因縁は」縁が集まったものだから、「このようにある縁というあり方」（此縁性《しえんしょう》）といわれる。……

ある人々は、インドの「サーンキヤ」学派が偏見にもとづいて立てるプルシャ（神我《しんが》。精神的原理）・プラクリティ（自性《じしょう》。物質的原理）などの根本原因を顧みることのない、縁による正しい生起《しょうき》が縁起であると、このように、生起［というありよう］だけを縁起だと説く。しかし、それは間違っている。なぜかといえば、①そのように説く経はないから、②経［の教え］に相違するから、③深い道理を生み出さないから、④文法上の食い違いが生じて、言葉として成り立たなくなるからである。……

この縁起は、人々を安らぎに導くために知られなければならないものだから、賢者たちはそれを理解させる（パッチェーティ）価値があるとして「縁」（パティッチャ）といわれ、また生起について、［縁は］ともに生起して単独ではなく、正しく生起し、無原因から生起するのではないというので、「起」（サムッパーダ）といわれたのである。このように、それは「縁」であり、かつ、「起」であるから、縁起なのである。

この引用文だけからも、ブッダゴーサがそれまでのテーラヴァーダ仏教の研究成果を批判的に摂取しつつ、自らの体験と思索に照らして、綿密かつ論理的に縁起の解釈を進めていることが明らかであろう。また、その解釈にはインドにおいて伝統的な一種の「言葉遊び」に近い語義分析も含まれるが、ゴータマの教説が人々（衆生《しゅじょう》、有情《うじょう》）のためだという原点が踏まえられていることを忘れてはなるまい。

もう一つ紹介したいのは、大乗仏教においてもよく知られた四無量心《しむりょうしん》（四梵住《しぼんじゅう》）、すなわち、慈（いつくしみ）・悲（あわれみ）・喜（よろこび）・捨（とらわれを離れること）という四つの修得すべき心の解釈・呈示である。これについて、ブッダゴーサは、まず、しっかりと瞑想の準備を整えた上で、最初に怒り（瞋恚《しんに》）が過ちであることと、忍耐（忍辱《にんにく》）の功徳とを観察せよと説く。

そのあと、いつくしみの心の修得に進むわけであるが、その際、初心者は、最初にその対象を限定してかかれという。すなわち、①好きでない人、②とくに親しい友、③無関係の人、④敵対者、の四者はこの心を修得するための対象としてはならない、と述べる。その理由は、①の人を無理に好きになろうとすれば疲れるからである。②の人に対して［執着してはならないと］無理に無関心になろうとすれば疲れてしまうからであり、また、その人に少しでも苦しみが起これば、悲しんで［心が乱れて］しまうからである。③の人を［あえて］尊んだり、愛したりしようとすれば、疲れてしまうからである。④の人を心に念じると、怒りが起こるからである、という。

さらにブッダゴーサは、⑤異性に対しても、いつくしみを修めようとすれば、愛着する心を起こしてしまうから、やはり避けるべきであり、また、⑥死者も、これを対象としていつくしみを修めようとしても心が静まることはないから、避けなければならない、という。

では、具体的には何から始めるのがよいのか。ブッダゴーサによれば、第一に、「私は楽のうちにあり、苦のうちにはない」、または「私は、恨みも怒りも悩みもなく、楽のうちにあってふるまう」と、このように自分を対象にしていつくしみを修めるべきである。（中略）というのは、そのように修めていくことによって、「私が楽を望んで苦をいとい、生きることを欲し死にたくないと願うように、他の人々も同様である」と［推知して］、自分を証人として、他の人々に利益と楽とを与えようと欲するようになるからである。ブッダも、この趣旨で、「あまねく心を向けて見るとき、どこにも自分より愛すべきものを見ない。このように、他の人々もそれぞれ自分を愛している。それゆえ、自分をいとしく思うものは、他人を害するはずがない」と説かれたのだ、という。

確かに、いつくしみの心をほんとうに体得しようとすれば、まずは自分が誰よりも、何よりも愛しているものは自分自身であることを深く思い、次には誰もがそうであろうことを推知することだろう。それができれば、間違いなく、他の人や生き物をむやみに傷つけたり、殺したりすることはできなくなるのではなかろうか。あとは、ブッダゴーサが説いているように、この心を先に①〜④に挙げた人々にも少しずつ広げていけばよいのである。

ここには、四無量心の修得に関して、その出発点についてのブッダゴーサの説示を紹介しただけである。けれども、この一節のみからも、テーラヴァーダ仏教が慈悲の心の修得という、基本的で、しかも難しい問題に正面から取り組み、それを社会的な場における具体的な実践へと展開させようとしていることが知られよう。

第8章 仏教東漸——中国仏教の形成

本章から、仏教が中国へ、さらに日本を含む東アジア世界全体へと広まり、新たな展開を示す様相を明らかにしていく。

まず、中国への仏教の伝来の問題である。

†伝来に関する諸伝説

その重大性からいって当然のことながら、諸資料には仏教の中国初伝について多くの説が挙げられている。例えば、周《しゅう》の穆王《ぼくおう》の時代（前一〇〇一～前九四七）に文殊《もんじゅ》（マンジュシュリー）と目《もく》連《れん》（マハーモッガッラーナ）が西から来て穆王を教化したとする説や、秦《しん》の始皇帝の時代（前二四六～二一〇）、帝が、仏教経典を伝えた西域の沙門室利《しゃもんしつり》房《ぼう》など十八人を怪しんで投獄したところ、夜になって一丈六尺の金神《こんじん》が現れて牢獄を破り、かれらを助け出すのを見て帰信したという話もある。しかしこれらが、南伝・北伝の二説がある釈尊ゴータマの推定生没年のいずれに照ら

しても、創作であることは確かであろう。また、もっとも流布した説、すなわち、

後漢の永平年間（五八〜七五）、明帝は金人が空を飛んで王宮へやって来た夢を見た。そこで広く群臣を集めて夢占いをさせた。すると、博識の傅毅《ふき》が答えて、「わたしは西域に神がいて、その名を仏というと聞いております。陛下が夢に見られたのは、きっとその神でありましょう」と申し上げた。明帝はそれに違いないと思い、さっそく郎中《ろうちゅう》（宮中の宿直・護衛を担当する官吏）の蔡愔《さいいん》や博士弟子（経書の講師の門人か）の秦景《しんけい》らをインドに遣わし、仏教を尋ねさせた。蔡愔らはインドで摂摩騰《しょうまとう》（カーシュヤパマータンガ。迦葉摩騰《かしょうまとう》とも）に会い、一緒に中国へ来てくれるように頼んだ。摩騰は仏教を広めたいという強い念願をもっていたから、労苦を惜しまず、流沙《りゅうしゃ》を渉って洛陽《らくよう》に到着した。明帝は、厚くかれをもてなし、城西門外に精舎《しょうじゃ》を立ててそこに住まわせた。これが中国に沙門が入った始めである。

（『高僧伝』一）

という説も、疑わしい。第一に、当時（一説には、この事件があった年を永平十年と明記する）は、中国と西域諸国との国交が杜絶《とぜつ》していた。第二に、摂摩騰がその精舎《しょうじゃ》（のちの白馬寺《はくばじ》）において訳出したという『四十二章経』は、少なくとも現存のものに関する限り、後世の諸漢訳経典からの抄出の可能性が高い。第三に、この伝説を記す最古の資料と目される『理惑論《りわくろん》』には、使者

たちは大月氏国《だいげつしこく》（現在のアフガニスタン北部に建国された国。民族についてはトルコ系、イラン系など諸説がある）で「仏経四十二章」を写したとされていて、摂摩騰との関係が全く述べられていない。――これらの点から、強く疑問視されるのである。詳しくは論じないが、その他の諸説にも問題が多い。

けれども、次に挙げる説だけは、一応、信じてよさそうである。それは、前漢の哀帝《あいてい》の元寿元年（紀元前二年）、景盧《けいろ》が大月氏国の使者伊存《いそん》から「浮屠経《ふときょう》」、つまり仏教の「経」を口授されたという説で、『魏志《ぎし》』に魏人魚豢《ぎょかん》の『魏略《ぎりゃく》』の一節を引用して述べられるものである。資料の年代や客観性、時代背景などから考えて、これが事実であったことは、おそらく間違いないであろう。ただし、その事実が、仏教の中国への「初伝」を意味するとは考えにくい。

中国と西域地方との交通路が本格的に開かれたのは、前漢の武帝《ぶてい》の時代、正確には、大月氏と結んで匈奴《きょうど》を討つことを志した武帝の命を受けて、張騫《ちょうけん》が西域遠征を行った時（前一三九〜一二六）からである。以後、宣帝《せんてい》の時代へかけて、前漢の勢力はほぼ西域全体に及び、東アジアが「一つの世界」になりつつあった。だから、そうした状況のもとで、中国の人びとが、当時の東西貿易を担った商人たち（イラン系の諸民族、インド人など）を介して仏教を見聞する機会はしばしばあったはずである（ちなみに、このころには仏教は、すでにアショーカ王によって現在のアフガニスタンなどにも伝えられていた）。実際には、仏教はまず、張騫の遠征後それほどの年代を経ないところから、東西貿易に関係した中国の人びとに知られるようになったのではないかと推測されるゆえんである。

†仏教信仰のすがた

では、仏教と接し始めたころの中国の人びとは、仏教をどのように理解し、それに対してどういう態度を取ったのだろうか。これは、極めて興味深い問題である。だが、残念なことに、そうした問題に答えるための資料は、あまり残されていない。先に触れた『魏志』の記載にしても、単に景盧が「浮屠経」を口授されたというだけで、景盧がその「浮屠経」についてどう考えたかについては少しも述べられていない。中国の人びとの仏教観や仏教信仰のあり方を物語る客観的資料は、やや下って、『後漢書』が最古のものなのである。

『後漢書』には、三カ所に注目すべき記述がある。その一つは、楚王英伝《そおうえい》であり、他の二つは、桓帝本紀《かんていほんぎ》とこれに関連する襄楷伝《じようかい》である。

まず、光武帝《こうぶてい》の子で、明帝の異母弟にあたる楚王英（?～七一）の伝記には、永平八年（六五）に出された明帝の詔《みことのり》の文として、

楚王は黄老《こうろう》の微言《びげん》を誦《しよう》し、浮屠《ふと》の仁祠《じんし》を尚《とうと》んでいる。三月の間潔斎《けつさい》し、神に誓った。

を挙げ、また、伝記の文には、

晩年にはいっそう黄老《こうろう》の学を喜び、浮屠《ふと》の斎戒《さいかい》・祭祀《さいし》を行った。

とある。これらの記述から、楚王英が熱心な仏教信者で、自ら斎戒を守り、浮屠、すなわち仏（ブッダ）を祠っていたこと、しかもそうしたかれの仏教信仰は、決して黄老の学と矛盾するものではなかったことが知られる。

当時、黄老、すなわち黄帝と老子がどのような存在と見られていたかは、必ずしもはっきりしない。けれども、すでに早く前漢の初めには、二人ともに神仙《しんせん》とみなされている。そして、例えば黄帝は、『列仙伝』にもろもろの鬼神を使役する神秘的存在者として登場し、老子は、『神仙伝』に天神の加護を受け、あまたの仙人に師事される最高の得道者として登場する。これらのことから推測して、楚王英伝にいう「黄老の学」が、「不老不死の神仙の道の探究」という意味をもつことは確実であろう。けだし、楚王英は、熱心な仏教信者であると同時に、黄老の崇拝者、神仙道の実践者でもあったのである。かれにとって仏は、おそらくは黄老と並ぶ神仙の一人、少なくとも、神仙的な能力を十分に具えた人であったはずである。

次に、『後漢書』桓帝本紀の延熹《えんき》九年（一六六）の条には、桓帝が黄老を濯竜宮《たくりゆうきゆう》に祠《まつ》ったことが述べられ、合わせて、「桓帝は音楽を好み、琴笙《きんしよう》を善くし、園林を飾り、そして濯竜の宮をつくり、華蓋《かがい》を設けて浮図《ふと》・老子を祠る」という『東観記《とうかんき》』の文が引用されている。このような桓帝の信仰に関しては、桓帝をいさめる襄楷《じようかい》の上書の中にも「また、宮中に黄老・浮屠の祠を立てておられると聞いております」（襄楷伝）ということばが出てくる。これらの点を見ると、桓帝が現世的な楽しみの延長線上に黄老の信仰を抱くとともに、それと同質で連続するものとして、仏に対する信仰を有していたことは確かなようである。桓帝の場合にも、黄老ないし老子と仏とは、同次元に祠られる存在として現れているのである。

ところで襄楷は、先の上書の中で、引き続いて、

この道は清虚《せいきよ》であって、無為《むい》を尊び、いのちを大切にし、殺害を悪《にく》み、欲望を除き、奢《おご》りを離れることを教えるものです。ところが、いま陛下は、嗜欲《しよく》を去らず、殺生《せつしよう》や刑罰は度を越しておられます。これは、すでにその道に乖《そむ》くものです。どうして幸いを獲ることができましょうか。老子が夷狄《いてき》（中国周辺の野蛮な諸民族）に入って仏となったのだともいわれます。仏は、桑下《そうか》に三たび宿をとることはなく、久しく恩愛の世界に生きることを欲しません。これは、清らかさの至れるものであります。

と述べている。この一文から知られるように、やはり襄楷にとっても、黄帝・老子と仏とは同じ道を明らかにする同次元の神仙的な存在である。けれども、「清虚」「無為」に象徴されるその「道」の理解は、桓帝が抱いていたと推測される神仙信仰のレベルでは律しきれないものがある。襄楷には、すでに、少なくともいわゆる「格義《かくぎ》仏教」（後述）の段階までは進んでいるといえる仏教理解の一面が認められるのである。

以上、『後漢書』にもとづいて、後漢代の上層階級、知識階級の仏教が、神仙信仰のレベルからそれを脱却する方向へと動き出しつつある状況について概観した。

けれども、おそらく一部の民衆の中には、上述したものよりも一層素朴で現実的な神仙信仰として、仏への信仰がさらに後代まで続いたであろう。というのは、後漢代前後には、神仙説のほか、讖緯《しんい》説、太平道、五斗米道《ごとべいどう》などの思想、宗教が流行している。また、初期の訳経僧である安世高《あんせいこう》（一四七年、中国へ入る）、曇柯迦羅《どんかから》（二五〇年、中国へ入る）、康僧会《こうそうえ》（二四七年、中国へ入る。二八〇年没）などは呪術をよくしたという。これらのことを合わせて考えるとき、当時の民衆の中に、明確に、かれらの現世的の願望を満たしてくれる神仙の教えとして仏教を受容する基盤が存したであろうことが推定されるからである。仏教伝来伝説のいくつかのものに、ブッダが「金神」や「金人」として現れるのも、そのような最初期の仏教受容の全般的状況を示唆しているようである。

†仏典翻訳の開始

先に述べたように、中国への仏教の伝来は、間違いなく、およそ前漢の時代、紀元前一世紀にまでは遡って考えることができる。しかし、中国における本格的な仏教の伝播は、当然のことながら仏典の翻訳とその学習・研究の遂行とともに始まる。この点で最初の訳経僧安世高《あんせいこう》（二世紀中葉）と支婁迦讖《しるかせん》（ローカクシェーマ。支讖。二世紀後半）の来朝とかれらの盛んな訳経活動は重要な意味をもつ。

まず安世高は、安息国（パルティア）の太子であったが、王位を叔父に譲って出家し、後漢の桓帝の建和二年（一四八）ころ洛陽に来て、二十余年にわたって三十数部の経典を訳出したという。原始経典とアビダルマの教学に詳しく、中でも禅経（瞑想の実践について説く経典）を重んじたらしい。訳出経典に『安般守意経《あんぱんしゅいきょう》』『陰持入経《おんじにゅうきょう》』『人本欲生経《にんぽんよくしょうきょう》』『四諦経《したいきょう》』各一巻などがあり、いずれもかなりよく読まれたようである。このうち『陰持入経』には呉の陳慧《ちんえ》の注釈書『陰持入経註』二巻が、『人本欲生経』には東晋の道安《どうあん》（三一二～三八五）の注釈書『人本欲生経註』一巻が現存する。

安世高の翻訳は質朴ながら粗野に流れず、概して原文に忠実で手堅い。道安がそれを「群訳の首」と賞讃するゆえんである。中国思想の背景を感じさせる訳語としては、例えば『四諦経』の中で、四諦の中の道諦（パーリ語ではマッガサッチャ）を「道徳諦」と訳していること、『安般守意経』において「安般守意」（呼吸に心を集中し安定させる観法）の一義として「清浄無為《しょうじょうむい》」を挙げることなどが注意される程度である。

次に、支婁迦讖《しるかせん》は、大月氏国《だいげつしこく》の出身である。後漢の桓帝の末年に洛陽に入り、霊帝《れいてい》の時代（一六八～一八九）に『道行般若経《どうぎょうはんにゃぎょう》』十巻、『首楞厳経《しゅりょうごんきょう》』二巻、『般舟三昧経《はんじゅざんまいきょう》』『兜沙経《としゃきょう》』各一巻など、大乗の諸経典を訳出した。そのうち、とくに重要なものは『道行般若経』である。というのは、本経は、先行した竺朔仏《じくさくぶつ》訳『道行経』一巻の後を承け、初めて本格的に当時インドにおいて興隆しつつあった般若思想を伝訳したものであり、中国におけるいわゆる格義仏教のあり方を方向づけ、性格づける基本資料となったからである。

本経において、例えば仏教でいう真理（タタター。後代に「真如」と訳されて定着する）が「本無《ほんむ》」と訳されることや、次に取り上げる支謙《しけん》（三世紀前半）がその訳文を全体的に評価しないことからも推測されるように、かれの翻訳はかなり晦渋《かいじゅう》で、不自然なところが少なくない。しかし、それにもかかわらず、ある面ではおそらくそれゆえに、かれの訳出経典は仏教の般若思想、ないし空思想に対する中国の知識人たち、とくに老荘思想に親しみを抱く人びとの関心を大いに刺激したのではないかと思われる。のちに、『道行般若経』を講じた朱士行《しゅしこう》が于闐《うてん》（コータン）

への求法《ぐほう》の旅を行い、『放光般若経《ほうこうはんにゃきょう》』の原本を取得したという事実は、そのことを傍証するものでもあろう。

†「文」派と「質」派

安世高と支婁迦識に次いで現れたすぐれた訳経者は、支謙である。かれの祖先は大月氏国の人で、祖父の代に数百人の人びとともに中国に帰化した。十三歳のときには、すでに六カ国語に通じ、支婁迦識の弟子の支亮《しりょう》に学び、やがて後漢の献帝《けんてい》（一八九～二二〇在位）の末年に至って呉に逃れ、国主孫権《そんけん》の厚遇を得て博士の位を授けられ、東宮を補導した、といわれる。黄《こう》武《ぶ》の初年（二二二）から建興《けんこう》年間（二五二～二五三）にかけて、合わせて三十六部四十八巻の経典を訳出したが、とくに『維摩詰経《ゆいまきつきょう》』『大般泥洹経《だいはつないおんぎょう》』『瑞応本起経《ずいおうほんぎきょう》』各二巻、『大明度経《だいみょうどきょう》』（『道行般若経』の異訳）四巻などは重要である。

その支謙が記すところによれば、かれが『法句経《ほっくぎょう》』（ダンマパダ）を翻訳した黄武三年（二二四）ころには、すでに仏典の翻訳の仕方について、直訳的で分かりにくくなってもその実質を重んじるべきだとする「質」派と、文飾を加えて意訳し、分かりやすく流麗な訳文にするべきだという「文」派の対立が生じつつあったこと、支謙本人は「文」派に傾きながらも、その当時は「質」派の見解に従っていたこと、先人の中では、安世高と厳仏調《ごんぶつちょう》が高く評価されていたことなどが知られる。

ちなみに、支謙はその後、大きく「文」派へと傾斜していったようであり、一般的にはかれの訳経は、鳩摩羅什《くまらじゅう》（クマーラジーヴァ）が長安に来て翻訳活動を始める以前の、いわゆる古訳の中では、「文」派の代表とみなされている。

古訳期の最後を彩る人物は、西晋の竺法護《じくほうご》（ダルマラクシャ）である。かれは月氏の出で、代々敦煌《とんこう》に住んでいたという。八歳のときに出家し、竺高座《じくこうざ》に師事して広く内外の聖典を学んだ。やがて師に従って西域諸国を巡り、多くの胡本を持って帰国した。その間にかれは、三十六種の西域語に通じたとされる。大変な語学の天才であったのだろう。帰国後、泰始年間（二六五〜二七四）から永嘉二年（三〇八）まで、都合百五十四部三百九巻の経典を各地で訳出しており、その中には『光讃般若経』『正法華経』『漸備経《ぜんびきょう》』各十巻、『維摩詰経』一巻、『無量寿経』二巻など、重要な大乗経典の初訳や部分訳も多い。

かれは、『出三蔵記集《しゅつさんぞうきしゅう》』の編者僧祐《そうゆう》が「経法が中国に広く流布したのは、竺法護の力である」と賞讃するほど、極めて精力的な訳経活動を行うとともに、高潔な仏教者として千人にも及ぶ僧徒を指導したと伝えられる。その翻訳の特徴は、道安がいうように、「正確に要点を押さえ、表現が美しいとはいえないが、のびのびとしている」と評してよいだろう。

けれども、このことは竺法護の場合も、決してインドの仏典をそのまま中国語に移しかえたということではない。これは宿命的なことだが、翻訳それ自体が多かれ少なかれ思想変容を不可避的に起こすものである。とくに、受容する側の文化的レベルが高ければ高いほどそうであると考えられる。

†『理惑論』について

以上、中国における最初期の仏典の翻訳について概観した。では、この時代までに中国仏教は、思想的にはどういう問題に直面し、そうした問題との対応、ないし対決の中でどのような考え方を打ち出していったのであろうか。

思うに、この点に関するもっとも基本的な資料の一つが、牟子《ぼうし》なる人物の作と伝えられる『理惑論』である。そこで、以下、本書を手がかりとして問題を考察しよう。なお本論は、その成立についてさまざまな議論があるが、三国中期ころに呉が支配する南方の地において一応完成したと見るのが妥当ではないかと思われる。

さて、この『理惑論』は序文を除き、すべて問答体で、三十七条から成る。まず、全体を通じて注意しなければならないことは、どういう質問が発せられているかということである。なぜなら、この問いの部分にこそ、中国の人々の側からする仏教への疑問や批判が率直に示されているからである。初めに、それらの問いの中でとくに重要と思われるものを紹介してみよう。

†仏教の人生観はどう見られたか

第一に、神仙信仰に連続する現世主義的な人生観の問題がある。この点が、『理惑論』には次のような問いとして示されている。

人が世の中を渡っていくのに、富貴《ふうき》を好んで貧賤《ひんせん》をにくみ、働かずに楽しく暮らすことを喜んで、あくせく働くことを嫌がらないものはない。黄帝は性を養う上で五肴《ごこう》が最高であるとされたし、孔子は「飯は精白されているほどよく、生肉は細く切ったものほどよい」といっておられる。それなのに、いまの沙門《しゃもん》は、赤い布を着、日に一度食事するだけで、人間の自然の情を封じ込め、自ら世を終えようとする。こんな生き方をして、いったいどういう楽しみがあるというのか。

中国の人々には、例えば『詩経』に収められる「山に枢《いらぎ》有り」という詩に表れるように、行きすぎた享楽を戒《いまし》めながらも、いのちの短いこの人生であればこそ、楽しめる時には大いに楽しむべきだという考え方が相当に強いように思われる。この『理惑論』の問いのことばは、まさしくそうした考え方に立って発せられたものだろう。そこには、人生を苦と捉え、自らの本能的欲望をその苦の根本的な要因と見て、出家して沙門、すなわち修行僧となり、欲望から離れるべきことを強調する仏教の清貧主義に対する中国の人びとの深い懐疑の念が示されているといってよかろう。

このような処世観は、いうまでもなく、人間にとって人生は一度限りのものであり、死によってその人のすべては終わるという人生観と不離の関係にある。ところが仏教は、少なくともアビダルマ仏教の時代以後は、輪廻《りんね》の思想を説き、死後の世界を明確に肯定する。『理惑論』には、

仏道には、人は死ぬと必ずまた生まれるという。わたしには信じられない。これは明らかなことなのか。

という率直な疑問が提起される。またさらに、『論語』先進篇のことばを教証として、

いま、仏教者は、生死の事、鬼神の務めを説く。これは、ほとんど聖哲の語とはいえない。そもそも道を実践するものは、虚無《きょむ》淡泊《たんぱく》、質朴の志を抱くのが当然である。どういうわけで、生死を問題にして志を乱し、鬼神の余事を説くのか。

という鋭い批判が加えられてもいる。これらは、そのような仏教思想に対して中国の人々が有した基本的な違和感の表明であったと考えられる。

†仏教倫理の問題

第二は、倫理的な側面における問題である。『理惑論』の中では、それが、とくに「孝」と「礼」の倫理と、沙門の生き方との背反という面において表れている。このことは、とりもなおさず、儒教の勢力が衰えた時代とはいえ、少なくとも上層知識階級におけるたてまえの倫理としては、孝や礼がしっかりと生きていたということを意味しよう。

では、そうした立場は、どのような「問い」として示されているであろうか。

まず、孝に関する二つの問いを紹介しよう。その一つは、

『孝経《こうきよう》』には、「身体・髪膚《はつぷ》は、父母から受けたものであるから、傷つけるというようなことがあってはならない」と説かれる。また、曽子《そうし》は、臨終に際して、「私の手を出し、私の足を出して、傷がないかどうかを調べてほしい」といっている。ところが、いま沙門は、頭を剃る。これはいったいどういうことか。そういう沙門の行為は、聖人のことばに違い、孝

子の道に合わないものである。あなたは常に好んで是非を論じ、曲直《きょくちょく》を正すが、この沙門の行為について、かえってそれを善いものとするのか。

というものである。『孝経』は、いうまでもなく、孝を一元的な道徳原理とした儒教の聖典で、戦国末から存在し、前漢以来、今文《きんぶん》と古文の二系統に分かれた。しかし、内容的には両系統に大きな隔りはなく、古代中国の社会秩序の維持・安定の思想的主柱としてかなりの役割を果たしたものである。『理惑論』は、その『孝経』の基本思想と『論語』泰白《たいはく》篇の曽子《そうし》の語を引用しつつ、沙門の剃頭《ていとう》を厳しく論難するのである。

第二は、沙門の出家主義に対する批判である。すなわち、

そもそも、世嗣《よつぎ》を持つことに越える福はなく、子孫がいないことに過ぎる不孝はない。ところが沙門は、妻子を棄て、財産を捨て、あるいは生涯めとらない。これはいったいどういうことか。そうした行為は、幸福の道に反し、孝行の道に背くものである。自ら苦しみながら珍しいことも起こらず、自ら極めながら特別なことも生じない。——そんなつまらない生き方なのではないか。

というものである。この批判は、主に、不孝の大なるものは子孫がないことだと主張する『孟子』の孝論を踏まえていると考えられる。ともあれ、仏教の出家主義、独身主義は、家、ないし父子のつながりに人間存在の基盤を見ようとする儒教の側に立つ人びとには、根本的に錯倒した思想に映ったのであろう。

次に、「礼」の観点からする仏教批判とは、次のようなものである。

> 黄帝は衣裳を垂れて服飾を制定し、箕子《きし》（殷《いん》の紂王《ちゅうおう》の伯父《おじ》という）は「洪範《こうはん》」を説いて、服装・態度を整えることを五事の第一として重視している。孔子は『孝経』を作り、服装の問題を三徳の始めに置き、「先王の法服でなければ、身に着けるようなことはしない」といっている。孔子はまた、「衣冠を正し、見かけを立派にするのが君子のあり方である」ともいっている。さらに、孔子の弟子の原憲《げんけん》（子思《しし》）は、貧乏であったが華冠を離さなかった。子《し》路《ろ》は、戦いの中で冠のひもを切ったが、これを結び直すことを忘れなかった。ところが、いま沙門は、頭髪を剃り、赤布を着、人に会っても跪起《きき》の礼もしないし、旋《まわ》り歩くという礼にかなった態度もない。これはいったいどういうわけか。服装・態度の礼制に相違し、笏《しゃく》を大帯にさしはさむ服飾の法に乖《そむ》くものである。

梁《りょう》代の皇侃《おうがん》は「六経《りくけい》は、その教えはそれぞれ異なるけれども、すべて根本は礼である」といっているが、確かに「礼」は中国社会の規範として中国思想の根底に流れるものだろう。とくに、君子のあり方を追求した儒家の系統においては、礼の重視は顕著である。例えば、『論語』（顔淵《がんえん》篇）には、「礼を実践することが仁である」ともいわれている。『理惑論』は、おそらくこうした儒教的精神をもつ知識人の、沙門に対する強い疑問を「問い」という形で本論中に組み入れざるをえなかったのであろう。

このように、『理惑論』には「孝」や「礼」の倫理の根強さが明瞭に示されている。中国の歴史の中では、当時は儒教が弱体化し、動揺していた時代の一つであった。しかし、それにもかかわらず「孝」と「礼」の倫理は容易に崩れるものではなかったのである。

そして、それゆえに、中国ないし東アジアの仏教者たちは、これらの問題にどう応えるかを重要な課題の一つとして担わなければならなかったと考えられる。

†『理惑論』の輪廻思想

先に触れたように、中国の人びとが大きな疑問をもった仏教思想の一つは、生死はくりかえされ、それらは全体的に苦しみと迷いの生存であるという輪廻《りんね》の思想であった。『理惑論』も、もちろんこれに対する一つの解答を呈示している。しかもそれは、思うに、その後の東アジアにおける生死観の基幹線となったとも見られる思想である。牟子は説く。

たましい（魂神《こんしん》）は、本来、不滅である。ただ身体が死によって腐り朽ちていくのみである。身体は例えば五穀の根や葉のようなもので、たましいは五穀の種のようなものである。根や葉は生じて必ず死んでいく。しかし種には終りはない。それと同じく、道を得ていれば、身が滅びるだけである。老子はいう、「自分に大きな苦労があるのは、自分に身体があるからである。もしも自分に身体がなければ、何の苦労があろうか」と。またいう、「成功をおさめて身を退《ひ》くのは、天の道である」と。……

正しい道を修めていれば、死んでもたましいは幸福の世界に入る。悪いことをして死ねば、たましいは必ず災いを受ける。愚かな人は、事が終ってもそれをよく知らず、賢い人は、まだ事が萌《きざ》さないのにそれを予知する。道を修めるものと修めないものとは、比べれば金と草のようなものである。善と悪とは、白と黒の違いである。どうして異ならないといえよう。

と論ずるのである。ここには、輪廻説の明白な変容が見られる。

仏教は、もともと、インドにすでに成立し発展しつつあった因果応報思想を基本的には肯定し、導入した。しかし、仏教の因果応報説では、因と果、行為とその報いとの関わりを、実体的存在を立てて説明することを一切しない。つまり、ある一定の善もしくは悪の行為によって、それに応じた報いが生じると説く。けれども、その行為をなしたり、その報いを受けたりする永遠的な本体は認めないのである。

ところが、『理惑論』の作者は、明らかに不滅のたましい（魂神・神《しん》）を立て、それが幸福を享受したり、災いに遭遇したりすると主張している。後に、南北朝時代の中国では、「たましい」あるいは「精神」と訳しうる「神《しん》」が不滅かどうかをめぐってはなばなしい議論が展開される。その際、論者によって、「神」にニュアンスの相違こそあれ、この議論に関わる正統的な中国仏教者は、すべて「神」の不滅を宣揚する側に身を置いている。また、現代の日本においても、仏教は霊魂不滅説であると理解している人が少なくない。

仏教は、中国文化圏へ入ると間もなく、陰陽説の影響を受けてまず業と輪廻の思想において一定の変質を遂げ、その変容した思想が東アジア世界において主流を占め続けるのである。

第9章　「新仏教」の展開

前章において論じたように、中国へ伝来した仏教は、さまざまな点で中国の思想・文化と衝突し、またその影響を受けて変容することを求められた。こうして中国、ひいては東アジア独自の仏教が次第にその姿を現してくる。これを総称して、中国――といっても、それは領土的・民族的には時代ごとに大きく変化する――に限定する場合は「中国仏教」、東アジア全体を一種の仏教文化共同体と見て包括的に捉える場合は「東アジア仏教」と呼ぶ。

しかし、その中にも、自ずからインド仏教と強い連続性をもつものと、それとの間に一定の隔りをもつものとがある。ここで「新仏教」と名づけた中国仏教ないし東アジア仏教は、そのうちの後者の特徴を色濃く有するものであり、系統別にいえば、天台・法華《ほっけ》系、華厳《けごん》系、浄土系、禅系、及び民衆仏教系の五種を指す。しかし、むろんこれらは、いずれもそれ以外の諸系統と無関係に成立・展開したわけではない。ここでは、相互の関連性にも配慮しつつ、「新仏教」を中心に中国仏教の全体を概観することにしたい。

†基盤と背景

初めに、「新仏教」が成立してくるまでの経緯について考えておこう。

まず、「漢訳」それ自体の成熟の問題がある。仏典の漢訳の仕事は、すでに述べたように、安世高《あんせいこう》・支婁迦讖《しるかせん》（ローカクシェーマ）を嚆矢とし、以後、支謙《しけん》・康僧会《こうそうえ》・竺法護《じくほうご》（ダルマラクシャ）らによって受け継がれていく。ところが、かれらが漢訳した仏典は初期仏教のものから大乗仏教のものまでさまざまであった。その中で、とくに、総じて東アジア世界でより好まれ、重視される大乗諸経典を見ると、道家や儒家の概念・思想が大胆に導入・援用されたものが少なくない。これが、仏教の思想と類似した中国の思想に当てはめて理解する、いわゆる格義仏教の支えともなったのである。支婁迦讖訳『道行般若経《どうぎようはんにやきよう》』などに真理（タタター）が「本無」と訳されること、聶承遠《しようしようおん》訳『超日明三昧経《ちようにちみようざんまいきよう》』において道家の「自然」の思想をもって三昧《さんまい》の世界が敷衍されることなどは、その代表的な例である。

このように、漢訳という作業は、当初から、翻訳を通じて異質な文化の所産である仏典を中国の人々のための聖典にするという意味をもっていた。いわば、仏典の中国聖典化である。そしてこれは、「新仏教」の成立のためにも不可欠であった。

しかしながら、おそらく最初期の漢訳仏典は、一部の人々にはある種の聖典とみなされたであろうが、広くその認識をかちとるまでには至っていない。それは、仏説が少なくともいくつかの側面において中国の聖人たちの教えに比肩《ひけん》しうるということを、伝来された仏典の質量の不足、翻訳の未熟さなどが重なって、最初期の諸仏典は、概してはっきりと伝えることができなかったからである。仏典の中国聖典化の高度な達成は、東晋代末期の鳩摩羅什《くまらじゅう》（クマーラジーヴァ）や仏駄跋陀羅《ぶつだばつだら》（ブッダバドラ）の出現まで待たなければならなかったのである。

次には中国固有の諸思想との対立・交渉・融和の問題がある。そもそも異国の宗教である仏教が自国の文化伝統に高い誇りをもつ中国に入ることは、容易なことではなかったはずである。では、それを可能にしたのは何か。理由はいくつか挙げられようが、その基本的なものの一つに、霊能力をもった西域・インドの僧たちの渡来と、かれらに対する時の権力者たちの帰信があったことは間違いない。伝記資料に明記されるものだけでも、安世高・康僧会・仏図澄《ぶつとちょう》らは呪術に秀でていたという。かれらが中国に迎えられ、活躍することができたのは、その霊能力による面が大きかったと考えられる。

ともあれ、仏教は、漢王朝の衰退から魏晋南北朝へと続く中国社会の動揺期に当たっていたことが幸いして、さほど大きな抵抗も受けずに中国に流入し、少しずつ地歩を固めていった。しかし、それに伴って、僧の姿や振舞いに対する違和感や思想的な異質性の認識も深まり、さまざまな形で仏教への批判が起こってくる。仏教者は、そうした批判に応えながら仏教を広めていかなければならなかったのである。

けれども、このような試練を通じて、中国の仏教者たちは独特の論理を作り上げていった。それは、概括的にいえば「仏教は中国の聖人たちの教えに反しない。本質的には同一である。しかし、それらのいずれにも優《まさ》り、それらを包み込んでいる」というものである。一般的にはこれを三教調和論、または三教一致論と称する。この点で、偽経《ぎきょう》（中国撰述経典）の『清浄法行経《しょうじょうほうぎょうきょう》』が「仏は三人の弟子を中国に遣わして教化させた。儒童菩薩《じゅどう》をそこでは孔丘《こうきゅう》といい、光浄菩薩《こうじょう》を顔淵《がんえん》といい、摩訶迦葉《まかかしょう》を老子という」（『二教論』などに引用。近年再発見された七寺《ななつでら》本の同経の比定の仕方はこれと異なるが、趣旨は同じである）と説くのはまことに象徴的である。後述する「新仏教」の諸思想は、そうした三教調和論を当然の前提として成立しえたものなのである。

第三のポイントは、中国社会への仏教の定着・流布にもとづく諸学派の形成とそれぞれにおける教判、すなわち「仏説」の全体を整合的にとらえ、体系的に理解する解釈法を基盤とする教学の練り上げである。

先に触れたが、鳩摩羅什が長安に来て活動したことは、中国仏教を思想的に大きく前進させるものとなった。すなわち、かれは『法華経』『維摩経《ゆいま》』『中論』『大智度論《だいちどろん》』などの重要な大乗《だいじょう》の諸経論を訳出するとともに、「諸法実相」の哲学を宣揚して僧肇《そうじょう》・道生《どうしょう》らの門下を輩出し、中国仏教の基盤をほぼ固めたのである。そして、この基盤の上に一つの基本線が生まれる。そ

の基本線とは、大胆に言い切ってしまえば、たとえば僧肇が、

> 真理を離れて存立する場があるのではない。存立の場がそのまま真理の現成《げんじょう》するところである。そうであるから、道は決して遠くにあるのではない。一々の物事に触れていく中に真理がある。聖人は決して遠い存在ではない。そのような道を体得すれば聖人である。
> （『肇論』「不真空論」）

と論じていることに要約される現実主義的な真理観・聖人観である。以後、中国仏教の世界では、南北朝時代を通じて仏駄跋陀羅《ぶっだばっだら》訳『華厳経』（『六十華厳』）、曇無讖《どんむしん》（ダルマラクシャ）訳『涅《ね》槃《はん》経』（『北本涅槃経』）、菩提流支《ぼだいるし》（ボーディルチ）など訳『十地経論《じゅうじきょうろん》』、真諦《しんたい》（パラマールタ）訳『摂《しょう》大乗論』などの出現と関わりながら、この路線に沿って多様な研究が進み、中国仏教独自の思想形成がなされていく。その際、仏典解釈の基盤となる教判論的枠組みとしては、頓漸《とんぜん》二教（頓教と漸教。仏の悟りへと速やかに導く教えと、段階的に導く教え）と権実《ごんじつ》二教（権教と実教。仮りに方便として説かれる教えと、真実を直接的に開示する教え）の分類がとくに重要であると思われる。「新仏教」は、そのような諸研究の成果を巧みに吸収しながら形成されてくるのである。

†天台宗とその教学

われわれが「新仏教」と名づけたものの中には、天台・法華系、華厳系、浄土系、禅系、並びに、三階教《さんがいきょう》・白蓮教《びゃくれんきょう》など、民衆仏教と総称するものがある。

これらに対比される、インド仏教の系譜と強いつながりをもつ中国仏教の諸派としては、大別すれば、①龍樹（ナーガールジュナ）の『中論頌』（詩句）と青目《しょうもく》（ピンガラ）の「長行《じょうごう》」（散文の注釈）からなる漢訳『中論』などに依って「破邪顕正《はじゃけんしょう》」を掲げる三論系、②玄奘《げんじょう》が伝え、主にその弟子の基がまとめあげた唯識・法相《ほっそう》系、③善無畏《ぜんむい》（シュバーカラシンハ）訳『大日経《だいにちきょう》』と不《ふ》空《くう》（アモーガヴァジュラ）訳『金剛頂経』を主なよりどころとし、一面において包括的立場を、他面において超絶的立場を宣揚する真言密教系の三つがある。それぞれインドの中観派、瑜伽《ゆが》行《ぎょう》派、および熟成期に入りつつあった密教を承《う》けるものであるが、それらの思想については必要に応じ、のちの数章において論及することにしたい。

さて、中国の「新仏教」の中できわめてスケールの大きな思想体系を作り上げたのは、天台宗と華厳宗である。これらの二宗が思想的にはもっとも整った形で鮮明に「新仏教」の様態を示す。いわば哲学的方面において「新仏教」を代表するのである。そこで以下、この両宗を中心にその一応の成立・安定までの歩みを辿り、「新仏教」の基本的性格をうかがってみることにしよう。

ちなみに、「宗」というのは原義的には「旨とするもの」「帰趨《きすう》」を意味する。一つの集団ないし系統を指す「宗」は、さらに時代を下ってからの呼称であり、しかも中国の場合は、この意味の「宗」は一般的には宗派（sect）あるいは学派（school）というよりは、系譜（lineage）に近い。それゆえ、あまり適切な呼び方とはいえない。しかし、代用できるよい言葉もないのでこれを用いることにする。

まず天台宗は、初祖は北斉《ほくせい》の高祖の時代、六世紀の中頃に河北《かほく》・淮南《わいなん》地方で教化を進めた慧《え》文《もん》とされる。しかし、実質上の開祖は慧思《えし》（五一五～五七七）である。かれは、十五歳のとき、夢に現れたインド僧の勧めを受けて出家し、『法華経』の読誦と坐禅三昧の修行を重ねた後、慧文に師事してついに「法華三昧、大乗の法門」に達した。以来、各地をめぐって法を広めるが、しばしば恨みを受け、何度か毒殺されかかっている。晩年には自ら「十信鉄輪位《じっしんてつりんい》」（菩薩の境地に入る前の位）にあると語ったという。門下としては、智顗《ちぎ》・慧超《えちょう》など隋代仏教を代表する数人の名が知られている。

では、この慧思の思想の特徴はどういうものであろうか。思うに、まず注目すべき思想は、その末法観《まっぽうかん》である。かれは、中国仏教史上において初めて明確な形で正法《しょうぼう》・像法《ぞうほう》・末法《まっぽう》の三時説（仏法が衰退していくと見て、その過程を三段階に区別する）を立て、自らがまさしく末法に入ったばかりの苦難の時代に生きていることを一々の事件を通して噛みしめていた。そして、むしろこの深い末法の自覚にもとづいて、仏法を不滅ならしめようとし、未来世における弥勒仏《みろくぶつ》との出会いを誓うのである。末法観はその後、とくに三階教と浄土教においてそれぞれに固有の形で深められる。慧思が端緒を開いた末法観は、それを受容するか否定するかはともかく、「新仏教」が共通して受けとめなければならない深刻な問題となったのである。

さて、その慧思が、おそらく最終的に提唱したと思われる実践が法華三昧である。これは、たとえば『法華三昧経』が説く「空相《くうそう》」の究明の実践としてのそれとはまったく異なるもので、その著『安楽行義《あんらくぎょうぎ》』によれば、無相行《むそうぎょう》と有相行《うそうぎょう》の二つに分けられる。そして、無相行とは深い禅定《ぜんじょう》に入った状態でなされる『法華経』安楽行品《あんらくぎょうほん》の四安楽行をいい、有相行とは『法華経』普《ふ》賢勧発品《げんかんぼっぽん》に説かれる『法華経』読誦の実践、すなわち、三昧に入らず、いつでも『法華経』の文字に心を集中し、その読誦に専念することをいう、とされる。

慧思は、自ら厳しい禅定の修行を通じてさとりを開き、また『諸法無諍《むじょう》三昧法門』においては「無量の仏法の功徳はすべて禅から生ずる」と論ずるなど、仏道における禅定の根本性を主張している。『安楽行義』の法華三昧論は、いわば「法華経主義」に徹底しつつ、禅定第一の立場を修正したものということができよう。

†智顗の『摩訶止観』

天台宗の第三祖は智顗《ちぎ》（五三八〜五九七）である。かれは二十三歳のとき、慧思の門に投じて七年の間その「法華経主義」の学行を研鑽し、後に、主に『大智度論』の「禅波羅蜜《ぜんはらみつ》」の思想の影響下に天台宗と呼ばれる仏教界の一大勢力を作り上げた。王子時代の煬帝《ようだい》に菩薩戒を授けるなど、隋の王室との関係も深い。著述（講述書を含む）としては天台三大部といわれる『法華玄義』『法華文句《もんぐ》』『摩訶止観《まかしかん》』のほか、『浄名疏《じょうみょうしょ》』（『維摩経』の注釈書）などがある。

その智顗の思想の特質をもっともよく表しているのは、思うに「衆生法《しゅじょうほう》」の思想である。衆生法とは、『法華玄義』によれば、慧思が「心と仏と、及び衆生と、是の三に差別無し」という『華厳経』（六十巻本）の教説にヒントを得て法を区別した「三法」の中の一つで、「諸々の因果、及び一切の法」に通じる。『法華経』では、この衆生法を開示するのに「十法」を用い、これによって一切の法を包摂する。方便品の「唯仏与仏、乃能究尽諸法実相、所謂諸法如是相如是性如是体如是力如是作如是因如是縁如是果如是報如是本末究竟等」という経文の「所謂《いわゆる》」以下に示されるものがそれである、という。そして、次のように述べられる。

南岳師（＝慧思）はこの文を「如」のところで切って読みとった。だから「十如」と呼んだのである。
〔これに対して〕天台師（＝智顗）はいう。その意味にもとづいて読めば、全体として三種の異なる読み方がある。第一は「是相如、是性如、ないし是報如」と読むもの、第二は「如是相、如是性、ないし如是報」と読むもの、第三は「相如是、性如是、ないし報如是」と読むものである。もしも、みな〔「如」で切って〕「……如」といえば、「如」は異ならないことをそう名づけるのであるから、これは「空」の意味を表している。もしも「如是相、如是性」などと読んでいけば、空なる〔法の〕性相に印を付けることになり、〔その結果〕あれこれの名称が設けられ、それらが別々でありながら曲がりくねって繋がるから、すなわち「仮《け》」〔仮りに現れたもの〕の意味である。もしも、「相如是」などと読めば、中道実相の「是」〔「これ」の意味と「正しい」の意味を合わせもつ。あらゆるものの真実のすがたそのもの〕と一如となることをいうから、「中」の意味となる。〔このように三種に変えて読むのは〕区別した読み方によって〔一切の法の真実を〕理解しやすくさせるからである。

ここで問題とされる鳩摩羅什訳『法華経』方便品《ほうべんぼん》の文句は、上に示した通り、有名な「ただ仏と仏とのみ、すなわち能《よ》く諸法の実相を究尽す」という言葉の直後に来るもので、文脈上はその「諸法の実相」の内容を呈示していると考えられる。サンスクリット本の当該箇所は、

「実相」や「如是」に当たる語がなく、法の内容の呈示の仕方もより簡潔であるが、文脈・文意はほぼ同じである。したがって、「いわゆる、諸法の是の如き相、是の如き性、……是の如き本末究竟等なり」と読むのが、漢文それ自体としても、翻訳文としても自然である。すなわち、智顗のいう「仮」の読み方である。

ところが慧思は、筆者の推測をまじえていえば、これを「いわゆる、諸法は如なり。是の相も如なり、是の性も如なり、……是の報も如なり。是の本末は究竟して等し」と読んだらしい。つまり、かれは、一切の法の真相を徹底して「如」（真如、タタター）において見ようとしたわけである。

他方、その弟子の智顗は、それをさらに読み込み、上のような三種の読み方を提唱した。そしてこの三転読法が、第4章で触れた鳩摩羅什訳『中論』四諦品《したいぼん》の詩句にもとづいて、真理のありようを空・仮・中の三層において観察する天台固有の「三諦」の真理観を巧みに表現しているために、以後今日まで経典読誦の方法として長く受け継がれることとなったのである。

また、「三法」の中の仏法について智顗は、これは仏に何か別の法があることをいうのではなく、ただ「百界千如《ひゃっかいせんにょ》」が仏の境界であることをいう、と見る。百界千如とは、上に引いた「相如是」などの十如是と、仏教的観点から価値的に区別された全存在領域、すなわち六道《ろくどう》と四聖《ししょう》の世界（声聞界《しょうもんかい》・縁覚界《えんがくかい》・菩薩界《ぼさつかい》・仏界）を合わせた十法界とを関連づけて捉える思想で、どの法界《ほうかい》も十如是を具えているから十法界には百如是があり、しかもどの法界も他の九法界を包含しているから、結局全体では百法界、千如是があることになる、というものである。さらに智顗は、『摩訶止観』においてこの思想をいっそう発展させる。それが、一念の心に三千種世間《さんぜんしゅせけん》（百界千如に五陰世間《ごおんせけん》・衆生世間《しゅじょうせけん》・国土世間《こくどせけん》の三世間を乗じたもの）という、いわば宗教的宇宙のすべてが具わるとする「一念三千」論である。智顗における実相の究明は、ほとんど止まることのない世界観の拡大と連動するといってよかろう。

また『摩訶止観』には、究極的な瞑想実践として円頓止観《えんどんしかん》が説かれる。これが本書の中心問題といってよいが、「此の止観は、天台智者、己心中の所行の法門を説く」とされる。すなわち、智顗その人の主体的実践を通して捉えられた仏教世界の開示であるというのである。

では、円頓止観とは何か。それは、次のように定義される。

円頓とは、初めから実相を縁ずるものである。認識対象と一つになってただちに中《ちゅう》のあり方を実現するから、真実でないものはない。縁を法の境域（法界）に繫《か》け、念を法の境域と合致させるから、一つの色（見える対象）、一つの香りとして中道に適《かな》わないものはない。自己の境域、および仏の境域、衆生の境域も同様である。……純一の実相であって、実相の外にさらに別の法はない。法そのものが静まりきっているのを止と名づけ、静まりながら常に

〔まことの知恵が〕照らすのを観と名づける。時間的な前後はあるが、別々なのではない。これを円頓止観と名づけるのである。

すなわちそれは、直接、真実そのものと一つになることを目指す瞑想である。このこと自体、慧思の実践思想とは性格を異にすると思われるが、ではどこでそのような「実相を縁ずる」ことができるのか。智顗によれば、そのもっとも具体的な場は、一念の心が起こる、まさしくその自己の現実の心にほかならない。

智顗は、自己の心を深く見つめ、そこにおいて実相を観得するということを原点として慧思の禅定重視の一面を継承している。だが、そこに留まらない。むしろ大乗仏教の全体を見渡しながら、そうした「止観」の筋道を呈示し、そこにおいてあらわになる「実相」を言語化し、論理化して一種の宗教宇宙を描き上げることにいっそう精力を注ぐのである。その意味において、思想的観点からはかれを「観心《かんじん》の哲学者」と呼んでもよいだろう。

†華厳宗とその教学

次に、『華厳経』をよりどころとする華厳宗の開祖は、北周から初唐にかけての激動の時代を生きた杜順《とじゅん》（五五七〜六四〇）とされる。かれは、しばしば超能力を現した禅定家で、斎会《さいえ》を設けさせたこともあるという。また『華厳経』の読誦につとめてもいたらしい。それゆえ、『華厳経』をよりどころとする教団の組織者としての資質を備えていたことは確かだろう。しかし、華厳教学形成への貢献という点では、直接的な関わりはほとんど見出せない。

華厳宗の教学の基礎を固めるのは智儼《ちごん》（六〇二～六六八）である。『華厳経伝記』によれば、かれが十二歳のときに杜順がふらりと家を訪れ、父に「私の子だから、返してくれ」といったので、両親はかれを杜順に託した、という。二人の師資の絆の深さを物語る話であるが、杜順の門下となって以後、智儼は実際には、摂論《しょうろん》宗（『摂大乗論』の研究を中心とした学派）の法常《ほうじょう》、『華厳経』研究者の智正《ちしょう》ら、当時の何人もの学匠たちについて学んだらしい。そして、二十七歳のときに一人の「異僧」が教えた「十地中の六相の義」に思いを潜めてその真義をさとり、「立教分宗」して『華厳経』の註釈を著わした、とされる。これが現存する『捜玄記』（正しくは『大方広仏華厳経捜玄分斉通智方軌』）五巻なのだろう。

では、智儼の思想の特徴はどこに見出せるだろうか。思うに、このことに関して、何よりも注目すべきものは、「法界縁起《ほっかいえんぎ》」の思想である。

伝承によれば、ゴータマはそのさとりの場において縁起を観察されたという（第1章参照）。つまり、縁起観は仏教における根本の真理観とされる。そして、これが長く正統説として受け継がれてきている。それゆえ、いずれの時代、いずれの地域の、またいずれの学派・宗派の仏教であっても縁起の思想は説かれるし、むしろ多くは中心的教説とされている。しかしながら、その内容にまで踏み込んでみると、それが一義的に定義できないことは明らかである。換言すれば、仏教思想史上において「縁起」の概念・思想はさまざまに変容してきたという事実がある、ということである。「法界縁起」の思想は、その中でももっとも大きく変容したものの一つであると考えられる。

さて、その「法界縁起」の概念には、興味深いことに、大きく分ければ二通りの意味がある。第一の意味は、隋《ずい》代の慧遠《えおん》に至る地論宗《じろんしゅう》の系統においてかなりの程度準備されていたと思われるもので、いわば包括的概念としての「法界縁起」である。つまり、迷いとさとりの二つの領域にわたってさまざまな視点ないし立場から説かれる「縁起」のすべてを「法界縁起」という概念で括るわけである。

第二の意味は、杜順の説を承けて智儼が著わしたと伝えられる『一乗十玄門』において示されるものである。すなわちこの「法界縁起」は、

一乗の縁起が真実そのもの〔自体〕〔の縁起〕であり、真理の領域〔法界〕〔における縁起〕であるという意味を明らかにするならば、それは〔こういうことである。この縁起は〕大乗や二乗の縁起がただ〔それによって〕常見・断見などの過失を離れることができるだけなのと、同じで

はない。この〔一乗の縁起の〕趣意はそうではなく、一がそのまま一切であり、〔そこにおいては〕あらゆる過失が離れられ、あらゆる法が一つとなるのである。いま、さらにこの『華厳経』の趣意に即して全体的立場で「法界縁起」を明らかにするならば、それは真実そのものの因と果とにすぎない。ここでいう因とは、さまざまの手だてをかりて修行が進められ、真実が究められ、境位が完成する〔という実践の過程の〕ことである。すなわち、普賢《ふげん》〔菩薩によって象徴されるすがた〕である。果とは、真実そのものの究極の様態、静まりきったまどかなさとりのことであり、一がそのまま一切である十仏の境界である。すなわち、〔『華厳経』にある〕十仏の世界海、および、離世間品《りせけんぼん》に示される十仏の意味がそれである。

などと解説される。ここでいわれる「法界縁起」が究極・真実の縁起のあり方を指していることは明らかだろう。この意味における「法界縁起」とは、要約していえば、一切の法が、あらゆる事象が、いずれもわずかの実体性・固定性ももたず、たとえばたくさんの鏡があるときに、それらが互いに互いの影をいくつも重ねて映し出すように、あるいは、一が十になるのには、一の中にすでに十が可能態としてなければならないように、互いに「重々無尽《じゅうじゅうむじん》」に関係し合い、交わり合い、含み合い、一つになるというあり方である。そしてこれが、菩薩から仏へという歩みの中にあるときに、知見され、修得され、体現されていく、というのである。菩薩道の実践とその縁起的構造の深い哲学的洞察の相乗から生まれた新しい縁起観といわなければなるまい。

†法蔵の思想

智儼の下から二人の優れた学匠が出る。その一人は新羅《しらぎ》のウイサン（漢字では一般に義湘《ぎしょう》。もとはおそらく義相《ぎしょう》。六二五〜七〇二）である。この人については、次章で述べる。

ウイサンの弟弟子で、智儼の後継者となり、武周王朝期に華厳宗の隆盛をもたらしたのが法蔵《ほうぞう》（六四三〜七一二）である。

法蔵は、古代西アジアのトルコ系遊牧民族の国康居《こうきょ》の丞相《じょうしょう》を務めた名家の血を引く。祖父の代に中国に帰化している。十六歳のときアショーカ王の舎利塔《しゃりとう》の前で一指を焼き、供養したというから、早くから宗教の世界への関心は深かったらしい。その数年後、長安の雲華寺にいた智儼を訪ね、門下となった。しかし、智儼の在世中は在俗のままで、二十八歳になって、落髪して則天武后《そくてんぶこう》が亡母のために建てた西太原寺《にしたいげんじ》に住した。以来、『華厳経』を初めとする大乗の諸経論の研究、華厳教学の確立と宣布、翻訳プロジェクトへの参加、諸種の儀礼や祈禱の実行など、諸方面において活躍した。朝野《ちょうや》の帰依も篤く、中宗・睿宗《えいそう》の菩薩戒師を務め、また両都を含む国内の五カ所に華厳寺が建てられるきっかけを作ったともいわれる。則天武后の時代を中心として、当時の仏教界を代表する一人であったことが知られよう。

このように、法蔵の生き方はかなり華やかである。成功者の人生といってもよいかもしれない。ではかれは、思想面では智儼を承けてどのように華厳教学を作り上げるのだろうか。次にこの点を、法蔵の華厳教学の綱要書ともいうべき『五教章』によって考察しよう。

『五教章』において法蔵は、固有の真理観を明らかにする思想体系として、（1）三性《さんしょう》同異義、（2）縁起因門六義法、（3）十玄縁起無礙《むげ》法、（4）六相円融義《ろくそうえんゆうぎ》の四種を挙げて解説する。このうち、もっとも大きな特徴が表れている三性同異義について、少しくわしく述べることにしたい。

三性とは、すでに第5章で述べたように、遍計所執性《へんげしょしゅうしょう》（分別性。妄想されたありよう。迷いの生存）・依他起性《えたきしょう》（依他性。他に依存するありよう。縁起的存在）・円成実性《えんじょうじつしょう》（真実性。完成されたありよう。さとりの真実）のことである。この三性の思想そのものは、中国にはすでに南北朝初期に求那跋陀羅《ぐなばつだら》（グナバドラ）訳『楞伽経《りょうがきょう》』（『四巻楞伽』）などによって紹介され、さらに真諦《しんたい》訳『摂大乗論』などによって高揚されていた。しかし、これが広く知られるに至ったのは、初唐代に勃興した玄奘一門の法相宗《ほっそうしゅう》の宣布によるところが大きい。かれらは、ダルマパーラ（護法）の系統の唯識思想を正当とみなし、その立場から三性説を説き広めた。法蔵は、その法相宗に対抗し、おそらくは華厳宗の優位を明らかにする意図をもって、本来的にはきわめてインド大乗的な三性説を改変し、「三性同異義」の理論を作り上げたのである。三性の名称を簡略化・一般化し、並べ方も変えて、真（真如）・依他・所執としていることも、このことと関連すると思われる。

さて、この理論によれば、

三性にはそれぞれ二つの意味がある。真如《しんにょ》には不変と随縁（縁に従うこと）、依他には似有《じう》（かりに存在すること）と無性《むしょう》（実体的本性がないこと）、所執には情有《じょうう》（凡情において存在すると見られること）と理無《りむ》（真実には存在しないこと）の意味である。このうち、真如の不変と、依他の無性と、所執の理無という、これらの三義によって三性は同一の範疇を構成し、同じであって異ならない。これが、枝末〔たる現象〕を壊さず、常に根本〔たる真実〕である、ということである。経に「衆生《しゅじょう》はそのままで涅槃に入っている（衆生即涅槃）。〔それゆえ〕またさらに涅槃に入る（＝死ぬ）ことはない（不復更滅）」と説くのは、そのことである。

また、真如の随縁と、依他の似有と、所執の情有という三義に約せば、この三義によって、また〔三性は〕異ならない。これが、根本を動かさず、常に枝末である、ということである。経（＝『不増不減経』）に「法身《ほっしん》が〔迷いの世界である〕五道を流転するのを名づけて衆生という」と説かれるのは、そのことである。

すなわち、この三義と前の三義とによるのは、別々ではないという側面を押さえたものである。こういうわけで、真如は迷妄の枝末までも該《か》ね包み、迷妄は真如の根源にまで透徹する。本質と現象（性相）は通い合い融け合って、何の妨げもない。

とされる。もともと三性説は、縁起観を通じて分別的な認識の虚構性を打ち破り、存在の無実体性、ないし、さながらにあること（真如《しんにょ》）に目覚めることを狙いとしていたと考えられる。そういう実践の理論としての三性説が、ここでは、真実そのものとしての一心を根源に据え、その真理性と生滅するあり方の両面を開示する『大乗起信論』の思想を導入し、真如の根本性に基礎を置く存在論となっているのである。それは、思考の枠組みからいえば、一なる道から万物が生ずると説く『老子』の哲学に通じているともいえよう。ともあれ、法蔵によって三性説は、一元的な真実の世界における縁起の無礙《むげ》（何の障害もなく交わりあい、融合すること）を証明する理論へと変貌したのである。

†法蔵以後の華厳教学

このあと華厳宗は、宋代に生まれた祖統説《そとうせつ》によれば、澄観《ちょうかん》（七三八〜八三九）・宗密《しゅうみつ》（七八〇〜八四一）と継承されたという。しかし、法蔵と澄観は時代が隔たり、直接的な師資関係はない。また澄観の思想には、禅や天台の思想との融合的性格が認められる。次に澄観と宗密の関係であるが、確かに宗密は澄観に二年間随侍しているから、師資関係があることは間違いない。けれども、それは短期間にすぎない。しかも、二人の思想的立場は大きく相違する。宗密は必ずしも『華厳経』のみを最高・究極の経典と見なしてはおらず、むしろ『円覚経《えんがくきょう》』を重視する禅の立場の人なのである。

澄観・宗密の思想は、その後の華厳宗の思想の性格をほとんど決定づけた。「中興の教主」と称される宋代の浄源《じょうげん》（一〇一一〜八八）をはじめ、のちの華厳宗の人びとは、おおむね、澄観や宗密の思想の継承に終始したのである。

だが、むろんその中にも、新しい思想的傾向は指摘できる。例えば、宋代の子璿《しせん》・浄源らに見られるような『大乗起信論』の一層の重視である。けれども、思想史的により重要なことは、宋代以後、華厳教学が禅や念仏の実践と深く結びつき、多くの仏教者の融合的思惟を培ったということだと思われる。

†浄土系の仏教

上には、「新仏教」の中で哲学的な展開の独自性を端的に表していると思われる天台・華厳の二宗について概観した。では、その他の「新仏教」は、どのようなところに際立った特徴を示すのだろうか。

まず浄土教について見てみよう。阿弥陀仏とその極楽浄土に対する信仰に限定していえば、それが一つの宗教運動として動き出すのは、廬山《ろざん》の慧遠《えおん》(三三四〜四一六)を中心とする白蓮社《びゃくれんしゃ》においてである。この結社の人々は、『般舟三昧経《はんじゅざんまい》』をよりどころとして、厳しく戒律を守りつつ、阿弥陀仏を念じ、やがてその浄土に安らぐことを目指したのである。

しかし、この白蓮社の浄土信仰には、まだ中国固有の特色は現れていない。それがはっきりと出てくるのは、曇鸞《どんらん》(四七六〜五三二)による他力の思想の確立を経て、道綽《どうしゃく》(五六二〜六四五)が「聖道《しょうどう》の一種は、今時には証しがたい」と宣言し、明確な末法観のもとに「懺悔《さんげ》し、福を修め、阿弥陀仏の名号《みょうごう》を唱えよ」と教えてからである。ここにおいて、正法《しょうぼう》五百年、像法《ぞうほう》一千年、末法《まっぽう》一万年という、仏法の衰退過程として歴史を見る東アジア世界の仏教的時代観がほぼ確定し、阿弥陀仏の絶対的な救済力が宣揚されるに至ったのである。

なお、像法とは、形だけ仏教が存在するという意味で、一般的には、正しく修行する人はいるが、さとりを開く人はもはやいないこと、末法は、そういう修行者もおらず、教えだけが残されていること、と説明される。ちなみに道綽は、その主著『安楽集』の中で、阿弥陀仏を宇宙創造神の位置に置き、中国神話の伏羲《ふっき》と女媧《じょか》を阿弥陀仏が派遣した二菩薩とする偽経の『須《しゅ》弥《み》四域経』なども援用しており、興味深い。

この東アジアの浄土教をさらに徹底したものに仕上げたのは善導《ぜんどう》(六一三〜六八一)である。

とくにかれが、阿弥陀仏の名号《みょうごう》への専念にはっきりと第一義的な意味を認めて理論化したこと、曇鸞が除外した、正法を誹謗するものにも往生を約束したこと、仏教と無縁であった世俗の善人（孝養《こうよう》や仁・義などの実践に励んだ人）も廻心《えしん》して往生を願いさえすれば往生できるとしたことは重要である。かれによって浄土教は、初めて東アジア世界の「愚痴」（根本的なおろかさ）を離れることができない凡夫《ぼんぷ》のものとなったということができる。

†禅宗の誕生

次に、禅宗系の思想について見よう。中国に広義の「禅」、すなわち仏教の根本的な修行法としての瞑想の実践が伝えられたのは、きわめて早い時期からであり、それを説く経論の数も多い。よく知られているものだけでも、安世高訳『大安般守意経』、支婁迦讖訳『般舟三昧経』、鳩摩羅什訳『坐禅三昧経』『禅法要解』、仏駄跋陀羅訳『達摩多羅禅経《だるまたらぜんきょう》』などがある。しかし、それらが説く実践法が中国の仏教者にどこまで親しいものとなったのか、また、それらを通じて得られた境地がどのようなものとして味わわれ、領かれていたのかについては、軽々には判断できない。

たとえば、初期の禅者としてその名を留める慧嵬《えがい》（四世紀末頃）は、自らの境地を「わたしの心は死灰のごとくである」と表現している。これは、『荘子』庚桑楚篇《こうそうそ》に出る老子の言葉そのままである。このことは、何を意味するのだろうか。

そもそも中国には、仏教の伝来以前から、仏教的瞑想とは別に、呼吸法を軸とする固有の瞑想的実践が伝えられていた形跡がある。そして、その境地をうかがわせる表現は、『荘子』や『列子』などにも認められる。上の慧嵬の境地の表明は、そのひとつに他ならない。かれが確信していた優れた禅の境地とは、仏教的というよりはむしろ道家的であり、その修行の仕方も道家的要素を融合したものであった可能性があるのである。ともあれ、われわれは、中国禅の道家的性格については十分に注意を払う必要があろう。

さて、後世、禅宗と総称される諸宗派がその姿を明確にしてくるのは、皮肉なことに、唐代に入り、主に瞑想修行の方法と経論への関わり方をめぐって集団内に対立を生じ、大きく二派に分かれるに至ってからである。いわゆる北宗と南宗との分立・対立である。これに伴い、法系の正当性を主張するために新たな試みもなされる。

まず現れたのが北宗側で進められた師承の系譜づくりであり、八世紀初頭の『伝法宝紀《でんぽうぼうき》』や『楞伽師資記《りょうがしじき》』はその最初のまとまった成果である。また南宗側は、これに対抗して慧能（後述）を奉じ、『六祖壇経』を作り上げていく。そして、こうした禅宗系諸宗の形成過程を振り返り、九世紀初頭の時点で歴史的な総括を試みたのが、先に触れた、南宗系の荷沢宗《かたくしゅう》の流れをくむ宗密《しゅうみつ》（七八〇〜八四一）であり、その成果は『禅源諸詮集都序』と『禅門師資承襲図《しょうしゅうず》』に示されている。われわれは、これらの諸資料によって初期禅宗史の様相をほぼ明らかにすることができる。

これらのうち、『楞伽師資記』において第二祖とされ、これを除く諸書において禅門の初祖とされるのは、菩提達摩《ぼだいだるま》（ボーディダルマ、達摩、達磨。？～四九五、または五二八、または五三六）である。かれは、一説にはペルシアの出身、一説には南インドの王家の出であるといわれるが、その禅の性格となると、われわれにはすぐに『景徳伝燈録』や『碧巌録《へきがんろく》』に描かれる梁の武帝との対論が思い起こされる。すなわち、武帝の造寺《ぞうじ》・写経《しゃきょう》・度僧《どそう》の功徳を「無功徳」と断じ、かれが「あなたは誰か」と問うたのに対して「不識（さぁ、誰かな？）」と答えたという話である。ここからは、「空」ないし「無」のさとりに立つ、厳しい禅者としての達摩のイメージが浮かびあがる。

しかし、実際の達摩は、むしろ純朴・温厚で、仏への帰依に貫かれた深い宗教的境地に達していた思索的な禅者だったらしい。というのは、『洛陽伽藍記』によれば、かれは永寧寺《えいねいじ》の九層の塔を見てその美しさに感動し、口に「南無」と唱え、日々合掌した、という。また、かれが説いた教えは「二入四行《ににゅうしぎょう》」、つまり壁観《へきかん》（壁のようになる観法）による「理入《りにゅう》」と、報冤行《ほうおんぎょう》・随縁行・無所求行《むしょぐぎょう》・称法行《しょうぼうぎょう》の四行に細分される「行入《ぎょうにゅう》」にまとめられる。とくに注目されるのはこの中の報冤行で、どういう苦しみを受けてもそれを自分の悪業《あくごう》の結果として甘受するというものである。

達摩自身の禅風が、のちに南宗系の人々によって描き上げられた「達磨」のそれと大きく色合いを異にするものであったことは、これらのみからも十分に推察されよう。実像としての達摩の禅には、おそらくここでいう「新仏教」的要素はほとんど含まれていなかったのである。

†禅宗の分立——北宗と南宗

達摩の後、禅の教えは慧可《えか》、僧粲《そうさん》（僧璨）、道信、弘忍《ぐにん》（「こうにん」とも読む）へと受け継がれた。その基軸となったのは『楞伽経《りょうがきょう》』の思想である。そして、のちに禅宗第五祖に列せられる弘忍《こうにん》（六〇一～六七四、または六〇二～六七五）の門から二人の傑出した人物が出る。その一人が北宗の祖とされる神秀《じんしゅう》（?～七〇六）、もう一人が南宗の祖となる慧能《えのう》（六三八～七一三）である。また、この流れと別に、若くして経史に通じながら、「儒道の世典（世俗の古典の意か）は究竟の法に非ず」と慨嘆して出家したという法融《ほうゆう》（五九四～六五七）は、のちに牛頭宗《ごずしゅう》と称される一派を開く。一説にはかれも道信と出会っているとされるが、その禅風は、「空」の真実に徹することを求めるものといえるだろう。

さて、弘忍の法を嗣いだ神秀は、晩年「両京の法主、三帝の国師」と称された高僧である。七〇一年、時の権力者則天《そくてん》皇帝（武后《ぶこう》）に招かれて上殿したときも、家臣の礼をとらなかったという。思想的には、神秀はなかんずく『華厳経』に造詣が深く、本経に対する大部《たいぶ》な註釈書も著したと伝えられる。また、現存するかれの著書『観心論』によって見ると、禅思想としては、心を摂《おさ》め、感覚・意識を統御する必要が強調される点、それが実現するところにさとりがあると論じられている点がとくに注意される。これらのことからも、北宗の禅がもともと禅定をベースとして大乗仏教を統合的に捉えようとするものであったことがうかがえよう。

その北宗は、長安・洛陽を中心に、神秀の弟子たちの世代まで、数十年にわたって栄えた。しかしそれは、あまりにも貴族的かつ理念的であった。北宗が、武周王朝、唐王朝の衰退と運命をともにせざるをえなかった根本の理由は、そこにあると思われる。

この北宗に代わって急速に勢力を伸ばしていったのが、慧能を祖とする南宗である。慧能は、貧しい家計を助けるために薪《まき》を売って生活していたが、ある日一人の客が宿に帰って『金剛経』を読むのを聞いてさとるところがあり、弘忍の門に投じ、食事係として八カ月を過ごした後、その法を嗣いだという。そして、この嗣法《しほう》の契機となったのが、弘忍の求めに応じて「自らの本心たる般若の性」を開示した次の二偈《げ》であったとされる。

それは、敦煌本『六祖壇経』によれば、神秀の「身はこれ菩提の樹、心は明鏡の台のごとし。時々に勤めて払拭し、塵埃あらしむることなかれ」という偈に対するもので、菩提は本より樹なし。明鏡もまた台なし。仏性は常に清浄なり。何《いず》れの処《ところ》にか塵埃《じんあい》あらん。
心はこれ菩提の樹、身は明鏡の台たり。明鏡は本より清浄なり。何れの処か塵埃に染《し》まん。

というものだったという。南宗禅の原点が、われわれ一人一人が本来、何の不足もない清らかで完全な存在であることを自覚させようとするところにあることが知られるだろう。

現実の人間を、このように、そのままかけがえのない存在として認めていこうとする方向は、その後いっそう進む。慧能の晩年に弟子となった荷《か》沢《たく》神会《じんね》（七世紀後半〜八世紀後半。生没年諸説あり）は、慧能の没後、隆盛を誇る北宗に対して果敢に宗論を挑み、南宗禅を大いに宣揚した。

かれが提唱したのは、「心をはたらかせさえしなければ、自然に悟入《ごにゅう》する」という「無念」の禅である。また、慧能の弟子の懐譲《えじょう》の法を嗣いだ馬《ば》祖《そ》道一《どういつ》（七〇九〜七八八）は、洪州宗《こうじゅうしゅう》という有力な一派を開くが、「道はことさら修める必要はない。ただ汚してはならない。……日常のあたりまえの心（平常心）が道である」と説いている。かれらは、いわば現実の人間が無心になって生きる、その一つ一つの動作や姿に、「道」そのものを、この上なく美しく価値あるものを見出している。ここに、禅宗の「新仏教」としての性格は、ほとんど突き詰められ終わった形で表れていると考えられる。

ちなみに、禅宗の旗印ともいえる常套句に「不立文字《ふりゅうもんじ》、教外別伝《きょうげべつでん》、直指人心《じきしにんしん》、見性成仏《けんしょうじょうぶつ》」がある。おおよその意味は、「〈仏法の真実は〉特定の文字・教義を立てず、教説を超えて別に伝えられる。〈禅宗の目指すものは〉まっすぐ自分の心に眼を向けて、その本質たる仏性に目覚め、仏となることである」ということであろう。これは、南宗の系譜において、もともと初期の洪州宗か牛頭宗《ごずしゅう》あたりで達摩に仮託して生み出された「以心伝心《いしんでんしん》、不立文字《ふりゅうもんじ》」（〈仏法の真実は〉心から心へと伝えられるのであって、特定の文字・教義を立てない）の標語と、慧能の語とされる「直指人心、見性成仏」（初出と思われる『伝心法要』では、「達摩の禅はずばりと人の心を指し示す。見性・成仏は言葉の中にはない」という文脈で使われている）を結びつけ、整理して作り上げられたものに他ならない。

†民衆の仏教

最後に、民衆仏教について一瞥しよう。

実は、そもそも「民衆仏教」をどのように規定するかが問題である。いま、中国に限っていえば、とくに中唐代以降は、いわゆる「教家」（禅家＝禅宗以外の諸宗）の教団としての勢力は、総じて王侯・貴族らのスポンサーを失って衰え、次第に禅宗に吸収されていく。思想的にも、禅思想を基盤として、諸宗間の、また儒道二教との間の融和・統合の傾向が顕著になる。そしてその中で、中国仏教界は、より多く士大夫や民衆に眼を向け、接近していく。教義もより簡明になる。つまり、全体として「民衆仏教」という性格を合わせもつに至るのである。

また、小さな規模のものまで含めて考えるとすれば、たとえば『提謂波利経《だいいばりきょう》』『像法決疑経』『父母恩重経《ぶもおんじゅうきょう》』などの偽経を思想的な核にした、いわばコミュニティー仏教も、またその延長上に成立する、輪郭の定かでない大衆仏教（例えば「俗講」による仏教など）も、「民衆仏教」の中に入れてよかろう。

しかし、いまはそれらのいずれにもよらず、「民衆仏教」を、とりあえず、「初めから民衆を目当てとし、積極的に民衆の救済を進めた仏教で、国家や社会体制に対して一時期でも動揺させるほどのインパクトを与えたもの」という意味で押さえてみる。そうすると、中国の民衆仏教としてはっきりと浮かび上がってくるのは、三階《さんがい》教と白蓮《びゃくれん》教である（ほかに、弥勒教匪《みろくきょうひ》や白雲《びゃくうん》教などを含めることも可能かもしれないが、ここでは立ち入らない）。

このうち三階教は、隋代に信行《しんぎょう》によって開かれたもので、一闡提《いっせんだい》（成仏できないとされる人）のための仏法を標榜して、貧しい人に無利子で貸金をするなど、積極的に民衆救済の福祉的活動を行った。そのため、信行の没後くりかえし弾圧され、唐末にはすっかり力を失うことになる。けれども、三階教は思想的にはきわめて重要なものをもっている。すなわちそれは、邪見の人の時代という厳しい現実認識のもとに、あるべき実践として普敬《ふきょう》と認悪《にんあく》を挙げる。普敬とは、すべての衆生を仏と等しい本質をもつ未来の仏として敬うこと、認悪とは、自分を顛倒した存在として深く認識することである。このような実践の提起は、まさしく華やかに見える隋唐代の内側に隠された時代と人間の真相を的確に捉えたところから生まれたものといえるのではなかろうか。

次に白蓮教は、南宋の時代に廬山の慧遠を慕う子元《しげん》（十二世紀中葉）によって興された念仏結社で、厳格な菜食主義に立つ。広く民衆の共感を得たため、讒言《ざんげん》によって一時邪教とみなされ、弾圧を受けた。その後、元代になって普度《ふど》（?～一三三〇）がこれを復興したが、次第に過激化し、たびたび禁圧された。しかし、その思想の本質はきわめて宗教的で、酒肉を厳しく断つ生活をしながら念仏に救いを見出す、中国在家仏教の本流に位置すると見ることができよう。

†総括と展望

以上、天台・華厳二宗の形成過程とその中心思想に焦点を合わせて論を進め、さらにその他の「新仏教」についても若干の考察を行った。これによって、中国文化圏の仏教者たちが各自の伝統を背負って主体的に仏道を追求し、その結果として、現実の只中に真理そのものを、あるいは仏の働きかけを見るというあり方において、それぞれに特徴的な教学・思想を作り上げたことが明らかとなったであろう。

しかし、むろんそれらの教学・思想がみな、上述したところまでで固定化するわけではない。

そのうちの多くは、他のさまざまのグループないし学派・宗派と対立・交渉・融和しつつ、以後もほぼ絶え間なく変容していくのである。その際、それぞれの系譜に関わりをもつ真摯な仏教者の個性がその仲立ちをすることはいうまでもない。天台教学の場合でいえば、中国における湛然《たんねん》、知礼、智円、智旭《ちぎょく》、朝鮮におけるチェカン（諦観）、ウイチョン（義天）、日本における最澄、円仁、円珍、安然《あんねん》、良源、源信、栄西《えいさい》、慈円、天海らがそれであり、華厳教学の場合でいえば、中国における李通玄《りつうげん》、澄観、宗密、浄源、鮮演、朝鮮におけるキュンニョ（均如《きんにょ》）、日本における良弁《ろうべん》、高弁、凝然《ぎょうねん》、鳳潭《ほうたん》らがそれである。確固たる思想体系をもち、もっとも変わりにくいと見えるこれら二宗の教学さえ、時代と風土と、個々の仏教者が受け継ぐ伝統と、そして仏教者自身の個性によってダイナミックに展開して今日に至っているのである。

第10章

韓国（朝鮮）の仏教

現代の韓国においては、キリスト教徒の活躍がめざましい。また、北朝鮮においては、米国に厳しく対立するキム・ジョンウン（金正恩）体制の政治の陰に隠れて、また、コロナ禍の世界的流行のせいで情報が入りにくくなっているために、その宗教事情についてはほとんど不明である。そうしたことから、今の日本の人びとには、現在の両国の一部または全部を版図として興亡した国々の多くが仏教国であったことも、それらのうちのいくつかはかつて日本と深い交流をもち、日本文化の形成に少なからず影響を及ぼしたことも、また、韓国には二〇一五年現在で全人口の約十五％、七百六十万人ほどの仏教徒がいるとされていること（韓国統計庁資料による）も、あまり知られていないのが現状であろう。しかしこれでは、両国を正しく理解し、将来にわたる真の友好関係を結ぶことはできない。本章では、この地域において形成され、展開してきた仏教の歴史とその固有の思想的特徴を考えていこう。

†仏教の伝来と定着

韓半島（朝鮮半島）に仏教が実際にいつごろから伝わり始めたかを明らかにすることは難しい。記録に残されているところでは、三国の時代の小獣林王《しょうじゅうりんおう》二年（三七二年）、スンド（順道《じゅんどう》）という僧が当時の中国・秦の王、苻堅《ふけん》の命令を受けて高句麗《こうくり》に来たのが初伝という。

三国のうち他の二国では、仏教の伝来は少し遅れたらしい。すなわち、百済《くだら》は枕流王《ちんりゅうおう》元年（三八四）、東晋に来ていた胡僧の摩羅難陀《まらなんだ》が来朝したとき、新羅《しらぎ》は第十九代訥祇王《とつぎおう》（四一七〜四五七）の時代にムクホザ（墨胡子《ぼくこし》）という名の僧が来たときをもって、その嚆矢としている。けれども中国では、四世紀の始めにはクチャ（亀茲国《きじこく》）の僧仏図澄《ぶっとちょう》が敦煌を経て洛陽に入り、道安ら一万人ともいわれる多くの僧俗を育て、中国人の出家を公認させている。こうした状況に照らせば、地理的な位置から見て、とくに高句麗や百済にはそれらの記録よりも数十年以前から、少なくとも民間のレベルで仏教が伝わっていたことは確かなのではなかろうか。

ちなみに、新羅では、法興王《ほうこうおう》（五一四〜五三九）の時代、群臣が奉仏に反対する中で、一人近臣のイチャドン（異次頓《いじとん》）だけはそれを強く主張したため、ついに首をはねられた。ところが、その際に奇跡が起こり、これが、新羅が仏教を信奉する方針に転換するきっかけになった、という。

では、その後三国において仏教は、どのような展開を見せるのであろうか。以下、とくに注意される諸問題を取り上げてみよう。

まず、全体的にいえることは、三国のいずれにおいても求法《ぐほう》あるいは伝道のために外国へ出る僧たちが多いことである。例えば、高句麗の僧スンラン（僧朗）は、北地で三論を学んだ後、江南に行き、梁の武帝に教えを説き、高麗郎《こうらいろう》大師と尊ばれた。またヘビョン（慧便《えびん》）は日本にわたり、敏達《びだつ》天皇十三年（五八四）、蘇我馬子《そがのうまこ》が建てた精舎《しょうじゃ》に迎えられ、善信尼《ぜんしんに》らを得度《とくど》させている。百済では、インドに行っていたギョミク（謙益《けんえき》）が聖王四年（五二六）、『五分律』の梵本《ぼんぽん》（サンスクリット語のテキスト）を携え、インド僧を伴って帰国した。

また、敏達天皇十二年には、百済の僧イルラ（日羅《にちら》）が帝の要請によって来日した。聖徳太子はかれを「神人」と敬い、救世観《ぐぜかん》音《のん》の再来と尊んだという。同じく百済の三論宗の学僧カンルク（観勒《かんろく》）は、推古十年（六〇二）に来日し、三年後には僧正《そうじょう》に任ぜ

図７　石彫・石窟庵本尊（釈迦如来、または阿弥陀如来）

られている。さらに新羅では、ウォンガン（円光《えんこう》）は真平王《しんぺいおう》の十一年（五八九）、儒教を学ぶために金陵（南京）まで行ったが、仏教に触れて僧となり、やがて『摂大乗論』の学者として名を上げた。しかし十一年後、王命によって帰国し、尊崇を集めたという。またザザン（慈蔵）は、深山に隠棲して激しい修行を行ったあと、唐の貞観《じょうがん》十二年（六三八）、長安に赴き、雲際寺にこもった。三年後に山を下り、太宗《たいそう》と面談して慰問され、帰国後は善徳女王《ぜんとくじょおう》から大国統に任じられ、仏教の興隆に絶大な力を発揮したのである。

†ウォンガンの五戒

上に挙げた人々の中で、思想的にとくに重要な人は、ウォンガン（円光）である。かれは、もともと愛国精神の持ち主だったようであるが、あるとき二人の武士が生涯守るべき戒律について教えを請うと、「世俗の五戒」を説いた。それは、

① 君主に仕えるのに、忠をもってすること。
② 親に仕えるのに、孝をもってすること。
③ 友人と交わるのに、信《まこと》があること。
④ 戦いに臨んでは、退いてはならないこと。

⑤　殺生《せっしょう》には、選択が求められること。

という五戒である。これは、一見して知られるように、インドで初期仏教の時代に確定した仏教の五戒とまったく異なる。全体としては、儒教的だといってよかろう。しかし、この中の第四の戒は、必ずしも儒教的ともいえない。むしろ、『金光明経《こんこうみょうきょう》』など一群の護国経典とかかれ自身の愛国精神にもとづいて立てられたものであろう。ともあれ、このウォンガンが説く五戒の第四の戒は、後の韓国の僧侶たちにも受け継がれていくのである。

また、第五の戒が、生きとし生けるものを傷つけ殺すことを全面的に戒める仏教の五戒の第一「不殺生戒」に反することは明らかである。そのためだろうか、この教えを受けたときに、二人の武士が、「この第五戒だけは分かりかねる」といった。するとウォンガンは、

六斎日《ろくさいにち》と春夏の月には殺さない。これは時を択《えら》ぶということである。飼って使役している動物は殺さない。これは、馬・牛・鶏・犬のことである。か細いもの（細物）を殺さない。か細いものとは、一片の肉さえもない動物のことである。これら二つは、物を択ぶということである。これはまた、ただ必要な限りで殺してもよいということであって、むやみに殺すこと（多殺）を求めないのである。これが、世俗の善戒である。

と説明したという。「不殺生《ふせつしょう》」は、仏教者の大原則である。他方、われわれ人間には、もともと、植物を加えていえば、他の生物の命やそれが生み出すものを奪わないでは生きていけないという現実がある。ウォンガンは、この矛盾を自らの問題として引き受け、苦辛の末にそれに対する一つの解答をこういう形で提示したというべきであろう。

†新羅の護国仏教

三国の中で、やがて全国を統一し、半島における思想・文化の主な担い手となっていくのは、新羅である。その新羅の仏教は、次第に護国仏教としての性格を強めていった。独自の色合いをもつ百座講会《ひゃくざこうえ》と八関斎会《はつかんさいえ》という二つの仏教行事と、ホアラン（花郎《かろう》）と呼ばれる貴族青年の集団の結成は、そのことを明瞭に示すものである。

百座講会は、六世紀の半ば、真興王の時代に新羅が高句麗を攻略した際、高句麗から新羅に来たヘリャン（恵亮《えりょう》）によって始められ、国家的行事として恒例化していったもので、『仁王経《にんのうきょう》』を読み、災難・疫病を除き、国家の安泰と人々の安楽を祈る法会である。また八関斎会は、もともと、特定の日、および月に、在俗の信者が身心潔斎して八斎戒（生き物を殺さない、酒を飲まない、高床のベッドで寝ないなど、八つの生活上の戒め）を守り、信心を深める行事で、中国では遅くとも五世紀後半にはある程度広まっていたらしい。これが同じくヘリャンによって新羅に導入されたのであるが、真興王十三年（五七二）に行われた八関斎会は、弥勒信仰と結びつき、戦死者の霊を弔うために催されたという。法会の性質が、個人的なものから国家的なものへ、信心を深めるためのものから慰霊の儀式へ変質していることが明らかであろう。

またホアランは、愛国的な有為《ゆうい》の青年のことで、同じく真興王の統治下でその集団的育成が始められた。かれらは、普段は社交クラブ風の交わりをして親睦を深め、団結心を強める。そして、有事の際には戦士として率先して戦場に赴く。神霊と交わるといった呪術も行ったらしい。かれらの教育には儒教・仏教・道教のいずれの思想も取り入れられたが、「弥勒下生《げしょう》」の信仰にもとづいて、弥勒菩薩の弟子としての自覚をもつことが求められていた形跡もある。かれらの活動は、新羅の国力を大きく高め、国家を三国の統一へと促したのである。だが、文武《ぶんぶ》王《おう》（六六一〜六八〇）のときに新羅の統一が果たされ、社会が安定してからは、ホアランの性格は変容し、その国家的役割も低下していかざるをえなかった。

†ウォンヒョとその思想

上に述べたように、新羅の仏教にはほぼ一貫して国家仏教的な色合いが濃い。しかし、もちろん、その枠に納まらず、民衆とともに生きた僧たちもいた。例えば、七世紀に出たヘゴン

図8 「華厳宗祖師絵伝・元暁図」(京都・高山寺蔵)

(恵空《えくう》)は、さまざまな霊験《れいげん》を現したが、小さな寺に住み、泥酔しては簣《あじか》を背負い、歌い踊りながら歩き回った。それで、負簣《ふき》和尚と呼ばれたという。東晋代の僧肇《そうじょう》の生まれ変わりとも伝えられる。

このヘゴンとも交わりをもち、後代の韓国仏教にもっとも大きな影響を与えた人物が、ウォンヒョ(元暁《がんぎょう》。六一七〜六八六)である。

ウォンヒョは、押梁《おうりょう》郡(現在の章山郡)の出身で、母は夢に流星が懐《ふところ》に入ってくるのを見て身ごもったという。『宋高僧伝』によれば、長じて出家した後、後述するウイサン(義湘)とともに唐に留学しようとして船を求めた。ところが、暴風雨のために航海できず、洞窟に身を隠した。翌朝、その洞窟が墓場だったことに気づいた。また次の夜、奇怪な出来事があった。このことからウォンヒョは、「心《しん》（知覚・認識するはたらき）が生じるから種々の法が生じる。心がなくなれば、洞窟と墓場は不二《ふに》だ」と知った。さらに、「三界はただ心のみであり、万法はただ識のみである。心の外に法はないのだから、どうして別に法を求める必要があろうか」と悟って、入唐を取りやめ、国に帰ってしまったという。

この話は、おそらく事実ではない。ただし、後述するところからもうかがえようが、それはウォンヒョの思想の根幹を巧みに写しとった話といえる。なお、かれが三十代のころ、唐に渡ろうとしたが、結局それを断念したということは間違いない事実のようである。

その後、ウォンヒョがどのような生活をしたのか、具体的なことはほとんど不明である。しかし、普通の人から見れば、それが常識を超えた奇妙な生き方だったことは確かで、『三国遺事《さんごくいじ》』には次のような話が伝えられている（大意を紹介する）。

師（＝ウォンヒョ）はかつてある日、おかしな振舞いをして、街中でこんな歌をうたった。「誰かおれに、柄のない斧を貸してくれ。そしたら、天を支える柱を伐《き》り出してみせよう」。人々はみな、その意味が分からなかった。ときに、太宗《たいそう》（武烈王《ぶれつおう》）がそれを聞いて、「この師は名家の女性と結ばれて立派な子をもうけようとしている」と知り、ウォンヒョを探し出させ、ある未亡人の王女と一緒にさせた。王女はやがて妊娠し、ソルチョン（薛聡《へきそう》。新羅十賢の一人）を生んだ。

この後、かれは俗服に着替え、みずから小姓居士《しょうしょうこじ》と名のった。あるとき、芝居の役者たちが使う大きな瓢箪《ひょうたん》のお面を手に入れ、その型を真似て遊び道具を作り、『華厳経』の「一切の無碍《むげ》（無礙）の人は、一道より生死を出ず」という言葉にもとづいてそれを「無碍」と命名し、歌を作って世に広めた。このお面をもってあちこちの村を回り、歌ったり踊ったりしながら、教化して帰るのである。その結果、たくさんの民衆が、みな仏の名を知り、誰もが「南無」と唱えるようになった。ウォンヒョの教化は、まことに偉大である。

この記事から、あえて破戒《はかい》によって僧の立場を捨て、俗人となって民衆の中に入り、しかも何物にも執《とら》われることなく、菩薩として自在な生きざまを実現しようとしたウォンヒョの姿が浮かび上がってくる。こうした生き方は、第13章において触れるが、「非僧非俗」をそのまま生きた後年の親鸞《しんらん》のそれとも通じるものであろう。

ところで、ウォンヒョは、上に紹介した記事だけからは想像もつかないだろうが、大変な学者であり、多くの著述を残している。その数は、目録類などによれば全体で八十六部、そのうち現存するもの二十二部である（ただし、それらの中には偽撰の疑いがあるものも、断片のみが知られるものも存する）。内容的には、当時まだ東アジア世界に本格的に伝来していなかった密教を除いて、大乗仏教のほとんどすべての領域をカバーしている。留学せずによくこれほどの学識が得られたものと驚かされるが、教理的な系統からいえば、かれの思想は、『金剛三昧経論』『起信《きしん》論疏《ろんしょ》』などに端的に示されるように、明らかに如来蔵思想の系譜に属する。

一般には、ウォンヒョの最大の思想的特徴は、「和諍《わじょう》」にあるとされている。すなわち、仏教にはさまざまな教えがあるが、それらはみな一定の目的があって説かれているのであり、特定の系統に執われて互いに論争するのは間違っている。仏教の全体を調和的・統合的に捉えなければならない、というのである。完本では現存しないが、『十門和諍論』は、おそらくこのことを総合的に論じたものと推測される。

確かに、かれの思想を全体として捉えようとする場合、この「和諍《わじょう》の論理」を指摘することは重要であろう。しかし、思うに、より重要なことは、このような考え方がどこから来ているか、ということである。

問題をここまで掘り下げるとき、何よりも注目されるのは、「一心《いっしん》」の思想である。それは、『起信論』が根本の真実として立て、真如門と生滅《しょうめつ》門の二門に開く衆生心のことだが、『起信論疏』では、「二門の内に万義《まんぎ》を容《い》れてみだれない。無《む》辺《へん》の義は一心に一体化して混融する」と論じ、『金剛三昧経論』では、その冒頭で「一心の源は、有無を離れて独り浄《きよ》らかである」と謳《うた》いあげる。また、例えば『阿弥陀経』に注釈する際、その巻頭で大意を述べて、

そもそも衆生心の心というものは、相《そう》（すがたとして現れる特徴）を離れ、性《しょう》（本性、本質）を離れ、海のようであり、空のようである。空のようだから、融合しない相はない。どうしてあれこれの場があろうか。［相は、特定の場に留まらない。］海のようだから、守って動かない性はない。どうして動静の時がなかろうか。［性はあるときは動き、あるときは静まる。］――穢土《えど》（汚れた現実の世界）と浄国《じょうこく》（清らかな仏の世界）とは本来、一心であり、生死《しょうじ》と涅槃《ねはん》とは結局、別の領域ではないのである。（『阿弥陀経疏』）

などと主張している。要は、われわれが対象的に認識するあらゆる存在――その中には、むろん、仏教の教えも含まれる――が、この一心から生まれ、この一心に収まる。先の「和諍」は、こうした存在のありように照らして、当然の帰結だといってよかろう。けだし、この「一心」の確信こそ、ウォンヒョの思想の中核に位置付けられるものなのである。

ウイサン（義湘《ぎしょう》。もとは義相。六二五～七〇二）の出自については明確でない。二十歳で出家し、真徳女王四年（六五〇）、入唐を試みたが失敗し（実際には、前項で述べたようなことではなく、遼東のあたりでスパイと間違われて数十日間、囚われていたらしい）、帰国した。そして、太宗の八年（六六一）、再び入唐を試みて成功、長安に赴いて智儼《ちごん》の門下となり、華厳教学を学んだ。師の没後、文武王十一年（六七一）に帰国、勅命を受けて浮石寺《ふせきじ》を開創した。初めて華厳の教えを伝え広めたので、「海東華厳初祖」と尊ばれる。また、同門の法蔵に兄事《けいじ》された。その親筆《しんぴつ》のウイサン宛書簡（「寄海東書」という）が日本の天理大学図書館に現存する。

　ではウイサンは、智儼の華厳教学をどのように受け継ぎ、どう発展させたのだろうか。

　ウイサンの著作として確実なものは、『一乗法界図』一巻のみである。これは、かれが師の智儼の助言を受けながら作ったともいわれるものだが、角印の形に配字された七言三十句の詩（次頁図9・中央の「法」から左側へと線に沿って読み進め、「法」の真下の「佛」で終わる）と、それに対する注釈とからなる。その注釈の仕方には、形式上、別に特異な点はない。しかし、詩の表現形式には、ある種の呪術性が込められているように感じられる。ともあれ、それ自体が、ウイサンの華厳思想が独自の性格をもつことを示唆しているといえよう。

　さて、そのウイサンの思想の際立った特徴を示すものは、「相即《そうそく》」の思想である。

　前章において述べたように、智儼は、真実の縁起の様態を解明し、その中で、一々のものご

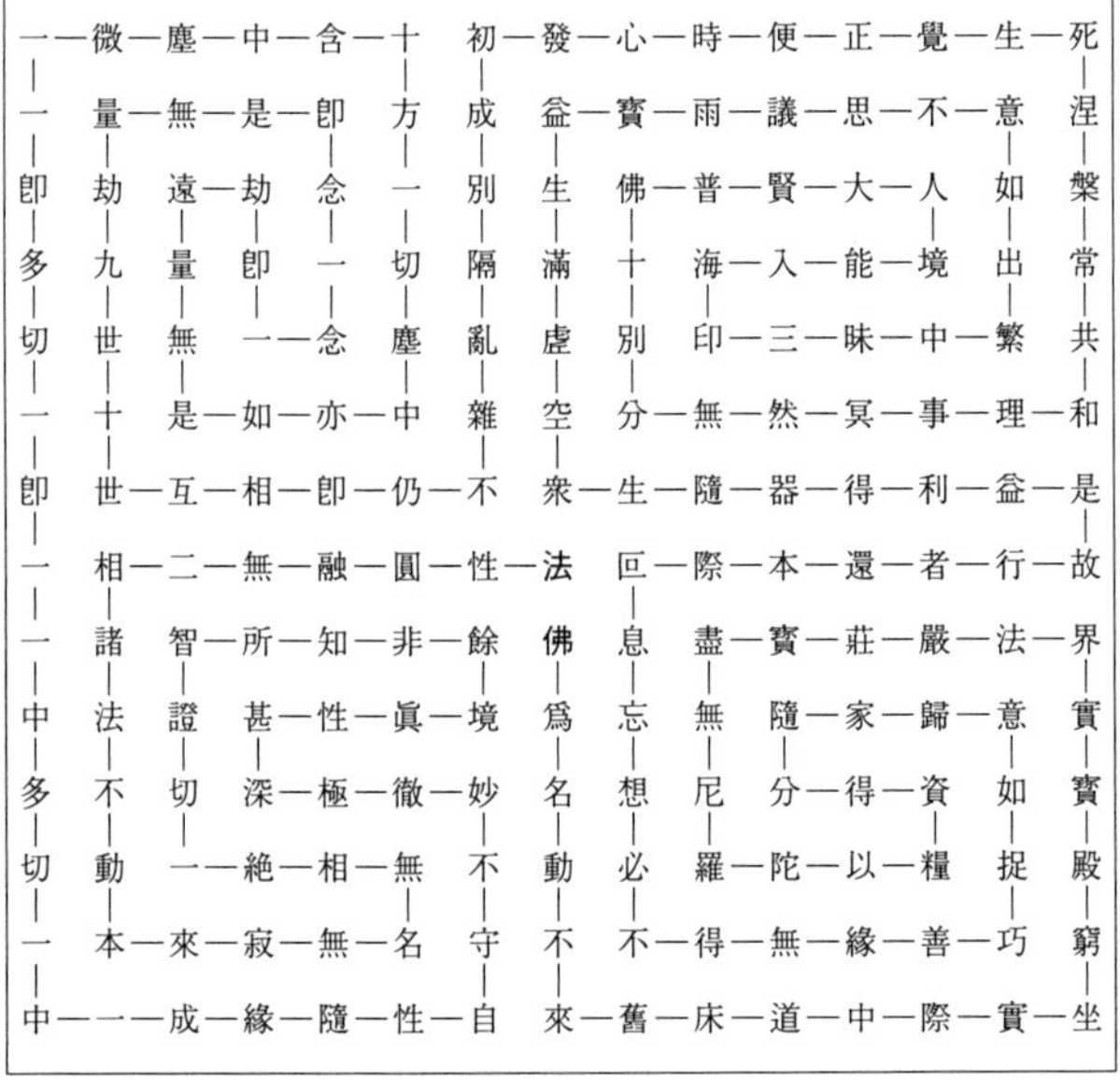

図９　『一乗法界図』（大正大蔵経第45巻所載）

と（事）と究極の真理（理）とが根本的に一体であること（相即《そうそく》）についても論じていた。これを承けて、ウイサンは、次のように説く。

　もしも究極・絶対の一乗の教えによるならば、理と理とが相即する。また、事と事とが相即することもあり、理と事とが相即することもあり、それぞれが相即しないということもあり、相即するということもある。それはなぜかといえば、「中」というあり方が一様でないからである。また、理の因陀羅《いんだら》、事の因陀羅などの法門をそなえているからであり、十仏《じゅうぶつ》・普賢《ふげん》の法界の家には、このような、まったく自在な、少しの障りもない真実の世界の法門があるからである。

とくに、この中の「理と理とが相即する」という主張は、奇異に感じられる。なぜなら、第一に、漠然とではあるが、真理を唯一のもの、普遍的なものと考えているわれわれの常識に反するからであり、第二に、ウイサン自身が高揚する、根本的真実としての「真性」の概念と矛盾しないかと疑われるからであり、第三に、他の華厳宗の祖師たちがみずからこのような思想を呈示した形跡はないからである。

しかし、かれの思想の全体をよく考察してみると、その主張がいい加減なものではないことが判明する。結論だけをいえば、おそらくウイサンは、晩年の智儼の思想を継承して、根源的な事実（ここでは「中」）を理事渾然一体のものと捉えた。そして、理は事において現れつくし、事は理を含みきっていると見た。この、理と事との完全な対応性の把捉が、「理と理とが相即する」といった表現——それは、根源的な事実の一つの現れ方の表明にすぎない——を可能にする根拠となっている、と考えられるのである。

†その他の仏教者

ウォンヒョやウイサンのほか、統一新羅の時代には優れた仏教者が輩出した。

例えば、ウォンツク（円測《えんじき》。六一三〜六九六）は、入唐して玄奘に学び、その新唯識と中国伝統の唯識学の統合を試みたが、基法師《きほつし》（窺基《きき》とも呼ばれる）の一派に異端視された。しかし、かれが著した『解深密経疏《げじんみつきようしよ》』は、チベット語にも訳された名著で、敦煌・チベットの仏教にも影響を与えた。このウォンツクの唯識思想を継承したのが、その孫弟子ともいわれるテヒョン（太賢《たいけん》。生没年未詳）である。かれは、名誉・権勢を嫌った清僧であるが、思想的には、華厳系の一乗思想にも基の法相教学にも調和的な立場をとっている。いわば、是々非々主義で唯識仏教の統合を目指した人といってよかろう。かれが弥勒仏の石像の周りを回ると、その石像も顔をめぐらせた、などといった霊験も、いくつか伝えられている。

また浄土教の関係では、キョンフン（憬興《けいこう》。生没年未詳）の名を忘れることはできない。かれは、文武王が亡くなるとき（神文王元年、六八一年）、「国師にせよ」と遺言されたため、王によって国老（国事の最高顧問）に任じられたというが、唯識学に精通した学者である。かれが著した『無量寿経連義述文賛』は、後述する親鸞の『教行信証』などに引用され、日本の浄土教の形成に少なからず影響を及ぼしている。

さらに、密教関係にも有力な仏教者が何人も出ている。まず、後の密教教団、神印宗《しんいんしゅう》の開祖とされるのはミョンラン（明朗。生没年未詳）である。かれは、善徳女王元年（六三二）、唐にわたり、四年間密教を学んで帰国したという。しかし、当時はまだインドでも密教は本格化しておらず、中国に伝訳されていたのは「雑密《ぞうみつ》」と呼ばれる先駆的な呪術経典だけであった。しかし、例えば華厳宗の法蔵の伝記にもかれ自身が密教儀礼を行ったとあるから、七世紀の前半にはすでに密教的な修法を主とする僧や寺院も存在したのかもしれない。ミョンランは、おそらく、そのような僧の一人に就いて修行したのであろう。

このミョンランにも数々の霊験が伝えられているが、とくに重要なのは、唐の高宗が新羅を討とうとして十万の大軍を送ったとき、かれが中心となって秘法を修したところ、暴風雨となり、海上の軍船はみな沈没したという伝承である。これによって、ミョンランの伝えた「雑密」的な密教が、護国の機能を期待されていたということが知られる。

ミョンランが出たころから、密教は韓国に伝播されるようになったらしい。その中で、いわゆる「純密」を最初に韓国にもたらしたとされるのは、プルガサウィ（不可思議）という僧である。かれが新羅人だったかどうかは不明だが、善無畏三蔵《ぜんむいさんぞう》から『大日経』を伝授され、新羅にこれを伝えたことは確かである。また、ヘイル（恵日《えにち》）とオジン（悟真《ごしん》）は日本の空海と同門である。すなわち、かれらは八世紀の後半、ともにアモーガヴァジュラ（不空《ふくう》）の弟子の恵果《けいか》に学んで、密教を伝授された。この三人のうち、ヘイルと空海は、それぞれ故国に帰って大いに密教を広めた（空海については、のちに詳しく述べる）。しかしオジンは、さらなる求法《ぐほう》のためか、その後インドに向かい、途中、チベット（吐蕃《とばん》国）で病没したという。求法という行為が命がけのものであることを、改めて痛感させられる。

ちなみに、『往五天竺国伝《おうごてんじくこくでん》』の著者として有名なヘチョ（慧超《えちよう》）は、海路インドに渡り、各地をめぐった後、唐の長安に留まった。そのヘチョが、長安で学んだものは、密教であった。すなわちかれは、初めヴァジュラボーディ（金剛智）に就いて学び、またその訳経を助け、最終的にはアモーガヴァジュラから密教を伝授されている。

†禅宗の伝来と分派

禅宗は、すでに前章において述べたように、六世紀の前半、ボーディダルマ（菩提達摩《ぼだいだるま》）によって中国に伝えられたといわれる。だが、これが活発化してくるのは、五祖弘忍《ぐにん》（六〇一～六七四、あるいは六〇二～六七五）の門下に神秀《じんしゆう》と慧能《えのう》が出て、それぞれのもとから北宗と南宗が形成されてからである。そして、このうちの南宗の系統から現れた馬祖道一《ばそどういつ》（七〇九～七八八）とその門流によって、禅宗は大躍進を遂げ、実践的でより現実肯定的な「禅家」が、それまで栄えていた哲学的な「教家」（特定の経論を根本のよりどころとする、禅宗以外の諸宗）の仏教を徐々

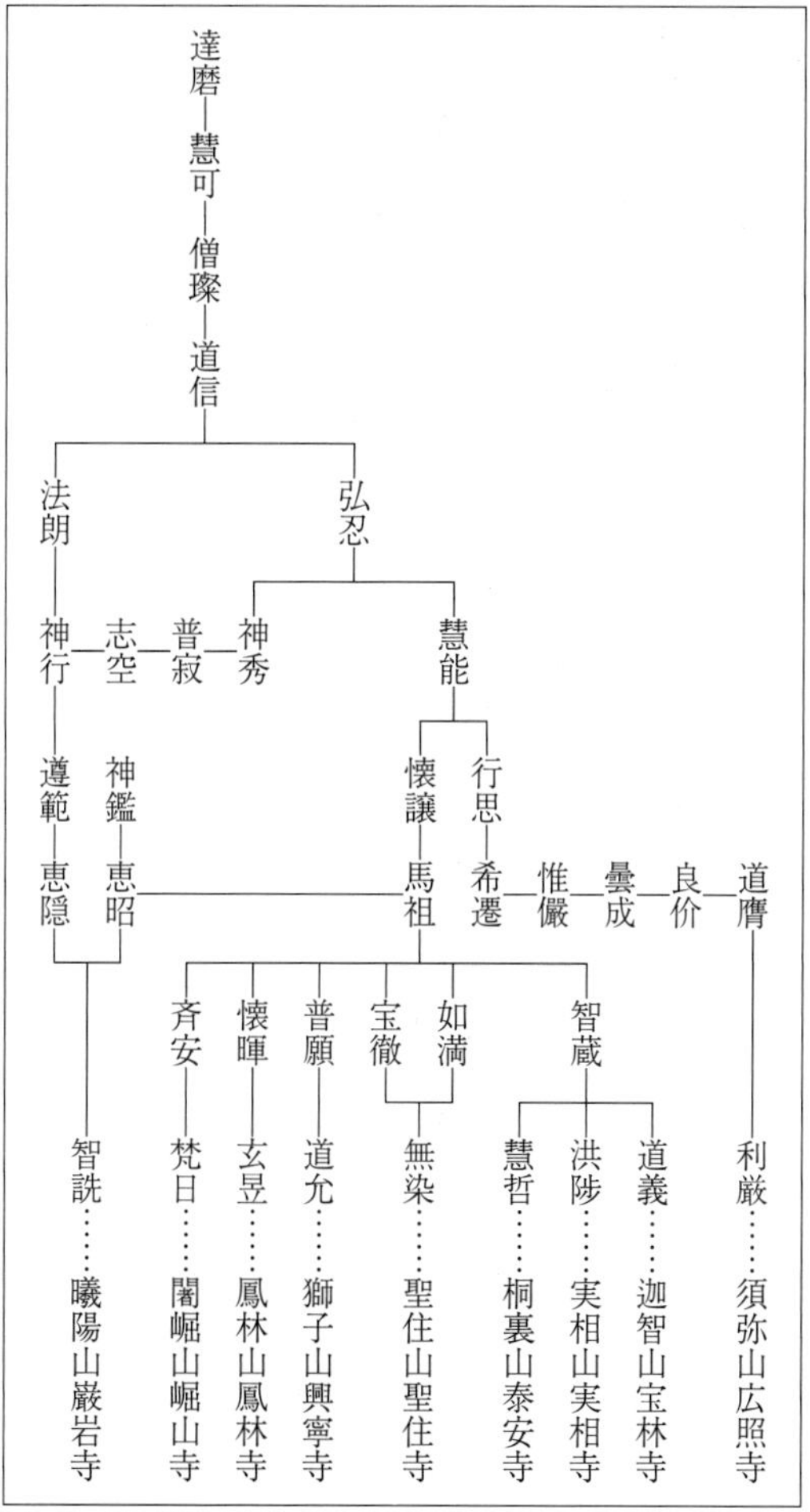

図10　韓国禅の系統（鎌田茂雄『朝鮮仏教の寺と歴史』、大法輪閣刊より）

に飲み込んでいくのである。

唐と新羅との密接な関係からして当然のことながら、新羅の仏教もこのような中国仏教の動向をほぼそのまま反映する。こうして韓国においては、いわゆる「禅門九山」（図10に表示）が次第に形成されていくのである。

九山のうち、新羅人自身による禅の伝道という意味において最も古い起源を有するのは、四祖道信（五八〇～六五一）の禅法を継ぎ、同時に北宗の系譜にもつながるボプラン（法朗）に始まる曦陽山《きようざん》派である。しかし、上掲の系統図から明らかなように、そのうちの七派は、洪州宗と呼ばれる馬祖道一の系統であり、他には曹洞禅《そうとうぜん》の流れを汲む須弥山《しゆみせん》派があるにすぎない。新羅から高麗の時代にかけて、韓国の禅は、洪州宗の禅風が圧倒的な優勢を維持したわけである。

†チヌルとその思想

全体的に見れば、新羅に禅宗が伝来してから高麗の中期までは、韓国の禅は、ほとんど、洪州宗をはじめとする中国の禅宗諸派の移植にすぎなかった。韓国独自の禅の世界が現れてくるのには、チヌル（知訥《ちとつ》。一一五八～一二一〇）の出現を待たなければならなかった。

チヌルは、洞州（現在の瑞興郡《そふんぐん》）の出身で、八歳のときに出家した。若くして、唐代の在俗の華厳研究者、李通玄《りつうげん》が著した『新華厳経論』（八十巻本『華厳経』の注釈書）を読み、禅と華厳とが一つであることを悟ったという。その後、三十二歳のとき、智異山《ちりさん》に入って坐禅に専念し、やがて公山の居祖寺《こそじ》に禅修行の結社、定慧社《じょうえしゃ》を開いた。次いで神宗三年（一二〇〇）、これを順天の松広寺《しょうこうじ》に移した。この寺はそれ以来、大いに発展し、現在に至るまで韓国禅の根本道場となっている。

チヌルは、多くの著作を残した。『修心訣《しゅうしんけつ》』『円頓成仏論』『真心直説《しんじんじきせつ》』『華厳論節要』などである。このうち、『華厳論節要』は、上に触れた『新華厳経論』の一部を抜粋・編集したもので、かれが李通玄の華厳思想にいかに共感していたかを示している。その他は、主にかれの禅思想の諸側面を表すものがほとんどだが、結社のきまりについて述べたものもある。ここでは、それらの中で、かれの基本的な仏教観を表していると思われる『修心訣』の冒頭部分の一部を訳出して紹介しよう。

この〔われわれが現に生きている〕三界〔という迷いの世界〕は激しい苦悩の世界であり、まるで火に包まれた家のようである。じっと長く耐え忍び、苦しみを甘受しなければならない。〔そういう〕輪廻の生存から免れようと思うなら、仏を求めるに越したことはない。もしも仏を求めようと思うなら、〔実は〕仏とは心のことだ。心をどうして遠くに求める必要があろう。〔それは〕この身を離れていない。身体は仮のもので、生滅がある。〔しかし〕真心（真実の心）

は虚空のごとく、無くなることはなく、変化もしない。だから、「百の身体の骨はばらばらになり、ついには火と風［の元素］に帰一するが、［真心という］一物は永遠に霊妙で、天を蓋《おお》い、地を蓋う」というのだ。ああ、今の人々は、なんと長い間、迷い続けてきたことか。自分の心が真実の仏であることを知らず、自分の本性が真実の法であることを知らないのだ。

……

どうか、修道につとめる人たちよ、決して外に求めないように。心の本性には少しの汚れもなく、本来、自ずから完成しているのだ。ただ誤った因縁《いんねん》を離れさえすれば、そのまま仏なのだ。

この一文からも、チヌルの思想の根本が、きわめて単純明快な「心が仏である」という確信に存することが理解されよう。

†ウイチョンとキュンニョ

高麗の時代には、歴代の諸王が仏教を尊重し、保護した。そのことを示す代表的な事例が大《だい》蔵経《ぞうきょう》の刊行である。これは、契丹《きったん》の侵攻を仏力によって退散させようとの念願にもとづいて、顕宗《けんそう》の二年（一〇一一）に始まった。結局、文宗《ぶんそう》の五年（一〇五一）に完成したらしいが、まさしく四十年にわたる大事業であった。

そうした国家的なバックアップを得て、仏教は大いに栄え、優れた仏教者も輩出した。その中の代表的な人物の一人が、上に述べたチヌルに先んじて出現したウイチョン（義天《ぎてん》。一〇五五～一一〇一）である。かれは文宗の四男として生まれたが、熱心な仏教信者であった両親の勧めを容れて出家した。三十一歳のときに入宋、かつて書簡によって教えを受けていた華厳宗の浄源に学び、さらに禅・天台・律の諸宗も修め、最終的には天台の教えを本国に広めることを誓った。翌年帰国し、多くの仏典をもたらしたが、さらに遼や日本からも仏書を収集して、「教蔵」を刊行し、またその目録を完成させた。宣宗の六年（一〇八九）、皇太后の発願《ほつがん》によって建てられた国清寺《こくせいじ》に入り、韓国では忘れられていた天台の観法を講義し、天台宗を伝えた、という。

高麗代を代表するもう一人の仏教者は、キュンニョ（均如《きんによ》。九二三～九七三）である。かれは、新羅末以来、華厳寺を中心とする南岳派と、浮石寺を拠点とする北岳派に分裂していた韓国華厳宗を統合し復興した人として知られる。しかし、かれの本領は、そのことから想像されるような政治的力量にあるのではない。かれは、一方においては、中国華厳宗を大成した法蔵や「海東華厳初祖」ウイサン（義湘）の著作に対する詳細な注釈書を著して華厳教学の学問的再興を果たした。また他方、『華厳経』（四十巻本）において普賢菩薩の十大願と称される重要、かつ奥深い願文を郷歌《きょうか》と呼ばれるやさしい仏教賛歌にして民衆に仏教を広めた。こうしたところにこそ、キュンニョの仏教者としての面目が表れていると思われる。とくに後者は、宗教としての仏教の本来的な意義や役割を考えるとき、きわめて注目される。次に、一、二、例を挙げておこう。

(5)功徳を随喜《ずいき》する歌

迷いと悟りが同体である縁起のすがたを極め尋ねると、仏から衆生まで、わが身でないものはない。仏が修められるそのままを修めれば、救われないことはないのだから、どんな人の善行も、自ら喜ばずにいられれようか。

このように仏にあやかろうと精進《しょうじん》すれば、嫉妬の心などどうして生まれようか。

(7)仏の世にとどまり給うことを請う歌

仏たちは教化の縁を尽くして〔衆生のために〕活動されるが、手を合わせ鳴らしてこの世にとどめたてまつりたいものよ。朝早くから夜もすがら友をお求めだが、友はいない。このように道に迷っているものは、まこと哀れむべきかな。

自分を清らかにしたならば、どうして仏の影が感応してくださらないことがあろうか。

（『均如大師華厳学全書・解題』所収の金知見訳を参照した）

李朝の仏教

十四世紀末、高麗が滅び、李成桂《りせいけい》が王位に就いた。この太祖李成桂は、高麗の太祖王建《おうけん》にならって仏教を尊信した。しかし、以後の諸王の多くは排仏政策をとり、仏教は次第に衰退していった。とくに燕山君《えんざんくん》の末年（十六世紀初頭）には、ほとんどの僧侶は還俗《げんぞく》させられ、都城内の寺社はすべて廃絶されたという。

けれども、こうした状況の中でも、優れた僧侶は数多く輩出している。太祖の王師となった禅宗（曹渓《そうけい》宗）のザチョ（自超《じちょう》。一三二七〜一四〇五）、その弟子で、『顕正論《けんしょうろん》』などを著わし、儒者の仏教批判に反論したキファ（己和《こわ》。一三七六〜一四三三）、一度還俗し妻帯したが、その妻がほどなく逝去したため再び出家して頭陀行《ずだぎょう》を修めたというソルザム（雪岑《せつぎん》。金時習。一四三五〜九三）、明宗の母、文定王后《ぶんていおうこう》に生き仏と仰がれた儒仏一致論者のボウ（普雨《ふう》。？〜一五六五）、壬辰《じんしん》の乱（倭乱。豊臣秀吉の朝鮮侵攻）の際、勅命を受けて護国の軍を組織し、日本軍と戦ったヒュジョン（休静《きゅうじょう》。西山大師。一五二〇〜一六〇四）・ユゾン（惟政《いせい》。泗溟《しめい》大師。一五四四〜一六一〇）らである。とくに最後に挙げた二人は、国家存亡の危機に当たっては僧も進んで「義僧」として戦場に赴くという、韓国の護国仏教のあり方を象徴する存在として忘れてはならない。

ともあれ、一面からいえば、総じて仏教が圧迫された李朝の時代にも、ここに取り上げた人々をはじめとする多くの仏教者の活躍があった。だからこそ、仏教は今日まで韓国民衆の中に生き続けてきている、ということができよう。

第11章　日本仏教の濫觴

日本はいま、世界有数の文明国となり、われわれ日本人は、総じて豊かな生活を享受している。そういうわれわれにとって、かつて日本に住んだ多くの人々の心を育て、人々に喜びや安らぎを与えてきた仏教は、日増しに遠い存在になりつつある。現代においては、仏教は葬式や法事、あるいは墓参りのときにだけ関係するものと思っている人も少なくないようである。しかも最近では、有縁の者たちが、死者に対する感謝と慰労の思いを込めてその冥福を祈り、悲しみを分かちあうべき葬式さえ行われなくなりつつある。いわゆる直葬《ちょくそう》である。これでよいのであろうか。

振り返って日本の歴史を見ると、日本をはっきりと仏教国と呼んでよい時代があったことが判明する。しかも、その時期は、決して短くない。本章以降の数章において、そのような日本の仏教のすがたを確認し、現代という時代を正しく理解するとともに、われわれがものごとをしっかりと考え、生きていくための一助としよう。

†仏教の伝来

仏教はいつ日本に伝来したのか。――その時期は、必ずしも明確ではない。いわゆる「公伝《こうでん》」については、百済《くだら》の聖明王《せいめいおう》が「釈迦仏金銅像一軀、幡蓋《ばんがい》若干、経論《きょうろん》若干巻」を奉献したときとされる。しかし、その年が何年かもはっきりしない。『日本書紀』は欽明天皇十三年（壬申《じんしん》。五五二）とするが、その記年には錯誤があるらしい。このことを踏まえ、かつ、『元興寺《がんごうじ》縁起』『上宮聖徳《じょうぐうしょうとく》法王帝説』などの記載を信じれば、五三八年（西暦）となる。ところが、他の中国や韓国の史料などにもとづいて算定すると、西暦の五四九年、あるいは五四八年がその年に当たることになる。このような事情から、仏教伝来の年を確定するのは難しいが、国家レベルにおける仏教の伝来が六世紀の中葉にあったことは間違いなかろう。

ちなみに、平安後期に成立した歴史書『扶桑《ふそう》略記』によれば、継体天皇十六年（五二二）、漢人（一説に、南梁の人）の司馬達止《しばたつと》（達等）が来朝し、大和国坂田原に草堂を結んで仏像を安置し、礼拝したという。この記事や、当時の日本と百済などとの密接な関係から考えると、少なくとも「公伝」の数十年以前から民間レベルで仏教が日本に伝えられていた可能性はかなり高いと思われる。

†崇仏か排仏か

『日本書紀』によれば、上記の聖明王から仏像などの奉献があったとき、欽明天皇は、仏を信奉すべきかどうか、群臣に意見を求めた。そのとき、有力氏族の蘇我稲目《そがのいなめ》は、「諸国で尊崇されているものを日本だけが退ける理由はありません」と述べた。他方、物部尾輿《もののべのおこし》は、「蕃《となりぐにの》神《かみ》を拝めば、きっと国神《くにつかみ》がお怒りになるでしょう」と答えた、という。

この意見の対立は、実際には蘇我氏を代表とする国際派と、物部氏を代表とする民族派の争いを反映したもので、外交政策などが深く関連していたと見られる。事態は結局、蘇我氏優勢のうちに推移し、百済との関係が強化されるとともに、仏教も公式に——といっても現実には蘇我氏ら崇仏派の氏族の宗教として——受容されることとなったのである。

ところで、上に挙げた物部尾輿の発言の中で注意されることは、仏が「蕃神」と表現されていることである。これをどう解釈するかは必ずしも簡単ではない。しかし、別の文献に「客《まろうど》神《がみ》」とか「仏神《ほとけがみ》」といった語で仏を表す例が見えることと照らし合わせても、ここで仏が「国神」と異質な存在としてではなく、それらと同じ「神」の範疇に属する存在として理解されていることは確かだろう。しかもその「神」としての仏に関してとくに強調されている性格は、ないがしろにされれば、怒ったり祟《たた》ったりする、ということである。日本における仏は、当初は蕃《となりぐに》からやってきて住み着いた氏神《うじがみ》であり、性格的には、ありのままの人間の延長線上に位置づけられながら、人間以上の力をもち、人間に怖れられる存在であった。例えばユダヤ教やキリスト教、あるいはイスラム教における神のような、超越的・絶対的な存在ではないのである。

†最初期の日本仏教と尼僧の誕生

敏達《びだつ》天皇六年（五七七）、新羅《しらぎ》との戦争で敗死した聖明王の後を継いだ百済の威徳王《いとくおう》は、日本の使者に託して、経論若干と律師・禅師・比丘尼・呪禁師《じゆごんし》・造仏工・造寺工、合わせて六人を送った。その二年後には、新羅も調（貢ぎ物）とともに仏像を献上した。また同十三年（五八四）、蘇我氏の当主、馬子《うまこ》は、ある帰化人から弥勒の石像と、佐伯連《さえきのむらじ》が所有していた仏像一体を請い受けて祀り、還俗《げんぞく》していた高麗の僧恵便《えびん》を探し出させた。そして、この僧を師として司馬達等の娘、嶋《しま》と二人の女性を得度《とくど》させ、法会を行った。嶋は、出家して善信尼《ぜんしんに》と称した、と『日本書紀』は伝える。

これらの記事を全面的に信じることはできないとしても、とくに百済のバックアップのもとで、六世紀後半、貴族層を中心に、仏教が日本の社会に定着し始めていたことは間違いなかろう。中でも、経論や僧尼とともにさまざまな技術者が韓半島から渡来していること、日本最初の出家者が中国からの渡来人の血を引くこと、出家の儀式が高麗僧の主導で行われたらしいこと、および、その出家者が女性であったことなどは、注目される。最初期の日本仏教は、韓半島の諸国の仏教に大きく依存しながら形成されていくのである。

なお、善信尼は後、崇峻《すしゅん》天皇元年（五八八）、「学問尼」として百済に派遣され、戒律を学んで二年後に帰朝し、桜井寺に住して多くの尼僧を育てたという。後代の日本では、尼僧の活躍はほとんど見られない。だが、仏教定着への最初の足跡は、尼僧たちによって印しづけられたのである。

†聖徳太子と仏教

敏達天皇十四年（五八五）、実力者蘇我馬子が病にかかった。この機に乗じて、対立する物部守屋《もりや》は、仏像・仏殿を焼くなど、仏教に迫害を加えた。出家した善信尼らも、一時法衣《ほうえ》を奪われ、軟禁された、という。これには、仏教を信じなかったといわれる敏達天皇も、おそらく関わっていただろう。しかし、この事件から半年も過ぎないうちに、敏達天皇が逝去した。用明天皇が位を継いだが、まもなく病に倒れた。天皇は、病気平癒を願って仏教に帰依することを群臣に諮《はか》ったところ、守屋らは激しく反対した。これがきっかけとなり、蘇我馬子らと物部守屋らの対立は決定的となった。のちに聖徳太子と尊称される厩戸皇子《うまやどのみこ》が、馬子に与《くみ》して守屋を滅ぼすという形で歴史に登場してくるのは、この直後のことである（ここでは便宜上、最初から「聖徳太子」または「太子」の呼称を用いる）。

聖徳太子は、以前は一万円札にその肖像が描かれるなど、人物像まで含めて、現代においても、歴史上もっともよく知られた日本人の一人だった。しかし実は、その生涯に関しても事績に関しても、不明な点が多い。関係諸資料も、かなり時代を隔てて成立し、しかも信憑性に一定の疑問を抱かせるものが大半である。このことから、太子の存在それ自体を否定する研究者も現れたほどである。

図11　聖徳太子二王子像（宮内庁所蔵）

けれども、ここで詳論することはできないが、太子を架空の存在と見ることにはやはり無理があると思われる。いまは、比較的信憑性が高いと考えられる記事を選択し、それらに依りながら、仏教関係のものを中心に太子の事績を取り上げ、かれの思想とその意義を探っていくことにしよう。

聖徳太子の父は用明天皇、母は皇后穴穂部間人皇女《あなほべのはしひとのひめみこ》である。しかし、父母ともに蘇我氏の出で、しかも両人の母は姉妹であった。太子が、いかに濃厚に蘇我氏の血を受け継いでいたかが知られよう。生年は、定説では敏達天皇三年（五七四）とされる。

用明天皇が就位後わずか二年で没し、その後継となった崇峻《すしゅん》天皇も在位六年の後、馬子が放った暗殺者によって殺害された。こうして、蘇我氏の流れを汲む額田部《ぬかたべ》皇女が推古天皇として即位すると、その翌年（五九三）、天皇の甥に当たる厩戸皇子が皇太子に立てられ、摂政《せっしょう》となった。以来、太子は自ら仏教の学習・研究を深めるとともに、中央集権的な諸政策を次々と打ち出していった。主なものを列記すれば、次の通りである。

五九四年　三宝興隆《さんぼうこうりゅう》の詔《みことのり》を下す。これを承けて、臣《おみ》・連《むらじ》らは競って仏寺を建てたという。

五九五年　高句麗僧慧慈《えじ》が渡来し、太子の師となる。

五九六年　崇峻天皇二年に造営が開始された法興寺《ほうこうじ》（飛鳥寺）が完成。馬子の子、善徳《ぜんとこ》を寺《じ》司《し》とする。慧慈・慧聡《えそう》（百済僧）同寺に入る。

六〇四年　太子、冠位十二階を施行。また、憲法十七条を作る。

六〇七年　太子、小野妹子《おののいもこ》らを隋《ずい》に送る。国書に「日出づる処の天子、書を日没する処の天子に致す」と記す。

六〇八年　小野妹子《おののいもこ》を再び隋に遣わし、学生《がくしょう》四人、学問僧四人を留学させる。
六一一年　太子、『勝鬘経義疏《しょうまんぎょうぎしょ》』を著すと伝える。
六一三年　太子、『維摩経《ゆいまぎょう》義疏』を著すと伝える。
六一四年　馬子の病気平癒のため、男女千人を出家させる。
六一五年　太子、『法華経《ほけきょう》義疏』を著すと伝える。
六二二年　太子、斑鳩宮《いかるがのみや》で逝去。同年、妃の橘大郎女《たちばなのおおいらつめ》が太子を追慕して作らせた「天寿国《てんじゅこく》繡帳《しゅうちょう》」の銘文に、太子の言葉として「世間虚仮《こけ》、唯仏是真」がある。

これらの事績のうち、『勝鬘経義疏』などのいわゆる三経義疏については、偽撰の疑いがある。そこで、とりあえずこれを除くとしても、全体的に見て太子の政治理念が仏教を基盤としたものであることは確かだろう。例えば、政治の基本方針を表す憲法十七条――これにも偽撰説が存するが、筆者は少なくともその骨組みは太子自身によると考える――を訓読文に直して挙げれば、その第二条には、

篤《あつ》く三宝を敬え。三宝とは仏法僧なり。すなわち、四生《ししょう》（すべての生きもの）の終帰、万国の極宗《ごくそう》なり。いずれの世、いずれの人か、この法を貴《とうと》ばざる。人、はなはだ悪《あ》しきもの鮮《すくな》し。

能《よ》く教うれば之に従う。其れ三宝に帰せずんば、何を以《もっ》てか枉《まが》れるを直《ただ》さん。

とある。また、第十条の一節には、

我必ずしも聖にあらず、彼必ずしも愚にあらず。共に是《こ》れ凡夫《ぼんぶ》のみ。

と述べられている。第二条には儒家、第十条には道家の教説の影響も認められる。しかし、総じていえば、これらは、太子の思想の根幹に大乗《だいじょう》仏教的な人間観・世界観があることを明瞭に示していると思われる。

また、太子の言葉と伝えられる「世間虚仮、唯仏是真」（世間《せけん》は仮のむなしいものであって、ただ仏のみが真実である）は、おそらく太子の晩年における一種の諦観《ていかん》を表している。事実上絶大な権力を握る蘇我氏を抑え、調整をはかりながら、摂政として現実の日本という「世間」を理想的な中央集権国家（仏教的には仏国土、すなわち浄土）に作り上げようと努め続けた太子であったからこそ、そのような感慨をもたれたのではなかろうか。この「世間虚仮」は、宗教的視点に立つ、日本における明確な現世仮設論ともいえる思想の最初の表明という意味でも注目される。

†律令体制の確立へ

六二二年に聖徳太子が没し、ついで六二八年には推古天皇も逝去する。その皇位の継承をめぐる対立に乗じて、蘇我氏はさらに勢力を拡大していく。この過程で太子の一家も滅ぼされ、一時は蘇《そ》我入鹿《がのいるか》が権勢をほしいままにした。しかし、皇極《こうぎょく》天皇四年（六四五）、中大兄皇子《なかのおおえのみこ》（のちの天智《てんじ》天皇）が中臣《なかとみ》氏などと結んでクーデターを起こし、入鹿を暗殺、その父で大臣《おおおみ》の蝦夷《えみし》は翌日自殺する。こうして蘇我氏は急速に没落、孝徳天皇が即位し、皇太子となった中大兄皇子を中心に、律令制度に基礎を置く「大化の改新」が断行される（ちなみに、「大化」は日本において初めて立てられた年号である）。そして、これを基点として、着々と中央集権的な統一国家が形づくられていくのである。

では、そのような動きの中で、仏教はどういう扱いを受けるのであろうか。結論から言えば、それには保護と統制の二面がある。しかし、ある年代までは時代が下るほど、前者よりも後者の色合いが強まってくる。そのことを象徴的に示しているのが「大宝律令《たいほうりつりょう》」（七〇一年完成）の「僧尼令《そうにりょう》」である。

これは、基本的には唐の「道僧格《どうそうかく》」などに倣ったものであるが、全体は二十七条からなり、各条ごとに違反した場合の罰則が付けられている。罰則としては、重いものは教団追放、あるいは還俗、軽いものは苦使《くし》（掃除や建物の修理などの肉体労働）となっている。いくつか例を挙げてみよう。

第一条「観玄象《かんげんしょう》」では、天文を観て災害や瑞祥《ずいしょう》についていい加減なことをいって人々を惑わせたり、兵書を学習したり、あるいは殺人・姦淫《かんいん》など仏教の四重罪を犯したりしてはならないとされ、違反したときには還俗と定められている。

第五条「非寺院」は、自分が所属する寺院以外に別に道場を建てて人々を教化したり、みだりに罪福を説いたりすることなどを禁じたもので、これも違反すれば還俗とされている。僧尼の自由な活動の禁止である。なお、後に菩薩と尊ばれる行基《ぎょうき》（六六八〜七四九）は、七一七年に罰せられているが、それはこの条項に背いたとされたためである。

また、当時の細かな身分的差別を説くものとして興味深いのは第十九条「遇三位以上《ぐうさんみ》」で、ここには僧尼が三位以上の高位の人に会った場合は、物陰に身を隠すか、馬に乗っていたら止まってその側に隠れること、五位以上の人の場合は、馬をとめてやり過ごすか、身を隠せと定めている。

このほか、私度《しど》（正式の作法によらない得度）、僧坊への宿泊、娯楽や賭博に関する規定もある。要するに「僧尼令」は、仏教界を国家の統制下に置くための基本的な枠組みとなっているのである。

しかし考えてみると、国家にとって仏教界の統制が重要な問題の一つになったということは、裏返せば、その大きさと力が無視できない、放ってはおけないものになってきたということである。実際、一つの記録によれば、例えば寺院の数は、推古天皇三十二年（六二四）に四十六であったものが、持統天皇六年（六九二）には五百四十五に達したという。約七十年の間にほぼ十二倍に増加しているのである。

むろんそれらの中には、例えば舒明《じょめい》天皇が十一年（六三九）に「正教」の流布を願い、この発願にもとづいて建立された百済大寺《くだらたいじ》（のちの大安寺）のような官寺もある。けれども、それらのほとんどは、各氏族が祖先崇拝の念にもとづき、一族の繁栄と仏神の加護を祈って建てた氏寺《うじでら》であった。それゆえ、各寺とも、少なくとも斉明《さいめい》朝の前期、七世紀の中葉あたりまでは、いわゆる「護国仏教」の性格をほとんどもっていなかったと思われる。

しかし、斉明天皇六年（六六〇）、詔によって大規模な仁王般若会《にんのうはんにゃえ》が行われたころから、諸寺は、次第に護国的な役割を併せもつようになっていった。そして、中央集権的な国家体制の定立に呼応して、その維持・安定のためであろうが、天武九年（六八〇）、『金光明経《こんこうみょうきょう》』の講説を行うことが初めて宮中および諸寺に求められた。ここに至って、奈良仏教の鎮護国家的な性格は、決定的に重要な特徴となったと推測されるのである。舎利塔中心から金堂《こんどう》中心へという伽藍《がらん》様式の変化も、そのことを傍証しているといえよう。

†南都六宗

すでに述べたように、仏教はおそらく、遅くとも六世紀の初めころから日本に伝来し始めた。しかし、その本格的な学習・研究が開始されるのは、聖徳太子の時代である。太子の師となった慧慈などが、来朝の際にある程度の仏典・仏書を携えていたことも、十分考えられよう。また、もしもいわゆる三経義疏が太子の撰述であるとすれば、その注釈の対象となった『勝鬘経』『維摩経』『法華経』をはじめ、それらに引用される『涅槃経』『無量寿経』『大智度論』などの仏典や、『法華義記』『注維摩経』など中国の仏教者の著述も、太子の時代以前に日本に伝わっていたことになる。だが、そのことを明確に証拠づける資料はない。

奈良時代までに伝来した仏教について、まとめて紹介する最初の資料は、天平十九年（七四七）の「寺院縁起流記資財帳」である。これには、仏教の「諸衆」が「三論・別三論・成実《じょうじつ》・法相《ほっそう》（法性《ほっしょう》）・律・華厳《けごん》・摂論《しょうろん》・修多羅《しゅたら》等」に区別されている。また、東大寺の智憬《ちけい》が書いたある文書によれば、天平勝宝三年（七五一）の時点で、仏教の学派は華厳・法性・三論・律・倶《く》舎《しゃ》・成実の六宗に分けられている。後代の「南都六宗《なんとろくしゅう》」という総括的な見方は、この智憬の区分を源とするものである（ただし、法性宗は法相宗とされるのが一般的である。なお、これら二つの概念は中国の諸教判でははっきりと区別されるが、日本では少なくともこの時代には同義的に用いられたようである）。その中の主なものについて概観しよう。

†三論宗

第9章において述べたように、中国では隋代から初唐代にかけて体系的な教義をもつ仏教の諸宗派――といっても、今われわれが用いる意味での宗派ではなく、むしろ学派（school）ないし系（lineage）に近い――が成立した。そして、それらのほとんどは次々と、しかし必ずしも成立の順序に従わずに、韓半島に、さらには日本へと伝えられた。それら諸宗派の中で、日本に最初に伝来したのは三論宗《さんろんしゅう》の系統である。聖徳太子の師の高麗僧慧慈もこの系統の人だったという。けれども慧慈は、ことさらに三論、すなわち、インド中観派の聖典である『中論』と『百論』と『十二門論』を重視したわけではなさそうである。また、それらをよりどころとしてまとめ上げられた吉蔵《きちぞう》の三論教学を宣揚したのでもないらしい。

日本において「三論」の講義を明確な形で行ったのは、推古天皇三十三年（六二五）、高句麗《こうくり》王の貢として来日し、元興寺《がんごうじ》に入った慧灌《えかん》である。ついで、慧灌の孫弟子に当たる智蔵《ちぞう》が入唐し、重ねて三論宗を伝えた（第二伝）。さらに、その弟子の道慈《どうじ》も大宝元年（七〇一。翌二年ともいう）に入唐し、十一年間の修行ののち、帰国した（第三伝）。ただ、この道慈が学び伝えた仏教は、当時の中国における仏教界・思想界の動向を反映して、「三論」をベースとはしたが、後述する法相や真言も兼ねていたといわれる。ともあれ、日本における三論学の伝道は、高句麗からの渡来僧によって切り開かれ、奈良時代のもっとも有力な宗派の一つとなったのである。

ちなみに、前記の資財帳に出てくる「別三論宗」は、大安寺や法隆寺にあった三論の研究グループらしいが、もともと大きなものではなく、また長く続かなかったようである。

†法相宗

三論宗の次に日本に伝来したのは法相宗《ほっそうしゅう》である。この宗派は、七世紀の前半、勅許を得ないまま違法に出国し、ほぼ二十年にわたる西域・インドへの求法《ぐほう》の旅を敢行して帰国した玄奘《げんじょう》と、その門弟の基《き》（窺基《きき》）によって開かれた。教義的には、当時のインド仏教界においておそらく首座を占めていたダルマパーラ（護法）の系統の唯識説をよりどころとする。その根本聖典ともいえるものは、『成唯識論《じょうゆいしきろん》』である。

さて、この法相宗を日本に初めて伝えたのは、道昭《どうしょう》である。かれは、白雉《はくち》四年（六五三）に入唐《にっとう》して、直接、玄奘に学んだといわれる。第二伝は、斉明天皇四年（六五八）に入唐し、玄奘と基に学んだ智通《ちつう》・智達《ちたつ》によるもので、かれらは新羅船に乗って唐に渡ったという。

また、道昭の入唐から半世紀を経た大宝三年（七〇三）には、日本に来ていた新羅僧の智鳳《ちほう》ら三人が勅命を奉じて入唐し、玄奘の門流の智周《ちしゅう》に就いて修学し、再来日して大いに法相の宗旨を宣揚した。これが、法相宗の第三伝である。なお、智鳳は、慶雲三年（七〇六）には維摩《ゆいま》会《え》（『維摩経』を講讃する法会《ほうえ》）の講師を勤めたという。

さらに、霊亀《れいき》二年（七一六）、智鳳らに学んだ義淵《ぎえん》の弟子の玄昉《げんぼう》が入唐した。かれは約二十年の間、智鳳らも師事した智周に学び、天平七年（七三五）に帰国した（第四伝）。

以上のように、法相宗の伝来には四伝がある。このうち、後世もっとも栄えたのは智鳳らの門流であり、平安初期（八世紀末）には、この門流を中心に「偏《ひとえ》に法相に務める」僧侶が圧倒的に多く、天皇が詔を発して、三論学とバランスを欠くことを是正させるほどだったという（『類聚国史』一七九、参照）。

†華厳宗

上の二宗にやや遅れて日本に伝来し、八世紀中葉の仏教全盛の時代を担ったのは、華厳宗《けごんしゅう》である。

華厳宗はまず、天平《てんぴょう》八年（七三六）、中国のいわゆる北宗禅の流れを承けた道璿《どうせん》によって、包括的な「仏教」の一環として伝えられた。この後、天平十二年（七四〇）、初めて『華厳経』の講義を行い、日本華厳宗の実質的な開創者となったのは、審祥《しんじょう》である。審祥は、資料には「新羅学生《がくしょう》」と記されている。他に用例が見出せないので、新羅出身の学僧なのか、新羅に留学した学僧なのか、断言はできない。しかし、新羅と深い関係をもつ人であったことは間違いない。この審祥が初めて華厳の講筵《こうえん》を張ったのである。その講義の折、紫の雲が奈良の春日山を覆ったともいわれる。

このような奇瑞も関係したのであろうか、審祥は聖武天皇を初めとして、多くの貴族・官僚らの絶大な信頼を得た。そしてこのことが、聖武天皇後年の、華厳の教えをよりどころとする宗教政策、いな、政治の遂行そのものへの重要な契機の一つとなったと思われる。

聖武天皇は、皇太子の時代から、教育係の藤原武智麿《むちまろ》の指導もあって仏教を信じたらしい。その政治には、当初から仏教が深い関わりをもったと思われる。例えば、即位後間もない神亀二年（七二五）正月には、宮中において僧六百人を招請して『大般若経《だいはんにやきよう》』を転読させ、七月には詔を発して諸国に『金光明経』または『最勝王経』を転読することを命じている。このように、仏教に国教的な位置を与え、その効験を祈願する、いわば「仏教政治」は、律令制度のほころびの拡大や疫病の流行などにもとづく社会不安の増大もあって、次第に本格化する。そして、その総仕上げともいうべきものが、国分寺《こくぶんじ》・国分尼寺《こくぶんにじ》の設置と東大寺大仏の建造であった。

天平十三年（七四一）、聖武天皇は詔をもって国ごとに国分寺（金光明四天王護国之寺）・国分尼寺（法華滅罪之寺）を造らせた。そして、前者には護国の経典『金光明経』十部が置かれ、封《ふ》五十戸・僧二十人が配された。また後者には滅罪の経典『法華経』十部が置かれ、水田十町・尼

図12　東大寺（大仏）縁起絵巻（東大寺蔵）

十人が配された、という。まさに仏教の力によって国家の安泰と発展を実現することが祈願されたのである。

さらに天皇は、二年後の天平十五年、『華厳経』の教主である盧《る》舎那《しゃな》仏《ぶつ》（＝毘盧遮那仏）の金銅像（大仏）を造立することを宣言する詔を発した。その中で天皇は、自らが天下の富を注いでこの事業を完遂するという決意を述べるとともに、多くの人々が結縁のために、たとい「一枝の草、一把の土」でも協力してくれるよう、呼びかけている。

その大仏が、大仏殿とともに一応完成したのは、天平勝宝元年（七四九）である。それはまさしく諸国の資源と民衆の労力と、そして、主に渡来人の人々の技術を総動員して遂行された国家的大事業であった。『続日本紀《しょくにほんぎ》』が記す「人民苦辛」の程度も、相当のものだったと推測される。

さらに、同四年、来日していたインド僧のボーディセーナ（菩《ぼ》提僊那《だいせんな》）を導師として、盛大な大仏開眼《かいげん》の法会《ほうえ》が行われた。法会では参列した僧侶は一万人に及び、諸外国の舞踊や音楽が奉納されたといわれる。それは文字通り国際的な大イベントであり、それ自体、「華厳の世界」を象徴的に表すものでもあったといえよう。

†律宗

奈良時代までに伝来した宗派の中で、もう一つ忘れてならないのは、律宗《りっしゅう》である。そもそも戒律は、すでに明らかにしたように、仏教における修行生活の根幹をなすものである。仏教者になろうとすれば、まずは受戒し、それを守らなければならない。先に、日本における最初の出家者善信尼について触れたが、受戒し、戒律を学び修めることは、仏教者の基本的な要件なのである。それゆえまた、これまで言及した渡来僧たちにしても、当然受戒していたはずであり、誰もが戒律を伝えるという一面をもっていたということもできよう。

図13　鑑真像（唐招提寺蔵）

しかしながら、それらは、戒律の遵守とその深い研究、および、戒律儀礼の伝承を課題とする律宗の伝来とは異なる。律宗は、五回に及ぶ渡航の失敗という苦難の末、天平勝宝五年（七五三）に来日した、中国・

揚州の大明寺《だいめいじ》の僧、鑑真《がんじん》によって初めて伝えられたのである。

鑑真は、早速、その翌年の春から天皇・皇后に菩薩戒を授けるなど、活動を開始する。そして、天平宝字七年（七六三）に没するまで、精力的に戒律思想の普及と授戒儀礼の定着に努めた。鑑真の力によって、日本でも正規の僧尼が誕生することとなったわけである。

鑑真が伝えた律宗の戒壇は、その後、下野《しもつけ》と筑紫にもできる。そして、日本天台宗を開く最《さい》澄《ちょう》（後述）の請願によって平安初期の弘仁十三年（八二二）、天台系の授戒が公認され、比叡山にも戒壇院が設けられるまで、それらの三戒壇のみが、六十年以上にわたって正式の授戒の場とされたのである。

†その他の諸宗

「南都六宗」には、以上の四宗のほか、成実宗《じょうじつしゅう》と倶舎宗《くしゃしゅう》が含まれる。このうち成実宗は、主に『成実論』という、アビダルマの立場で究極の真理（真諦）と世俗の真理（俗諦）の二諦を立て、存在するものが結局は空であることを説く論書の解明をめざした学派である。また倶舎宗は、ヴァスバンドゥ（世親《せしん》）が著したアビダルマの綱要書ともいえる『倶舎論』の研究を主要な務めとした学派である。日本には、ともに中国・韓国における状況を反映して、前者は三論宗に付随し、後者は法相宗に付随して伝来した。しかし、どちらも独立した勢力とはならなかった。

なお、「資財帳」に挙げられる摂論宗《しょうろんしゅう》は、瑜伽行派《ゆがぎょうは》の立場において書かれた仏教概論である『摂大乗論』を主な学習・研究の対象とするグループで、大安寺・元興寺・興福寺などにあったらしい。また修多《しゅた》羅宗《らしゅう》の「修多羅」はサンスクリット語のスートラの音写語で、「経」の意味である。大安寺などにあったというが、その実態は不明である。ともあれ、いずれの研究グループも長くは存続しなかったと推測される。

†無常感の広まり

上に述べてきたように、奈良時代までの仏教は、大きく言えば、各氏族の安寧と繁栄を願う氏族仏教から、国家の安泰と発展を祈る国家仏教へと展開した。僧侶たちは、これに対応して、仏教の修得に励む傍ら、初めは各氏族のために、やがて、律令制が整備されるに伴って国家のためにしばしば祈願を行ったのである。

しかし、このようにおおむね支配層と僧侶を担い手として展開する中でも、仏教はある程度、着実に社会に浸透し始めていた。とくに貴族・武士階層の知識人の中には、仏教思想の影響を受け、「無常感」に根ざす人生観・世界観を形成した人もかなりいたようである。

奈良時代の末にまとめられた『万葉集』に、人生の無常や世の中の空しさを詠じる歌が少なからず収められているのは、その端的な証であろう。一、二、例を挙げよう。

例えば、武士で歌人であった大伴旅人《おおとものたびと》（六六五〜七三一）は、任地で愛妻を亡くしたときの心境を、

世の中は空しきものと知る時しいよよますます悲しかりけり

と歌い、さらに都にある私邸に戻ったときには、

人もなき空しき家は草まくら旅にまさりて苦しかりけり

などと歌っている。また、その子家持《やかもち》（七一六頃〜七八五）には、

うつせみの世は常なしと知るものを秋風寒み偲《しの》びつるかも
うつせみは数なき身なり山川の清けき見つつ道を尋ねな

などという歌がある。これらの歌には、明らかに仏教や道家の思想の影響が認められる。奈良仏教は、今に伝わる仏像・建物・衣装などからもうかがわれる国際性豊かな華やかさを誇る一

方で、おそらくは主に無常感を植えつけるという形で日本人の伝統的な楽天的人生観を変えつつあったのである。その意味において、すでに奈良仏教の時代に、強い現世否定の仏教、すなわち浄土教の勃興の地盤は、一定程度準備されていたといえよう。

第12章 平安仏教の形成と展開

†奈良から平安へ

奈良時代末期、孝謙《こうけん》上皇の寵を得た道鏡《どうきょう》（?〜七七二）は、上皇が称徳《しょうとく》天皇として再位すると、太政大臣禅師に任じられた。かれは、この地位を得て、放生司《ほうじょうし》（放生《ほうじょう》を司る官職）の設置、西大寺の建立、百万塔の製作など、権門を押さえつつ、いわば「仏教主義」に立つ政治を強力に推進した。しかし、称徳天皇崩御、光仁《こうにん》天皇即位（七七〇）とともに権勢を失い、下野《しもつけ》薬師寺別当に左遷された。こうして諸政は一新されたが、この光仁天皇の中央集権的な方向をいっそう推し進め、朝廷の権力を大きく伸長させたのは、天応元年（七八一）に後を継いだ桓武《かんむ》天皇である。

桓武天皇は、即位後、官僚機構の刷新など次々と新政策を打ち出すとともに、奈良の諸大寺の権利・権力を削《そ》ぐためもあって、延暦三年（七八四）に長岡京に都を移し、さらに同十三年には平安京に遷都した。天皇の仏教界に対する粛清は、その治世の間、全般的に厳しく進められた。けれども、このことは、天皇の仏教嫌いや仏教弾圧を意味するわけではない。むしろ天皇は、延暦十五年の東寺・西寺の創建に象徴的に表れているように、仏教の「鎮護国家」の霊験に強く期待しながら、仏教界の弊風を除き、僧尼を国家の管理下に置こうとしたのである。

†日本天台宗の成立

平安遷都から間もなく、日本には新たに二つの宗派が誕生した。いずれも入唐僧によって伝えられ、確立されたもので、天台宗と真言宗《しんごんしゅう》である。

このうち、天台宗は、第9章において論じたように、中国ですでに隋代（五八一〜六一八）に智顗《ちぎ》によって大成されていた。他方、真言宗は、唐代の中期、玄宗《げんそう》の時代（七一二〜七五六）にインドから中国に伝来した密教にもとづいている。ただし、この系譜は中国では、後代「瑜伽《ゆが》密教」と呼ばれており、「真言宗」という呼称が宗派名として用いられた形跡は見出しがたい。

まず、天台宗は、最澄《さいちょう》（七六七〜八二二）によって日本にもたらされた。最澄は、名門の貴族の出で、十二歳のとき大安寺の行表《ぎょうひょう》に就いて出家し、十九歳のとき東大寺で具足戒を受けて正規の僧となった。延暦二十一年（八〇二）、桓武天皇の勅命を受けた和気弘世《わけのひろよ》の招請によって高尾山寺で天台三大部を講じたが、これを機に入唐を命じられ、訳語（通訳）の義真《ぎしん》を従えて唐に渡った。滞在八カ月、この間に中国天台の改革者湛然《たんねん》門下の道邃《どうすい》と行満《ぎょうまん》から受法し、また別に、禅宗・律宗・密教それぞれの祖師から仏法を伝授された。これが、円（天台）・密（密教）・禅・戒の四種相承《ししゅそうじょう》といわれるもので、このことから、最澄が伝えた天台宗に融合的な性格が強いことが知られよう。

帰国後、天台宗に年分度《ねんぶんど》者《しゃ》（年度ごとに決められた出家・得度者）二人が認められるなど、最澄の前途は洋々たるものに見えた。しかし、強力なパトロンであった桓武天皇の崩御、後述する真言宗の開祖空海との絶交などが重なり、後半生はむしろ苦境を強《し》いられている。

図14　最澄像（一乗寺蔵）

その中にあって、かれが情熱を傾けた問題は二つある。第一は、「人間の宗教的資質には五種の区別があり、成仏できないものも存在する」（五《ご》性《しょう》各別）と主張する法相宗《ほっそうしゅう》の徳一《とくいつ》らとの論争を通じて、「すべての衆生《しゅじょう》が必ず成仏する」と説く一乗の教えこそが真実であることを宣揚することであった。また第二は、天台宗独自の戒壇（大乗戒壇）の設立が公許されるべく努めることであった。この努力は結局、かれの生前には報われず、戒壇の設立が許されたのは没後すぐのことである。

さて、その最澄には、教義上とくに中国天台の思想を発展させたと思われるところはあまりない。しかし、かれがよって立つ立場と基本的仏教観には、注意されるべき問題がある。

すなわち、その第一は、二十歳のころに書いたとされる「願文」に、自らを「愚《ぐ》が中の極愚《ごくぐ》、狂《きょう》が中の極狂《ごくきょう》、塵禿《じんとく》の有情《うじょう》、底下《ていげ》の最澄」と規定するとともに、「解脱《げだつ》の味、独り飲まず、安楽の果、独り証せず、法界《ほうかい》の衆生と同じく妙覚《みょうかく》に登り、法界の衆生と同じく妙味を服せん」との願いを表明していることである。徹底した否定的な自己認識と、おそらくそれゆえにもつことができる大乗的な利他の思い――これが、最澄の求道《ぐどう》の出発点にあるのである。

第二は、主著ともいえる『山家学生式《さんけがくしょうしき》』において、理想的人格を「道心ある人」とし、それが西では菩薩と称され、東では君子と呼ばれるとされていることである。この見解の背景には、明らかに儒教と仏教とを調和的・一体的に捉える思想が認められるが、ともあれ、最澄は、「道《どう》」、すなわち、究極の真理を求める心の有無が人間を決定的に区別すると考えていたといえよう。しかもかれは、その「道心ある人」の究極の姿を「悪事を己に向かえ、好事を他に与え、己を忘れて他を利する」ことに見出している。最澄においては、道心は徹底した慈悲の体現へと展開していくものと確信されていたのである。

†空海と真言宗

次に、真言宗の開祖空海（七七四〜八三五）について見てみよう。

伝記によれば、空海は讃岐《さぬき》（香川県）の出身で、十五歳のときに上京、大学に入った。しかし、ある沙門から、記憶力を強める密教の秘法である「虚空蔵求聞持法《こくぞうぐもんじほう》」を授けられて、大学をやめ、仏教を学ぶことを決意した。延暦十六年（七九七）、二十四歳のときには、儒・道・仏三教の比較論ともいえる『三教指帰《さんごうしいき》』を著して、仏教が最も優れていることを明らかにしている。同二十三年（八〇四）、具足戒を受けて僧となり、最澄と同じく遣唐使に随《したが》って唐にわたり、翌年、青龍寺《せいりゅうじ》においてアモーガヴァジュラ（不空）の弟子の恵果《けいか》から伝法灌頂《でんぽうかんじょう》を授けられた。ここにおいて空海は、密教の正統的な伝承者となった。

図15　空海像（東寺蔵）

大同元年（八〇六）帰国。同四年、平城天皇の勅命を受けて高雄山寺に入り、密教を広めた。このころから経論の借用を通じて最澄とも交友を結び、また最澄に対して秘密灌頂《かんじょう》も行った。しかし、最澄門下の泰範《たいはん》が空海に就いてしまったことなどから、弘仁七年（八一六）には二人は決別したらしい。この年、空海は高野山を開いて金剛峯寺《こんごうぶじ》を創建、ここを入定《にゅうじょう》（深い瞑想の境地に入ること。具体的には死去をいう）の地と定めた。

同十四年（八二三）東寺を賜り、これを密教の根本道場とした。天長四年（八二七）、大僧都《だいそうず》となり、翌年には「開かれた総合大学」ともいうべき綜芸種智院《しゅげいしゅちいん》を開設している。のち高野山に隠棲し、その地で没した。

なお、「真言宗」という用語は、弘仁年間あたりから空海の文書に表れる。

では、空海が開いた真言宗の教義とはどのようなものであろうか。

まずかれの基本的な考え方として注目されることは、哲学的・宗教的な教説のレベルは、人間の心の発展段階と対応していると見なされることである。これは、その主著ともいえる『十住心論』、およびそれを簡略にした『秘蔵宝鑰《ひぞうほうやく》』に詳論されるもので、心の段階は浅いものから深いものへ順に、①異生羝羊心《いしょうていようしん》（牡羊がもつような本能的な心）、②愚童持斎心《ぐどうじさいしん》（こどもがもつような道徳心）、③嬰童無畏心《ようどうむいしん》（こどもが母のもとで安心するような心）、④唯蘊《ゆいうん》無我心（自我への執われを離れた心）、⑤抜業因種《ばつごういんしゅ》心（無知という業の種がなくなった心）、⑥他縁大乗心（唯識をさとり、大悲を起こす心）、⑦覚心不生《かくしんふしょう》心（空を観じて真の安楽が得られる心）、⑧一道無為心（作為を超えたありのままの真実の道を知る心）、⑨極無自性心《ごくむじしょうしん》（あらゆるものに本性はなく、あらゆる事象はただ縁起的に存在することを知る心）、⑩秘密荘厳《しょうごん》心（究極の真実が開示され、すべての仏徳が証される心）、と区別される。

そして、この十心は順に、(a)教説に触れていないレベル、(b)儒教などのレベル、(c)インドのサーンキヤ学派などのレベル、(d)声聞《しょうもん》のレベル、(e)縁覚のレベル、(f)法相宗のレベル、(g)三論宗のレベル、(h)天台宗のレベル、(i)華厳宗のレベル、(j)真言宗のレベル、に対応するというのである。空海の密教理解が、心の発展段階という独創的な観点から、中国仏教の全体を視野に入れて教判的に体系化するということを下敷きとして成立していることがうかがえよう。

しかしながら、空海は、単にすべての教えの上に密教が位置づけられる、と見ているだけではない。かれは他方、『弁顕密二教論』などにおいて、密教以外の仏教の教え——具体的には、それまでに形成されていた中国の諸学派・諸宗派の教説（禅宗や浄土教は直接的には含まれない）を「顕教《けんぎょう》」と一括し、それらはみな「無明《むみょう》の辺域」にあるとして、根本的には否定するのである。

では、「明《みょう》の分位《ぶんい》」の密教とは、どういう教えなのだろうか。この問題をかれが名づけたと思われる「真言宗」という宗名の意味の解明から考えていこう。

「真言宗」の真言とは、サンスクリット語のマントラ（mantra）の訳語の一つで、神秘的な霊力をもつ呪文のことである。特定の言葉にそういう力があるという考え方は、インドでは仏教が興るはるか以前のヴェーダ時代にさかのぼり、長く受け継がれてきたものである。これが、すでに第6章において述べたように、仏教の世界では密教に至って本格的に受容された。空海は、この流れに身をおいてさらにその意味を究明し、自らが開いた宗名に「真言」の語を採用したのである。

空海によれば、「真言」には二つの側面がある。一つは、いうまでもなくその機能的・実践

図16　金剛界曼荼羅（平安中期・国宝、東寺蔵）

的側面であり、例えば総括的に、「真言はすなわち苦を抜き楽を与う」と説かれている。「苦を抜き楽を与う」は、一般には慈悲のはたらきを表す典型的な用語である。かれはこれをそのまま真言によって実現されるものと見ているわけである。

またこの真言は、衆生が仏と一つになる行法《ぎょうぼう》の一翼を担う。すなわち、行者が身に印《いん》を結び、口に真言を唱え、心に本尊を観じるとき、この身そのままで仏になる（即身成仏《そくしんじょうぶつ》）とされるのである（『即身成仏義』参照）。

もう一つは、その存在論的側面である。空海によれば、『大日経』『金剛頂経』に至って初めて仏教の真実が開示された（この二経のそれぞれの世界を絵画化したものが胎蔵界曼荼羅《たいぞうかいまんだら》と金剛界《こんごうかい》曼荼羅である）。それらを中核とする密教のみが、法身《ほっしん》の仏（大日如来）が直接、説法された教えである。

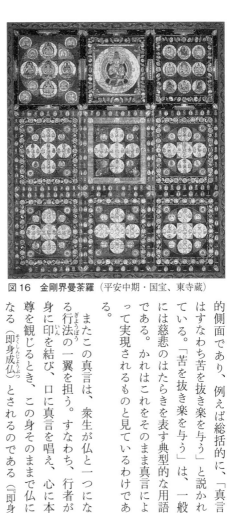

しかも、その説法は、ただ経典に文字として記されているだけではない。究極的には、存在世界の全体が法身の大日如来の言葉、すなわち、真言に他ならない、という。『声字実相義《しょうじじつそうぎ》』などにおいて、いわば言語の存在性、存在の言語性、そして言語と存在の一体性を解明したこの思想は、空海の真言教学の一つの頂点を示すものといってよかろう。

†東密と台密

平安初期に最澄と空海という大仏教者が出て、日本仏教には天台宗と真言宗の二宗が新たに加わることになった。しかも、桓武天皇の平安京遷都とその宗教政策、および最澄に対する桓武天皇の援助、空海に対する嵯峨《さが》天皇以下三帝の肩入れなどによって、奈良仏教界は退潮を余儀なくされ、逆に新興の二宗は大きく勢力を伸ばしていく。そして、それら二宗の主な役割は、奈良仏教の諸宗に代わって、護国・攘災《じょうさい》を祈ることであった。

ところで、この過程において注意されることは、天台宗が急速に密教化していったことである。すなわち、最澄は天台の教え（円教）と密教とは根本的に合致するという円密一致を標榜し、遮那業《しやなごう》（密教の修行）と止観業《しかんごう》（天台の修行）とを合わせ修めることを眼目とした。ところが、円仁《えんにん》（七九四〜八六四）・円珍《えんちん》（八一四〜八九一）・安然《あんねん》（八四一〜?）らがあいついで出て、この立場に修正が加えられていき、最終的には、密教はもっとも優れたものであり、一切の三世諸仏は大日如来に、その教えは真言の一教に統合・包摂されるという教判的立場が確立された。この流れを後世、台密《たいみつ》と名づけ、今日に至っている。なお、円仁・円珍ともに入唐しており、円仁が残した旅行記『入唐求法巡礼行記《にっとうぐほうじゅんれいこうき》』は歴史・民俗資料としても貴重なものである。

他方、空海の門流の人々が継承した密教を総称して東密《とうみつ》という。「東寺を根本道場とする密教」の意である。かれらは、空海によって真言宗の教義面（教相）はすでにほぼ完成されていたこともあって、ほとんどもっぱら、修行上の儀式や規範（事相）を細かく研究し規定することに精力を注いだ。そのためもあって、この門流はかなり早く小野流・広沢流の二派に分かれ、以後さらに分派を重ねていった。鎌倉時代には三十六流、室町時代には七十余流に分化したといわれる。

†本覚思想の形成

ところで、上述した天台宗の仏教研究の中から、以後の日本仏教の基調となる思想が明確な形で現れてくる。それが「天台本覚法門《ほんがく》」、あるいは簡潔に「本覚思想」と呼ばれるもので、一般的にいえば、あらゆる存在がそのままで真実なるものとして肯定されるという考え方である。

例えば、後述する『往生要集』の著者源信（九四二〜一〇一七）に仮託し、この思想を集大成

したとも見られる『真如観』では、

疾《ト》ク仏ニ成ラント思《オモ》ヒ、必ズ極楽ニ生《ウマレ》ント思ハバ、我心即《スナハチ》真如ノ理也ト思《オモフ》ベシ。法界《ホウカイ》ニ遍ズル真如我体《ワガタイ》ト思ハバ、即我《スナハチワレ》法界ニテ、此外《ホカ》ニコトモノト思ベカラズ。悟レバ十方《ジツパウ》法界ノ諸仏、一切ノ菩薩モ、皆我ガ身ノ中《ウチ》ニ、マシマス。我身ヲ離レテ、外ニ、別ノ仏ヲ求メムハ、我身即《スナハチ》真如ナリト知《シラ》ザル時ノ事也。……哀哉《カナシキカナ》、我等無間《ムケン》地獄ニ堕セン事モ、極楽世界ニ生ゼン事モ、只此度《コノタビ》ノ心ニ任《マカセ》タリト。我等則《スナハチ》真如ナリ。信ゼズハ決定《ケツヂヤウ》シテ地獄ニヲチナム。深《フカク》信ジテ疑《ウタガハ》ズバ極楽ニ生《ウマレ》ナム。

などと論じられる。要するに、わが心がすなわち真如の理であり、わが身がそのまま真如である。そして、この道理を信じ、思い、知ることが悟りであり、来世は極楽に往生することができる、というのである。ありのままの人間存在をそのままで絶対的真理の現れと見なす、一種の宗教的オプティミズムといってよかろう。

また、天台宗中興の祖と仰がれる良源《りょうげん》（九一二〜九八五）の撰述に帰される『一代決疑集』には、「仏が説法し、衆生を悟りに導くとはどういうことか」という問いを立て、風が諸々の草木を打つは、是れ応身説法なり。乃至、花は遠山に開き、菊は薗に敷くは、皆是れ説法の相なり。無相甚深《じんじん》の機は此の諸相を聞き、直ちに無作《むさ》の説法を了《さと》る。愚痴《ぐち》闇鈍《あんどん》の人は仏意の声を聞くといえども、彼において益なし。云々

と説かれている。自然のすがたがそのままで仏の説法であり、宗教的に優れた資質のものは、すぐにそれをさとるが、愚かな凡夫にはそれがさっぱり分からない、という主張である。本覚思想の流れにおいては、自然世界もそのままで仏の世界と受け止められているわけである。

以上、二つの例を挙げたが、こうした現実肯定の思想は、一歩誤ると快楽主義や刹那主義を助長したり、社会的差別を是認したりする危険を含んでいる。しかしそれが、深い安心感を与えることも事実であろう。もしもこのような思想が、われわれ現代を生きる日本人の考え方の基底にもどれほどか流れているとすれば、とくにそうした危険性についてしっかりと認識しておく必要があると思われる。

†日本浄土教の萌芽

大乗仏教は、過去・現在・未来の三世《さんぜ》にわたって多くの仏とその国土の存在を認める。浄土とは、その仏国土のことであるから、浄土教を「浄土を説く教え」の意味に解すれば、極めて

たくさんの浄土教があることになる。しかし、一般には、浄土教といえば、「阿弥陀仏の西方《さいほう》極楽浄土を明示して、そこへの往生《おうじょう》を勧める教え」を指す。以下に述べる「浄土教」も、とくに断りがない限りその意味で用いるので、あらかじめ承知されたい。

さて、日本における浄土教の発生は、少なくとも大化の改新（六四六）のころまで、もしかしたら前述した聖徳太子の時代までさかのぼることができる。しかし、それを特徴づける念仏の実践が修行法として定着するのは、平安時代に入り、日本天台宗が開創されてからである。

すなわち、天台宗の止観業《しかんごう》は智顗の主著『摩訶止観』にもとづくが、そこに説かれる四種三昧《ざんまい》の一つに常行《じょうぎょう》三昧がある。その中心が念仏の行《ぎょう》で、具体的には、正面に阿弥陀仏の像を安置し、九十日の間、その周りを歩きながら口に仏の名を唱え、心に仏の姿を観想する、と定められている。これがどこまで厳密に、また、いつまで規定通りに行われたかは分からない。しかし、円仁が留学を終えて帰国してからは、当時中国の五台山で行われていた「五会《ごえ》念仏」（引声《いんじょう》念仏）という一種の音楽法要が導入され、これがやがて、七日間の「不断念仏」として定着したらしい。さらに、元三大師良源《がんざん》の時代（十世紀後半）に至ると、比叡山の三カ所の常行堂で一斉にこの不断念仏を修するという、「山の念仏」が定例の行事となった。これらは、念仏の独立と民衆化を進めるという意味合いをも含むものであったといえよう。

†空也の念仏

平安期における念仏の行者として、まず注意されるのは、空也《くうや》（九〇三〜九七二）である。かれは、醍醐《だいご》天皇の第五子ともいわれるが、尾張の国分寺で出家し、諸国を巡って道路を作ったり、橋を架けたり、井戸を掘ったりする一方、野に打ち捨てられた死骸を見つけると、集めて火葬にし、阿弥陀仏の名を唱えて供養したという。やがて天慶元年（九三八）、三十六歳のとき都に入り、市中を回って念仏を広めたので、阿弥陀聖《ひじり》とか市聖《いちのひじり》と呼ばれた。のち、天暦二年（九四八）、四十六歳になって初めて比叡山で受戒し、天台宗の僧侶となった。それ以降は、貴族層を対象とする教化活動が目立つ。また、十年以上をかけて『大般若経《だいはんにゃきょう》』六百巻を書写するなど、念仏に直接関わらない事績も少なくない。

一見、生き方の転換とも見えるこの歩みは、根本的には空也自身の内的な要請にもとづくのであろう。けれども、かれの日本仏教史上、ないし、日本精神史上の最大の功績は、「聖」として生き、民衆の間に念仏を広めた——といっても、それは最終的には般若の智慧の修得を目指しており、純粋な阿弥陀信仰とは一定の隔たりをもつものであったが——、その前半生において達成されているというべきであろう。わが国最初の往生伝『日本往生極楽記』を著した慶《よし》滋保胤《しげやすたね》（?〜一〇〇二）も、空也の念仏による教化について、天慶（九三八～九四七）以往、道場聚落、念仏三昧を修すること希有なり。なんぞ況《いわん》や小人・愚女、多くこれを忌《い》む。上人《しょうにん》来りて後、自ら唱え、他をして唱えしむ。その後、世を挙げて念仏を事とす。誠にこれ上人、衆生を化度《けど》せる力なり。

と讃えている。

図17　空也念仏像（六波羅蜜寺蔵）

†源信と『往生要集』

空也の後、浄土教の流布・興隆に大きく貢献した人は、恵心僧都源信《えしんそうずげんしん》（九四二～一〇一七）である。かれは、九歳で良源の弟子となり、若くして学匠の誉を得たが、名利《みょうり》を厭い、横川《よかわ》に隠棲した。永観二年（九八四）から翌年にかけて、『往生要集』を撰述。本書はのちに中国の天台山国清寺に納められ、源信は「楞厳院《りょうごんいん》源信大師」と尊崇された。また、弟子の寂照《じゃくしょう》の入宋の際、天台宗の教義について二十七条の疑義を挙げ、かれに託して当時の中国を代表する学僧四明知《しめいち》礼《れい》に質問したところ、知礼は深く感嘆し、答書を送ってきた。しかし、その内容は十分なものではなかったという。この源信を祖とする天台宗の一流は、恵心流と呼ばれる。

さて、日本思想史、あるいは日本精神史という観点から見るとき、この源信の行実の中でとくに注目されるのは、やはり『往生要集』の撰述とその流布である。本書は、全十章・三巻からなる体系的な論書で、執筆の動機と意図については、その序文に次のように述べられている。

> それ往生極楽の教行《きょうぎょう》は、濁世末代《じょくせまつだい》の目足《もくそく》なり。道俗貴賤、誰か帰せざる者あらん。ただし、顕密の教法は、その文、一にあらず。事理の業因《ごういん》、その行これ多し。利智精進の人は、いまだ難しと為さざらんも、予が如き頑魯《がんろ》の者、あに敢《あえ》てせんや。この故に、念仏の一門に依りて、いささか経論《きょうろん》の要文を集む。これを披《ひら》いてこれを修むるに、覚《さと》り易く行い易からん。

要約すれば、浄土教は、こういう末世にあっては誰もが帰すべき教えである。それ以外の顕教・密教の教えは、教説も修行の方法もさまざまで、立派な仏教者ならできようが、私のような愚か者にはとても無理である。そこで、「ここにこうして」念仏の一門によって浄土教の経論

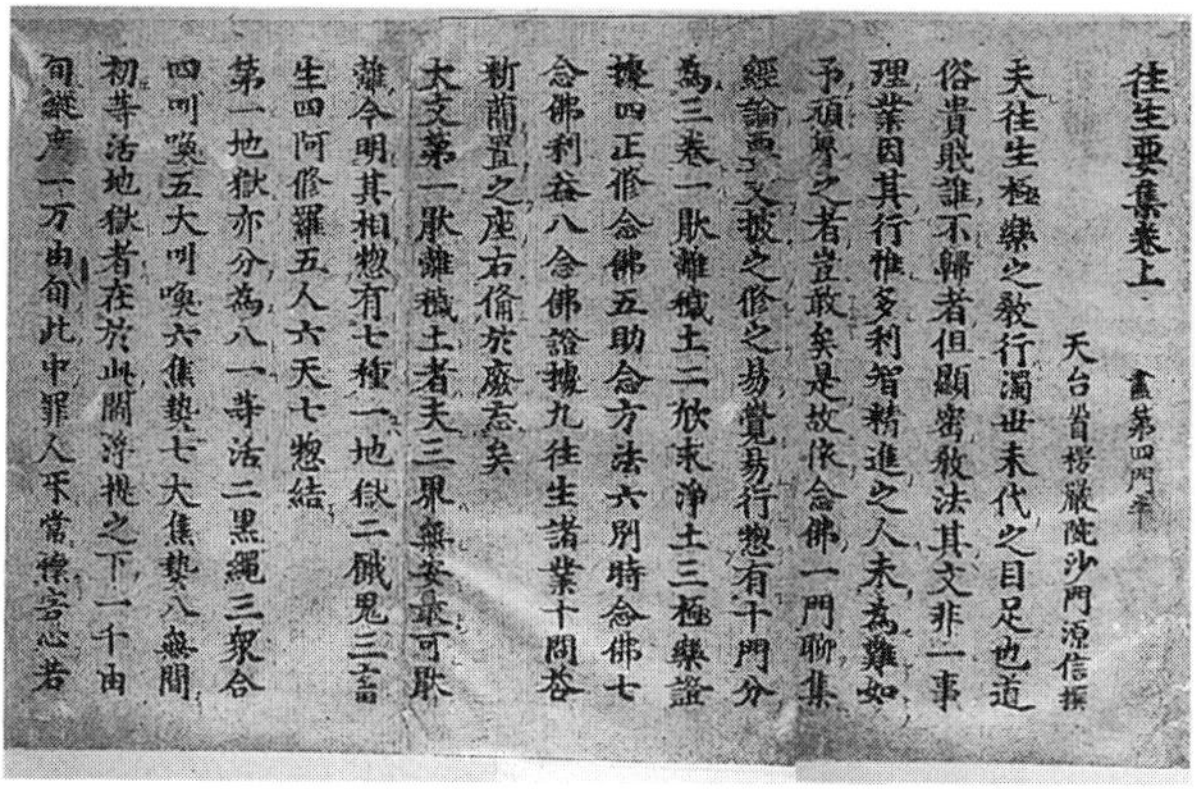
往生要集巻上　天台首楞嚴院沙門源信撰　盡第四門半
夫往生極樂之教行濁世末代之目足也道
俗貴賤誰不歸者但顯密教法其文非一事
理業因其行惟多利智精進之人未為難如
予頑魯之者豈敢矣是故依念佛一門聊集
經論要文披之修之易覺易行惣有十門分
為三巻一厭離穢土二欣求淨土三極樂證
據四正修念佛五助念方法六別時念佛七
念佛利益八念佛證據九往生諸業十問答
料簡置之座右備於廢忘矣
大文第一厭離穢土者夫三界無安最可厭
離今明其相惣有七種一地獄二餓鬼三畜
生四阿修羅五人六天七惣結
第一地獄亦分為八一等活二黒繩三衆合
四叫喚五大叫喚六焦熱七大焦熱八無間
初等活地獄者在於此閻浮提之下一千由
旬縦廣一万由旬此中罪人互常懐害心若

図18　『往生要集』写本（龍谷大学学術情報センター大宮図書館蔵）

から大切な教説を集めたのである。これを開き、［その教説にしたがって］修めるならば、容易に理解し実践することができよう、というのである。この序文からも、念仏の教えこそが時代に適い、人々を救いへと導くものだという源信の確信が読み取れよう。

こうして源信は、当然のことながら、本書において念仏の方法や意義を多角的に明らかにすることにもっとも力を注いだ。その中でとくに注意されることは、「観念の念仏」が中心的ではあるが、「称名《しょうみょう》の念仏」にも一定の評価がなされていること、臨終の場における念仏が重視されていること、他方で諸行《しょぎょう》往生が認められていることなどである。これらのことから、源信の念仏思想は、まだ中間的で、不徹底な段階に止まっているといわなければならない。

ともあれ、この『往生要集』の念仏思想は、末世《まっせ》の到来を予感させる社会状況のもと、第一章「厭離穢土《おんりえど》」におけるリアルな地獄の描写などと相俟って、単に仏教界のみならず、社会全体に広く影響を及ぼしていった。とくに、貴族階層の人々への影響には大きなものがあったと考えられる。

†貴族社会の変化と浄土信仰

すでに平安中期、九世紀の半ばあたりから日本の社会には著しい変化が起こりつつあった。いわゆる摂関政治の開始と荘園制の一般化である。裏返せば、政治の中枢が弱体化し、班田制が有名無実なものになっていったということである。そのような情勢の中で、多くの貴族たちは私的満足を求め、そこに喜びを見出そうとしたのである。

しかし、かれらは常に大きな不安を抱えていた。というのは、先例故実を権威のよりどころとするかれらの地位や、荘園制に基盤を置くかれらの経済力は、永続的な保障をなんらもたなかったからである。そのため貴族たちは、一身の安泰と家門の繁栄を確保しようとして、しばしば祈禱・呪術に頼った。ここに、現世的な欲求を肯定し、その満足を約束する密教系仏教が勢力を維持・拡大した根本的な理由があると思われる。

けれども、何人《なんぴと》にも人生は有限であり、無常である。栄華を誇る貴族たちの中にも、時として、あるいは晩年に至って、そのことを深く感じないではいられない人々が少なくなかったら

しい。きわめて奔放な生き方をしたといわれる和泉式部《いずみしきぶ》（十一世紀初め）も、

夕暮は物ぞ悲しき鐘の音をあすもきくべき身とし知らねば

という歌を残している。すでに末法の時代に入ったと信じられた平安後期、十一世紀後半に成立した物語『夜の寝覚』には、「この世の栄えめでたけれど、仮の事なり」とある。貴族階層の人々の中には、平安中期から後期にかけて、このような思いが次第に深まっていったと推測されるのである。

思うに、こうした貴族たちの心情にもっとも適合し、かれらを慰めたものが、浄土教にほかならない。一時期権勢をほしいままにした藤原道長（九六六〜一〇二七）が上に紹介した『往生要集』を愛読し、また後年「ただ往生のため」に仏事を修したと伝えられることや、藤原宗忠《むねただ》が『中右記《ちゆうゆうき》』（十二世紀前半成立）に「夢に往生要集の十楽《じゆうらく》の文を見る」と記したこと、あるいは末法到来（一般に、永承七年＝一〇五二年と信じられた）の前後、貴族たちが競って阿弥陀堂を建立し、阿弥陀仏の来迎《らいごう》を願ったことなどは、その端的な証だといってよかろう。

†神仏習合思想の展開

最後に、日本の宗教思想の基調としてこの時代にほぼ固まる「神仏習合」について一瞥しておこう。

前章において述べたように、古墳時代後期とされる六世紀の半ば、蘇我氏の勝利によって「蕃神《となりぐにのかみ》」としての仏を祀る仏教が国家的に受容されることになった。しかし、その後も「国神《くにつかみ》」としての日本古来の神々が追放されることはなかった。律令体制が氏族社会を巧みに組み込んだのに呼応して、仏と神とは共存しえたのである。

けれども、両者の力関係は歴然であった。神をかかげる日本古来の宗教——といっても、さほど明確な組織も教学ももつものではなかったろう——は、仏教の傘の下に入らざるを得なかったと推測される。いわゆる神仏習合は、すでに仏教受容の時代に端を発するのである。

長くこの問題を研究された村山修一氏によれば、平安時代までに現れる神仏習合の形態には三種あるという（『本地垂迹《ほんじすいじやく》』吉川弘文館、一九七四年）。

第一は、神は迷える存在であって、仏がそれを救うというものである。この考え方は、仏教の絶対的優越を示すものであり、蘇我氏の物部氏に対する勝利に始まる「仏教派」氏族の優位を反映しているように思われる。

第二は、神は仏法を守護するというものである。このタイプを表すものには、『続日本紀《しょくにほんぎ》』の天平勝宝元年（七四九）の条に見える、宇佐八幡宮に、大仏建立を助けるために都に上るとの託宣があったとする記事などがある。八幡神《はちまんしん》は、もとは北九州の海の神、あるいは銅山の神だったらしいが、応神《おうじん》天皇の霊と重ね合わされてから有力になったようである。この神は早くから仏教との関わりを深め、平安初期には菩薩の一人に昇格して「八幡大菩薩」となっている。中世軍記の代表作とされる『平家物語』の有名な那《な》須与《すのよ》一《いち》の一段には、与一が「この矢はづさせたまふな」と祈ることばの冒頭に「南無八幡大菩薩」とある。これは、中世初期において、すでに「八幡大菩薩」が武士の守護神として有力な存在となりつつあったことをうかがわせよう。また、有名な東大寺の「僧形《そうぎょう》八幡」は鎌倉時代に入ってから作られたものだが、この尊容自体は、やはり平安初期には成立したといわれる。

図 19　僧形八幡神坐像（東大寺蔵）

第三は、実は仏が衆生済度《さいど》のために姿を変えて日本に現れたのが神である、とするものである。例えば、天照大神《あまてらすおおみかみ》を大日如来や盧舎那仏に当てて解釈するわけである。これは、後世、「本地垂迹《ほんじすいじゃく》」などといってもっとも一般化し、現代にまで及んでいるものであるが、発生は平安中期頃らしい。おそらく、天台教学における「本」と「迹」を基準とする経典解釈や、密教の曼荼羅的な世界観の影響のもとに、神と仏を調和的・融合的に捉える思潮が高まったことが、このタイプの神仏関係論が生み出された背景にあると思われる。

なお、本地垂迹説では、本地を仏とし、垂迹を神とするのが通例である。しかし、鎌倉時代の末期になると、逆に、本地を神、垂迹を仏と見る説も出現する。これには先述した本覚思想の影響も考えられるが、また、神道側からの巻き返し運動の表れという可能性も考慮する必要があろう。

第13章 「鎌倉新仏教」の出現

平安末の院政時代を境として、日本の社会は、大きくいえば、古代貴族社会から中世封建社会へと変わる。軍事力をもつ武士が権力を握り、政治を行う武家社会の到来である。この事態は、鎌倉幕府の成立によって決定的となるが、そのような社会の大変化に対応して、仏教の世界にも、とくに思想的な面において種々の形で変革の動きが生じてくる。その動きの中から現れた、新しい組織体と教義をもった仏教のさまざまな流れが、総称して「鎌倉新仏教」といわれるものである。

一般的な分類に従うと、この中には、それぞれに時期は異なるが、後に教団として確立された時点での名称でいえば、浄土宗・浄土真宗・時《じ》宗・臨済《りんざい》宗・曹洞《そうとう》宗・日蓮宗がある。しかし、成立の当初において、それぞれの「開祖」に相当する人たちがみな、「新仏教」創唱の宣言を明確な形で行っているわけではない。また、「開祖」とその弟子ないし同朋を合わせた、各派の中核をなすグループの人数がさほど多かったわけでもない。「鎌倉新仏教」は、すべてを合計しても社会的には初めはきわめて小さな勢力にすぎず、仏教界全体は、鎌倉時代に入ってからも、ほとんど、ゆるやかな連合体を作っていた旧寺院勢力、すなわち、台密《たいみつ》・東密、および南都諸宗の勢力下にあったのである。その連合体制を「顕密《けんみつ》体制」と呼ぶ。

けれども、「鎌倉新仏教」のそれぞれの「開祖」たちは、総じて末法的な現実の社会を鋭く見つめ、多くは民衆の中にまで入って、現に苦しんでいる人間が簡素な宗教的実践によって救われていく道を開示した。それゆえ、当時の仏教界と社会に与えたインパクトには、無視できないものがあり、そのためにまた、しばしば迫害や弾圧を受けた。けれども、かれらの教えは、おそらく宗教としての本質に深く根ざしていたがゆえに、幾多の試練の中で一定の変貌を重ねながらも、大きな伝統を作り上げ、現代にまで受け継がれてきているのである。

†法然と浄土宗の開創

「鎌倉新仏教」といわれるものの中で、もっとも早く現れたのは、浄土宗である。前章で明らかにしたように、阿弥陀仏の極楽浄土を説き、そこに往生することを勧める仏教、すなわち浄土教は、すでに奈良時代にある程度広まり、平安時代に大きく発展した。しかしそれは、諸宗の中で、歴史的現実の空しさや醜さ、あるいは悲惨さに敏感な一部の仏教者によって受容され、宣布されたものであり、単独の宗教運動として進められたわけではなかった。その日本の浄土教を独立へと導いたのが、法然《ほうねん》（一一三三〜一二一二）である。

法然は、美作国《みまさか》（岡山県北部）の押領使《おうりようし》（反乱の鎮圧などに当たる軍隊の長官）漆間《うるま》時国《ときくに》を父として生まれたが、九歳のときに父の非業の死にあって出家し、十三歳で比叡山に登った。皇円《こうえん》・叡《えい》空《くう》らに就いて天台を学び、四十三歳の安元元年（一一七五）、善導の『観経疏《かんぎようしよ》』によって開眼した。以来、「専修《せんじゆ》念仏」（ひたすら声に出して「南無阿弥陀仏」と唱えること）を唱導し、末法の現在においてはそれによって浄土往生を求めるほかはない、と説いた。やがて法然は京都の吉水《よしみず》に居を定めたが、この法然の教えによるのが浄土宗であり、その立宗告知の書ともいうべきものが『選択《せんちやく》本願念仏集』（『選択集』と略称する）である。なお、同書は、建久九年（一一九八）、九《くじ》条《よう》兼実《かねざね》の要請を受けて書かれている。

図20　法然像（知恩院蔵）

ところが、法然が説く「専修念仏」の道は、その教線の拡大とともに叡山の人々から敵視され、また、南都系の仏教者の批判を招くこととなった。こうして、建永二年（一二〇七）には念仏停止《ちようじ》の宣下が下され、法然は土佐に流罪となり、弟子たちもそれぞれ死罪や流罪に処された。法然教団に対する大弾圧である。のち、法然自身は建暦元年（一二一一）に帰洛を許された。しかし、その二カ月後には死を迎えている。そして、法然とその念仏を奉じる人々への弾圧は以後も続き、安貞元年（一二二七）には、門徒《もんと》は一時、京から一掃されたという。

†法然の門弟たち

法然の教えは、このような度重なる弾圧にもかかわらず、かれの死後、多くの門弟たちによって受け継がれ、各地に広められた。すなわち、念仏と諸行を相即的に捉えて正嫡を自認し、後に浄土教の主流となる弁長《べんちょう》（一一六二〜一二三八）の鎮西義《ちんぜいぎ》、凡夫には本性として阿弥陀仏の本体である仏性が具わっているとして修善の実践を勧める証空《しょうくう》（一一七七〜一二四七）の西山義《せいざんぎ》、『観経』に説かれる三心（至誠心《しじょうしん》・深心《じんしん》・廻向発願心《えこうほつがんしん》）は一体であると見、平生の念仏は臨終の時にその業を完成させるための練習であるとして数多く念仏することを強調した隆寛《りゅうかん》（一一四八〜一二二七）の多念義、仏智の一念に凡夫の信心が相応するとき、阿弥陀仏と凡夫は一体となり、これが相続されて往生できると説いた幸西《こうさい》（一一六三〜一二四七）の一念義などである。

法然の浄土宗が天台から生まれたこと、また、法然自身がその浄土宗の教義を厳密に確定することではなく、人々に柔軟に対応し、誰もが念仏に親しみ、たやすく念仏できるようにはからったことから、かれの教義的な立場についてはさまざまな解釈や受け取り方が可能であった。

このことが、法然の念仏の道を多様化させた主因であったと考えられる。

†親鸞の生涯と思想

さて、そうした弟子たちの中に、のちの浄土真宗の開祖親鸞《しんらん》（一一七三～一二六二）もいた。浄土真宗は、現在、かれの流れを汲む諸派を合わせれば、伝統的な日本仏教の中で最大の教団であり、現代仏教の問題を考える上でも重要である。そこで、親鸞とその思想については、以下に少し詳しく見ておくことにしよう。

皇太后宮大進の日野有範《ありのり》を父として親鸞が生まれたのは承安三年（一一七三）である。保元《ほうげん》の乱、平治《へいじ》の乱を経て平家一門が権力を一手に握っていたころであるが、親鸞の生まれた土地や母の名は分かっていない。また、以後、九歳のときに出家するまでの事跡もほとんど明らかではない。そして、この間の社会の動きははげしく、深刻な社会不安が存していた。

治承五年（一一八一）の春、親鸞は出家し、範宴《はんえん》と号した。師は、九条兼実を兄にもち、名僧の誉れ高い青蓮院《しょうれんいん》の慈円《じえん》である。親鸞は、このときおそらく京都の白川房で落髪し、以後二十年間を比叡山で過ごすのである。

叡山時代の親鸞はいつからかは明らかでないが、少なくとも最後のころは「堂僧《どうそう》」であった。堂僧は、かつて「堂衆《どうしゅう》」と同じと考えられたが、現在では、常行三昧堂《じょうぎょうざんまいどう》に住んで不断念仏《ふだんねんぶつ》につとめる立場の人、とするのが定説である。不断念仏は常行三昧《じょうぎょうざんまい》の修行期間が短縮されたもので、道場内の仏像のまわりをまわりながら弥陀《みだ》（阿弥陀《あみだ》仏《ぶつ》）の名号《みょうごう》を念じ唱える修行が三日間、あるいは七日間行われる。これには、厳しい戒律を守ることが前提とされ、この修行を通して三昧の境地に入り、真理に目覚めることができるという。この不断念仏を修める「堂僧」であったということから、親鸞が清僧として叡山時代を送ったであろうことが推察される。

図21　親鸞像〈鏡御影〉（西本願寺蔵）

親鸞は建仁元年（一二〇一）、二十九歳のときに叡山を離れ、法然の門に入った。この間の事情を、後に妻となる恵信尼《えしんに》が娘の覚信尼《かくしんに》にあてた手紙の一つがかなり詳しく伝えている。それによれば、親鸞は叡山を下りて聖徳太子ゆかりの京都の六角堂に百日間の参籠《さんろう》を行った。そして、その九十五日目の暁に救世《ぐぜ》観音の垂迹《すいじゃく》である聖徳太子の示現《じげん》にあずかった。このとき親鸞は夢告で一つの偈文《げもん》を聞いた。それが、

行者《ぎょうじゃ》よ、宿報《しゅくほう》にたとい女犯《にょぼん》せんに、われ玉女《ぎょくじょ》の身と成って犯されん。一生の間よく荘厳し、

臨終に引導して極楽に生まれしめん。

というものであったといわれる。このことを信じれば、親鸞の参籠の動機は、主に性欲に関する苦悩にあったのかもしれない。思うに、親鸞はこの夢告に、宿業《しゅくごう》の自己がその宿業のままに救われていく一筋の、しかし決定的な光を見出した思いであったろう。かれがその後、あえて伝統的な見方では重い「破戒」に当たる妻帯を行ったことは、おそらくこの体験があったからこそできたことなのである。

さらに恵信尼の消息は語る。夢告を得た親鸞は、その朝「後世《ごせ》のたすからんずる」法然をたずね、それから百日の間、雨降りにも日照りにも、どんな大事が起こっても、毎日通いつめて法を聞いた。そして親鸞は、善人も悪人も同じく迷いの世界から脱け出る道をひたすら説き明かす法然の教えに、自らの歩む方向を見定めた、という。たとえだまされても、これ以外に自分の生き方はないと心に決めたのである。法然はこのときすでに六十九歳になっていた。

以上のことを親鸞は後年、「雑行《ぞうぎょう》を棄てて本願に帰す」（『教行信証《きょうぎょうしんしょう》』後序）と表現している。簡単な表現ではあるが、そこには限りなく大きな意味がひそんでいる。なぜなら、ここにおいて自らの生き方と思想の立脚点そのものが、百八十度転換され、信仰と実践の原点が自己の側から仏の側へと移されたからである。自力の可能性を追求しようとしながらそれができずに苦しんできた親鸞は、ここにはじめて絶対他力の信にめざめ、仏の誓いに生かされて生きる自己を発見し、法然のもとで専修念仏《せんじゅねんぶつ》の生活に入ったのである。

建永二年（一二〇七）二月、先に述べたように、法然の教団には大きな弾圧が加えられた。興福寺奏状《そうじょう》に端を発し、念仏僧の密通事件が直接の原因となった、いわゆる専修念仏の停止《ちょうじ》である。このとき善綽房・性願房・住蓮房・安楽房の四人は死罪に処せられ、これに連座して法然・親鸞など六人は配流された。このことを親鸞は後年、強い憤りをもって『教行信証』後序に書きとどめている。

ともかく、この事件によって法然の教団は解体の危機に追い込まれた。法然は土佐に、親鸞は越後の国府に流され、以後二人は、この世で再び会うことはなかったのである。また親鸞は、名もその罪によって藤井善信と俗名に改められたが、むしろこの事件を契機として、非僧非俗のわが身を見究めた親鸞の愚禿《ぐとく》の自覚は、徹底したものとなっていった。配流されてから五年目の承元五年（一二一一）三月には、妻恵信尼との間に信蓮房が生まれている。

建暦元年（一二一一）十一月、親鸞も法然と同日付で罪をとかれた。しかし、京都へは帰らず、しばらく越後にとどまったのち、建保二年（一二一四）常陸《ひたち》国へと赴いた。その理由は明らかでないが、常陸国笠間郡稲田《いなだ》に居をかまえ、この地において元仁元年（一二二四）ごろまでに主著『教行信証』の初稿本を完成したことは確かである。

親鸞が関東にあった時期は、北条氏の政権確立に向かう時代である。政治の変動をおそらくは外に見ながら、親鸞は稲田において『教行信証』を執筆するかたわら、関東の地に念仏を広めた。親しくその口から教えをうけた門弟たちがそれぞれに道場をつくり、多くの信者を集めるという形態が、次第に出来上がっていったようである。こうして、関東在住の間に親鸞と直接間接に結ばれた念仏者は「ゐなかのひと〴〵」を中心にさまざまな階層・職業にわたり、その数は、一説には万をはるかに上まわるという（笠原一男『親鸞と東国農民』二七二頁）。

親鸞は、六十三歳の文暦二年（一二三五）ころに京都に帰った。おそらく妻恵信尼と元仁元年（一二二四）に生まれた娘覚信尼も同伴しただろう。しかし恵信尼はその後、建長六年（一二五四）のころ、生家である三好家から相続した財産を管理する必要もあってか、国府に別居している。

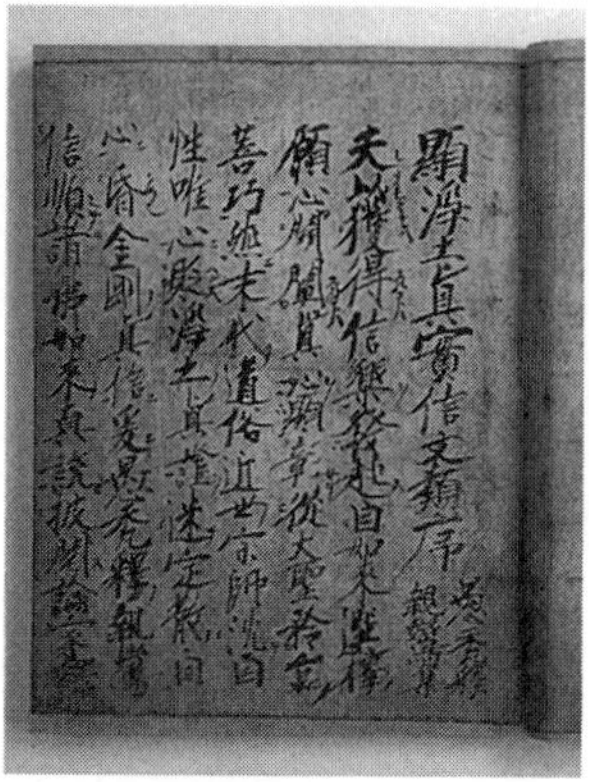
図22 『教行信証』（坂東本＝親鸞筆、信巻冒頭部分、東本願寺蔵）

親鸞自身は、経済的には関東教団の人びとからの布施《ふせ》を主なよりどころとして、ほぼ念仏と著述と教化に専念する生活であったらしい。しかし、八十四歳の建長八年（一二五六）五月には、関東在住の長男慈信房善鸞《ぜんらん》を義絶するという大きな悲劇を自ら演じている。老いの身に親鸞は、自己の宿業の深さを改めて痛切に味わったことであろう。

さて、ここで帰洛以後の著作活動について述べておくと、まず『教行信証』の問題がある。親鸞は関東時代、すでにその草稿を完成していたと思われるが、京都に帰ってからも手を加え続けた。その改訂・補筆は七十五歳ころまでに一段落しているようである。だが、その後に改められた箇所も存する。『教行信証』は終生をかけた書物だといってもいいすぎではあるまい。一句一字もゆるがせにせず、自己のぎりぎりの境涯において捉えられた真実の教えをそこに示そうとした親鸞の姿勢を、そこからうかがうことができる。

次にその他の著作類であるが、それらの起草はほとんど宝治二年（一二四八）、親鸞七十六歳以後の約十年間に集中している。すなわち、宝治二年の『浄土和讃』『高僧和讃』、建長二年（一二五〇）の『唯信鈔文意』、同四年の『浄土文類聚鈔』、同七年の『尊号真像銘文』『三経往生文類』『愚禿鈔』『太子聖徳奉讃』、翌康元元年（一二五六）の『入出二門偈』、翌正嘉元年の『正像末和讃』などである。このほか書写や手紙の執筆も数多い。この年齢にして驚くべきエネルギーであるといわねばならないが、これら晩年の著作類をひもとくとき、浄土信仰に円熟した親鸞の愚禿《ぐとく》の悲しみと信心の喜びが、また人間的な厳しさと暖かさが自然に伝わってくるようである。

親鸞が舎弟尋有《じんう》の善法院で死を迎えたのは、弘長二年（一二六二）十一月二十八日である。すでに九十歳の高齢に達していた親鸞は、おそらく師の法然や先立った門弟たちとの浄土での再会を信じ、楽しみにして、別れに臨んだであろう。このことは、覚念房の死をいたんだ高田入道あての書状に「かならず〳〵一《ひと》ところへまいりあふべく候」とあることなどからも推察される。娘の覚信尼がその死を恵信尼に報《しら》せたのは三日後の十二月一日であった。

上に述べたことからも十分にうかがえようが、親鸞は法然の下で念仏の教えに目覚め、流罪や長男善鸞の義絶などのつらい体験を通して浄土信仰を深めていった。主著『教行信証』においては、自らがその行信《ぎょうしん》を得た宿縁を慶びつつ、阿弥陀仏の衆生《しゅじょう》救済の誓いを「難度海（渡りがたい迷いの海）を渡す」大船に、そのはたらきである知恵の光を「無明《むみょう》の闇を破る」太陽に喩え、末世の人々に対して、「もはらこの行に奉《つか》え、ただこの信を崇めよ」と勧めている。

けれども、いくら真実の教えに触れても、凡夫の心は簡単に清められるものではない。親鸞はそのことを誰よりも深く知っていたと思われる。というのは、例えば、晩年の和讃「愚禿悲嘆述懐」に次のようにあるからである（ちなみに、冒頭の「浄土真宗」は、ここでは「浄土の真実の教え」の意で、宗派的な意味はまったくない）。

浄土真宗に帰すれども　真実の心はありがたし

虚仮《こけ》不実のこのみにて　清浄《しょうじょう》の心もさらになし
外儀のすがたはひとごとに　賢善精進現ぜしむ
貪瞋《とんじん》邪偽おほきゆへ　奸詐《かんさ》もゝはし身にみてり
悪性《あくしょう》さらにやめがたし　こころは蛇蝎《じゃかつ》のごとくなり
修善《しゅぜん》も雑毒《ぞうどく》なるゆへに　虚仮《こけ》の行《ぎょう》とぞなづけたる
無慚無愧《むざんむぎ》のこのみにて　まことのこころはなけれども
弥陀の回向の御名なれば　功徳《くどく》は十方にみちたまふ

親鸞は晩年、このような自覚のもとに、念仏者の側の自力的な修行の可能性を完全に否定した。そして、阿弥陀仏の本願の力、すなわち、他力に絶対的な救いのはたらきを見出し、それを信じることによって往生《おうじょう》できると説いたのである。

なお、親鸞の思想として有名なものに、「悪人正機説《しょうき》」がある。「罪深い悪人こそが、阿弥陀仏による救済の直接の対象である」というもので、弟子の唯円《ゆいえん》がまとめた『歎異抄《たんにしょう》』に親鸞の言葉として「善人なをもて往生をとぐ、いはんや悪人をや」などとあるのがその典拠となっている。しかし、実はこの説自体は、すでに法然において見られ、親鸞の独創ではない。ただ、法然が他方で授戒を盛んに行うなど、いわば「善人正機説」に立っているとも解釈される側面をもつのに対して、親鸞にはそれがない。上の『歎異抄』の言葉には、やや客観的議論ないし批評の趣があり、親鸞がその通りに説いたかどうかは疑わしい。けれども、かれがどう努めても悪行《あくぎょう》よりできないという深い自覚をもち、かつ、阿弥陀仏はそういう自分のような悪人を必ず救い、浄土に往生させてくださるという確信を有していたことは間違いないだろう。

†浄土真宗の展開

例えば前述の「悪人正機説」としてまとめられた教説は、その結論だけを受け取れば、「悪人こそ救われるのだから、いくらでも悪いことをしてもかまわない、いや、した方がよい」といった解釈も生まれうる。事実、そういう理解をした門徒も、親鸞の死の前後から現れたらしい。このことに代表されるように、親鸞の教えは、さまざまな点で誤解されやすく、また、危険な思想に転化する要素を含んでいた。そのため、おそらくかれの晩年以降、その門流には異端的な宗教的立場が生み出された。上に触れた『歎異抄』は、まさしくそうした異端の出現を慨嘆し、異端の諸説を批判するために著されたのである。

さて、この親鸞の教えをいっそう民衆化するとともに、教団を大発展させたのは蓮如《れんにょ》（一四一五〜九九）である。

蓮如《れんにょ》は、親鸞の法統を継ぐ本願寺の第七世存如《ぞんにょ》の長男に生まれた。しかし、正室の子ではな

図23　血判阿弥陀如来像（浄顕寺蔵）一向一揆に参加した門徒たちが阿弥陀仏の画像に署名し、血判を押した。団結して戦う意気込みが汲み取れる。

かった。しかもそのころ本願寺は極度に衰微しており、かつ、六歳のときに生母が没したため、不遇な若年期を送っている。二十六、七歳のころに結婚し、最初の妻・如了尼《にょりょうに》との間に四人の子を儲けたが、自らその子らのオムツを洗わなければならないような日々だったという。ただ、そういう中でも、勉学は欠かさなかったらしい。

なお、妻如了尼は康正元年（一四五五）に没した。その後、蓮如はまた妻を娶《めと》るが、その妻も早く亡くなる。こうして次々と五人の妻を迎え、生涯に十三男十四女を儲けている。日本史上まれに見る子沢山でもあったのである。

長禄元年（一四五七）、四十三歳に至って蓮如は本願寺第八世となり、近江地方を教化して有力な信者を得た。しかし、比叡山から「無礙光宗《むげこうしゅう》」の邪義として排斥され、寛正六年（一四六五）には大谷本願寺が襲撃された。けれども、蓮如はその後も北陸から中部・関西へと教線を広げ、真宗門徒は飛躍的に増大した。かれが多用した「御文《おふみ》」（法語の手紙。「御文章《ごぶんしょう》」ともいう）

は、その大きな力となったということができる。

ところで、門徒、すなわち浄土真宗（一向宗ともいう）の信者となった農民層を中心とする民衆が、戦国時代、各地で起こした一揆を「一向一揆《いっこういっき》」と総称する。それらの中で最大であり、かつ、歴史的に極めて重要な意味をもつものは、享保二年（一四八八）の加賀一揆である。この一揆においては、加賀一国の守護富樫政親《とがしまさちか》が倒され、約百年間、蓮如一門の寺院と門徒らによる政権が維持された。

蓮如は、こうした一揆を直接指導したわけではなく、また必ずしも肯定していたわけでもない。しかし、「弥陀をたのむところにて、往生決定《けつじょう》と信じて、ふたごころなく、臨終までとほりさふらはば、往生すべきなり」（『御一代記聞書』十二）と説き、「一人なりとも信をとるべきならば、身を捨てよ」と勧めた蓮如の教えは、圧政と混乱、そして貧困に苦しむ民衆にとって、まさしく生きる支えであった。この点からいえば、蓮如は日本の中世社会を揺り動かし、歴史を転換させていく大きな役割の一部を担ったといってよかろう。

†一遍の念仏思想

親鸞にやや遅れて現れ、時宗《じしゅう》を開いたのは一遍《いっぺん》（一二三九〜八九）である（ただし、かれの教えを信じる人々の集団が明確に宗派性をもつのは、江戸時代に入ってからである）。一遍は、十歳で出家し、長く浄土宗西山派を興した証空《しょうくう》の弟子の聖達《しょうたつ》に学んだ後、信州の善光寺に参籠して霊験を得、念仏一筋の道に入った。以来、「捨聖《すてひじり》」として各地を巡って念仏の教えを説き広め、念仏を唱えた人には「決定往生」と書いた賦算《ふさん》（予告のお札）を与えたという。その間、熊野本宮では熊野権現の霊告を受けてその深い意味を悟ったと伝えられる。また、いつのことか分からないが、心地覚心《しんちかくしん》（一二〇七〜九八）――密教を学び、一時は後述する道元《どうげん》に師事し、やがて入宋《にっそう》して臨済宗を伝えた――に参禅したという。その折、初め、

となふれば仏もわれもなかりけり南無阿弥陀仏の声ばかりして

と歌を読んで「未徹在《みてつざい》」（まだ境地が徹底していない）といわれた。そこで、さらにまた修行した後、再び、

となふれば仏もわれもなかりけり南無阿弥陀仏なむあみだぶつ

という歌を呈した。すると覚心は印可《いんか》の信を表した、とされる。一遍の浄土思想が禅とのつながりもつことをうかがわせる話で、興味深い。

一遍がその一生において念仏を勧進した数は、「二十五億（＝万）一千七百二十四人」と伝えられるが、かれに付き従ったそれらの念仏者たちが「時衆《じしゅ》」と呼ばれた（のちの時宗という宗派名は、これに由来する）。また一遍は、臨終には、生前所持していた仏典をすべて焼き捨て、「一代聖教《しょうぎょう》みなつきて、南無阿弥陀仏となりはてぬ」と語ったという。『一遍上人語録』には、かれの言葉として、例えば「南無阿弥陀仏とまうす外、さらに用心《ようじん》もなく、此外に又示べき安心もなし」と書きとどめられているが、「南無阿弥陀仏」という名号の真実性を確信し、極楽を願う心さえも捨てて念仏するところに、一遍の究極の立場があったと思われる。

†禅の諸宗

以上に述べた浄土教の系統に対して、鎌倉初期、中国から新たに移入された「新仏教」が、臨済宗と曹洞宗という禅の二宗である。

しかし実は、これら二宗が伝えられる前に、日本にはすでに、後に達磨宗《だるましゅう》と名づけられる禅宗の一派が活動していた。その始祖に当たる人は大日房能忍《のうにん》（?～一一九四ころ）である。平安末期、摂津の三宝寺を拠点として禅を広め、文治五年（一一八九）、弟子を入宋させ、臨済宗の徳光の印可を得た。また、初めて禅籍『潙山警策《いさんきょうさく》』を刊行した、という。だが、鎌倉時代に入って間もない建久五年（一一九四）、叡山の訴えによって達磨宗は教化停止の勅命を受け、能忍自身は甥に殺されたと伝えられる。以後も伝統仏教の側からの圧力は続き、達磨宗は衰亡に向かった。能忍の弟子の多くは、後に取り上げる日本曹洞宗の開祖道元《どうげん》の門下に吸収されている。

また、これから約四百五十年後のことになるが、江戸時代の前期には、隠元《いんげん》（一五九二～一六七三）が黄檗宗《おうばくしゅう》を伝えた。かれは、中国の明代《みん》、臨済宗で嗣法《しほう》し、黄檗山を復興した人であるが、承応三年（一六五四）に来日し、宇治の万福寺に拠って一宗を立てたのである。その禅風は当時の中国禅の性格をよく示しており、とくに念仏の実践を摂取・融合したところに大きな特徴がある。

†栄西と臨済宗

一般に、日本臨済宗は栄西《えいさい》（「ようさい」とも。一一四一～一二一五）によって開かれたといわれる。確かに栄西は、中国に渡って禅を学び伝えた人であり、自らその著『興禅護国論』において自分が臨済禅の正統を継ぐ者であることを主張し、坐禅による成仏の道を説示している。けれどもかれは、二度入宋するが、その前は叡山で学んで台密の灌頂《かんじょう》を受けている。また、二度目の在宋四年の留学で、天台山において臨済宗黄龍派《おうりゅうは》の禅を伝授されたが、建久二年（一一九一）に帰国した後、禅宗弘通停止《ぐずうじょうし》の勅命に抗議して著した同書では、「大宋国天台山留学日本国阿闍梨《あじゃり》伝灯大法師位」を自らの肩書きとしている。さらに、建仁二年（一二〇二）、将軍頼家《よりいえ》

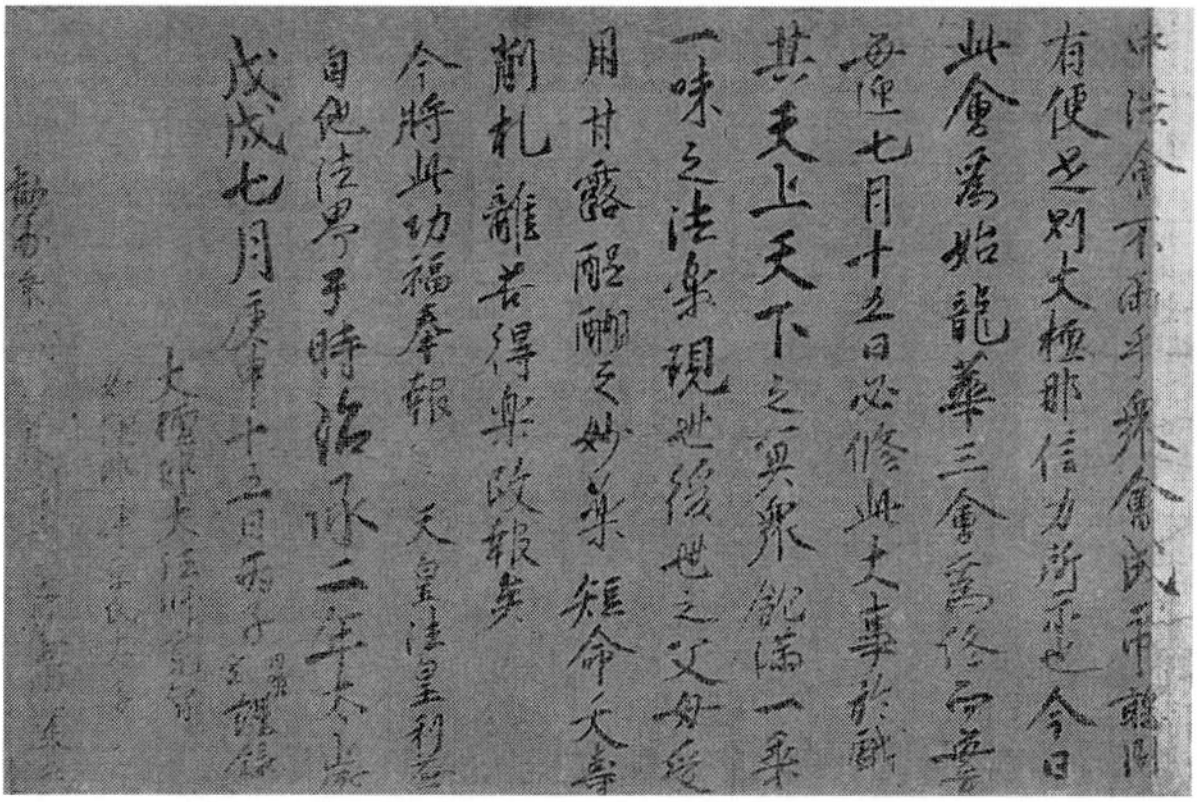

図24　栄西筆「誓願寺盂蘭盆縁起」（毎日新聞社刊『国宝』6より）

の庇護の下に開創した京都の建仁寺は、天台・密教・禅の三宗兼学の道場とされた。後には東大寺の大勧進職を務めてもいる。

これらのことから明らかなように、栄西は、すでに広まっていた日本の伝統仏教の諸宗と訣別して、禅のみに依ろうとしたのではない。むしろかれの基本的な願いは、禅を導入し、禅と融合させることによって、伝統仏教の雄となっていた天台宗を革新し、その再活性化を実現して、「護国」の宗教たらしめんとすることにあったと思われる。

それゆえ、栄西の臨済宗は、禅宗としては不徹底なものであった。けれども、現実の世界を重視し、「仏法はただ行住坐臥《ぎょうじゅうざが》の処にあり」（『興禅護国論』）と説くかれの禅思想は、とくに新興の武士たちには魅力的であったに違いない。実際、かれが先駆的に宣揚した臨済禅は、幕府・朝廷の保護を受けて次第にその勢力を広げ、主に上層階級の中に浸透していった。鎌倉末期に導入され、室町時代に至って確立する五山《ござん》・十刹《じっせつ》の官寺制度は、栄西の門流の人々が武家社会の支配階層に食い込み、勝ち取った成果である。そして、その五山に根ざして、中世文化は「五山文学」という大輪の花を咲かせるのである。

ちなみに、後代、「トンチ話の一休さん」のモデルとなる一休宗純《いっきゅうそうじゅん》（一三九四〜一四八一）は、後小松天皇の子といわれるが、大徳寺の復興に尽くした反骨の禅僧である。また、能楽の金春《こんぱる》禅竹《ぜんちく》、茶人の村田珠光《じゅこう》らがかれに参禅したといわれ、禅文化の興隆にも貢献している。弟子が編んだ詩集『狂雲集』からは、盲目の美女、森侍者《しんじしゃ》との恋愛関係を含め、名利を嫌い、自由奔放に生きることを貫いた一休の生活の片々を明瞭に読み取ることができる。

†道元と曹洞宗

すでに第9章において述べたように、中国の仏教界においては、唐末以降、教学と寺院をよりどころとする諸宗は急速に衰退した。これに対して、「教外別伝《きょうげ》」を標榜し、坐禅による「見性成仏《けんしょうじょうぶつ》」を眼目とする慧能《えのう》の系統の禅宗、すなわち南宗禅のみは逆に発展していった。こうして、宗風の違いから「五家」と総称される禅宗の全盛時代が到来する。曹洞宗もその五家の一つである。しかし、「黙照禅」の曹洞宗は性格的に地味なこともあって、後代に至るまで、社会的勢力の上では「看話禅」の臨済宗に大きく差をつけられ続けたと思われる。

その曹洞禅を日本に伝えたのが、道元（一二〇〇〜五三）である。道元は、近年の研究では、内大臣久我《くが》通親《みちちか》の子通具《みちとも》を父として生まれたとする説が有力である。十三歳で出家、翌年、叡山に上って座主公円《こうえん》に就いて受戒し、さらに園城寺《おんじょうじ》の公胤《こういん》などに学んだ。しかし、やがて叡山を離れ、建保五年（一二一七）、建仁寺の栄西の法を継いだ明全《みょうぜん》に師事した。そして、貞応二年（一二二三）、師の明全とともに中国に渡った。

道元らは、無事に中国の港に着いた。しかし、まだ上陸の許可が出ず、船に留まっていたとき、かれは修行上、貴重な体験をしている。それは、日本のしいたけを買い求めに来た六十一歳の阿《あ》育王山《いくおうざん》の典座《てんぞ》（食事係の長）に、「もう老年なのに、どうして坐禅に励み、古人の語録を勉強することをせず、典座として作務《さむ》（寺院における労働）ばかりしているのですか」と尋ねたところ、典座は笑って、「あなたはまだ、弁道とは何か、文字がどういうものかをご存じないね」といわれたことである（『典座教訓』）。道元はこれを聞いたときの自分を「発憤《ほつざん》驚心せり」と表現しているが、まさしく心から恥ずかしく思い、自らの狭く偏った修行観を根底から覆される思いであったろう。

道元はその後、諸寺を尋ねて師を求め、ついに貞応四年、天童山景徳寺の如浄《にょじょう》に会ってその門下となった。このことをかれは、「宿福の慶幸なり」（『宝慶記』）と喜んでいる。そして二年

図25　道元像（宝慶寺蔵）

後、如浄の法を嗣いで「空手還郷《くうしゅげんきょう》」し、建仁寺に寄寓した。なお「空手還郷」は、「何のお土産もなく、手ぶらで故郷に帰ってきた」という意味だが、ここにかえって、「真の仏法を体得してきたのだから、他には何も要らない」という道元の強い自負を看取することができる。

やがて天福元年（一二三三）、深草《ふかくさ》に興聖寺《こうしょうじ》を開き、盛んに説法を行うとともに、本格的な僧堂を初めて設置して修行僧の指導に当たった。しかし、寛元元年（一二四三）、叡山の衆徒によって同寺が破壊されたため、信者の波多野義重や、すでに門弟となっていた旧達磨宗の人々の請いを受けて越前に移り、やがて大仏寺（のちの永平寺）を建立して、修行と教育・教化の拠点とした。宝治元年（一二四七）には鎌倉に赴き、北条時頼《ときより》に菩薩戒を授けたという。建長五年（一二五三）、京都の在俗の弟子覚念《かくねん》の邸宅で死去した。著述に、その説法を和文でまとめた『正法眼蔵《しょうぼうげんぞう》』のほか、多くの「上堂語」や『普勧坐禅儀』『典座教訓』『学道用心集』『宝慶記』などがある。

では、道元の思想とは、どのようなものであろうか。

二十世紀から興隆した「比較哲学」の分野において、かれは、日本や仏教という枠を越え、広く東洋思想を代表する思想家の一人として注目されてきた。このことからも推測されるように、道元の思想の全体像を論じることは容易ではない。ここでは、かれが最終的に到達した根本的な宗教的立場と、その重要な哲学思想の一端を紹介するにとどめよう。

思うに、まず道元の宗教的立場は、「行持《ぎょうじ》」と「只管打坐《しかんたざ》」とに要約できよう。すなわちかれは、仏教の全体を「仏祖の大道」と捉え、

仏祖の大道、かならず無上の行持あり。道環して断絶せず、発心《ほっしん》・修行・菩提・涅槃、しばらくの間隙あらず。……諸仏諸祖の行持によりてわれらが行持見成し、われらが大道通達《つうだつ》するなり。われらが行持によりて諸仏の行持見成《けんじょう》し、諸仏の大道通達するなり。

と説き、さらに、

一日の行持、これ諸仏の種子なり、諸仏の行持なり。この行持に諸仏見成せられ、行持せらるるを、行持せざるは、諸仏をいとひ、諸仏を供養せず、行持をいとひ、諸仏と同生同死せず、同学同参せざるなり。いまの花開葉落、これ行持の現成《げんじょう》なり。（『正法眼蔵』行持）

と論じる。仏と祖師たちが定め、実行された実践に随って生活し続ける中に、仏教のすべてがあり、仏たちと一体の世界が実現している。春に花が咲き、秋に葉が散るのも、そうした行持の生活の現れである、というのである。

そして、この行持の中核をなすのが、自受用三昧《じじゅゆうざんまい》とも呼ばれる「只管打坐」(ひたすら坐る、の意)の坐禅に他ならない。これについて道元は、例えば、

この単伝正直の仏法は、最上のなかに最上なり。参見知識のはじめより、さらに焼香・礼拝・念仏・修懺《しゅさん》・看経《かんきん》をもちゐず、ただし打坐して身心脱落することをえよ。もし人、一時なりといふとも、三業《さんごう》に仏印《ぶつちん》を標し、三昧に端坐するとき、遍法界《へんほつかい》みな仏印となり、尽虚空《じんこくう》ことごとくさとりとなる。(「弁道話」)

と説示している。道元においては、坐禅は悟るための修行の一環などではなく、坐禅そのものが悟りの現成《げんじょう》(完全な実現)なのである。

また、哲学的思想の側面においては、『正法眼蔵』有時《うじ》の巻で開示される「有時」の究明などがとりわけ注目される。この語は、本来は「あるとき(に)(は)」という意味の副詞として使われたものである。ところが道元は、まず、

いはゆる有時は、時すでにこれ有なり、有はみな時なり。

と、時間は常に存在として立ち現れ、存在するものはみな時間としてあるだけだという。そして、

われを排列しおきて尽界《じんかい》とせり。この尽界の頭頭物物《ずずもつもつ》を時時なりと覰見《ちよけん》すべし。

と論じ、全世界は自己が生き、活動している事実の連続性の中に現れるものだから、その全世界の現実の一々が時間的存在だと主張する。これらの文のみからかれの「有時」の思想の全体を理解することは困難であろうが、かれが存在と時間を徹底して主体的な視座において捉えていることだけはうかがい知られよう。この思想が世界の哲学界で、例えば、しばしば二十世紀最大の哲学者ともいわれるマルティン・ハイデッガー（一八八九～一九七六）の『存在と時間』(Sein und Zeit) の存在論・時間論などと比較・考究されているのである。

ところで、道元の時代の曹洞宗は、達磨宗の人々をも吸収して、一定の存在感は示したものの、社会的には小さな地方の教団にすぎなかった。それが大教団へと発展するのは、懐弉《えじよう》・義《ぎ》

介《かい》を経て、四世瑩山紹瑾《けいざんじょうきん》（一二六四〜一三二五）が密教的要素を導入するとともに、女人救済を根本的な願いとするなど、在家《ざいけ》主義的立場を強く打ち出し、その弟子の韶碩《じょうせき》が「二十五哲」と称される優秀な門弟を多数育て上げて以後である。

このような歴史的展開の中で、道元のいわば「純粋禅」は大きく変容した。だが、むしろそれゆえに、その後、曹洞宗は、既成の諸教団が十分に教線を延ばしていなかった地域を中心として着実に勢力を拡大していった。江戸時代中期には、曹洞宗の寺院数は約一万五千カ寺にも達したといわれる。その数は、現在の曹洞宗の寺院数を上回るほどのものであり、中世後期から近世初期にかけて、いかに曹洞宗が発展したかを物語っている。

†日蓮と日蓮宗

いわゆる「鎌倉新仏教」には、もう一つ忘れてはならない宗派がある。それは、日蓮《にちれん》（もとの名は蓮長。一二二二〜八二）が開いた日蓮宗である。

日蓮は、はじめ天台宗に属する安房《あわ》（千葉県）・清澄寺《せいちょうじ》の道善房に学び、十六歳で出家した。しかし、現実の仏教と社会の関わりなどに疑問をもち、各地を巡って勉学を積み、最終的に『法華経《ほけきょう》』こそが仏教の真実の教えであるとの確信を得て、「南無妙法蓮華経」の唱題を宣揚するに至った。建長五年（一二五三）のことである。

しかし、その教化は、門徒衆などの反感を招き、日蓮は清澄寺を追放された。かれは、この経験を踏まえてさらに思索を重ね、およそ次のような結論に達する。すなわち、現実の悲惨な社会状況の根本原因は、誤った教えを信じる人々の「謗法《ぼうほう》」（正しい教えを誹謗・中傷すること）にある。中でも法然の『選択集』はその元凶である。いまこそ『法華経』に依るべきときであり、

図26　日蓮の「松葉谷」法難（『日蓮大聖人註画讃』より、本圀寺蔵）

「謗法」の人を禁じ、『法華経』の行者を重んじれば、必ず国中が安穏になり、天下泰平が実現する、というのである。日蓮は、このことを鎌倉・松葉《まつばが》谷《やつ》の草庵において『立正安国論《りっしょうあんこくろん》』にまとめ、文応元年（一二六〇）、前執権北条時頼に上進した。

　ところが、かえってそのために、かれは再三にわたって暴徒の攻撃や幕府の弾圧を受けることになった。元寇《げんこう》の発端となる元の国書到来後の文永八年（一二七一）には、鎌倉・龍口《たつのくち》の刑場であやうく斬首されかかり、その後、佐渡に流罪となっている。ところがかれは、そうした苦難を受けるごとに法華経信仰の弘通《ぐづう》という自らの使命感を深

め、宗教的な立脚点を不動のものとしていった。佐渡流刑中には、『開目抄《かいもくしょう》』『観心本尊抄』などを著して、よりどころとなる教理の体系をほぼ確立するとともに、生活の援助を惜しまない信徒らに、慈愛のこもった書簡をしばしば送っている。

文永十一年（一二七四）、赦免されて、日蓮は鎌倉に帰り、また幕府の要人らに『法華経』に帰信すべきことを説いた。けれども、その努力もついに実らず、身延山に隠れて晩年を過ごし、ここで死期を迎えている。

日蓮宗は、日蓮の没後、後事を託された日朗《にちろう》ら六人の僧（「六老僧」という）によって関東各地や身延山を中心とする地域に広められ、南北朝以後は京都における宣教も盛んになされた。信徒は、初め、地頭クラスの武士が中心であった。

ところが、教団の全体的な勢力拡大に伴って、原理的な立場を尊重するもの（不受派）から、「謗法」者に対して妥協的な態度をとるもの（受派）まで、門流間の対立や分派も起こってきた。そして全体としては、後述するように、織豊政権、次いで徳川政権の巧妙な宗教政策もあって、後者が主流となっていく。江戸期における不受不施派《ふじゆふせ》（「謗法の者からの供養は受けず、他宗の謗法の僧には供養しない」というきまりを厳密に守る一派）の禁断は、為政者にとって不都合な日蓮宗内の不受派を排除し、仏教界を体制内に組み込もうという徳川幕府の政治的意図がもっとも明確な形で現れたものの一つだということができる。

†伝統仏教の変革

以上に述べたように、古代から中世へと大きく変わる時代の趨勢を背景に、「新仏教」としていくつかの新宗派が成立した。それらは、時代が生んだ優れた仏教者たちが、自らが置かれた環境の中で、さまざまな機縁を得て伝統仏教のしがらみを離れ、それぞれの方向において仏教を徹底して主体化し純化したところに形成されたものだといえよう。そして、おそらくはそれゆえに、いずれもが結果的に、とくに究極的実践の単純さ・易しさという点においてまことに日本的な諸宗派となり、民衆にも広く受け入れられることとなったのである。

けれども、このような動向が伝統仏教、いわゆる旧仏教の中にまったく現れなかったわけではない。例えば、『摧邪輪《ざいじやりん》』を著して法然の『選択集』を「菩提心を否定するもの」などと厳しく批判した明恵《みょうえ》（一一七三〜一二三二）は、唐代の李通玄の「仏光観」の実践を取り入れ、また密教の行法を導入して、華厳宗《けごんしゅう》の再興を果たす一方、人々には「南無三宝後生《ごしょう》たすけさせ給《たま》へと唱えて三宝に供養すればそれでよい」と教え、あるいは、「光明真言には無量の功徳があるから、これを受持せよ」などと説いて、やさしい仏教実践を宣揚している。

また律宗では、叡尊《えいぞん》（一二〇一〜九〇）や忍性《にんしょう》（一二一七〜一三〇三）が出て、民衆救済の具体的実践に力を注いでいる。これらは、明らかに伝統仏教内部における大きな変革の動きであり、いわゆる「新仏教」と性格的に共通する一面も見られる。しかしながら、ほぼ中世を通じて日本の仏教界は、全体的には、おおむね強固な「顕密体制」の下にあったのである。

ちなみに、伝統仏教の中には、そうした変革の波が一定程度起こるとともに、むしろ安定した「顕密体制」があったために教学の整備も進展した。この面を代表する人は、華厳宗の凝然《ぎょうねん》（一二四〇～一三二一）である。かれは、その生涯において合計百二十七部、千二百余巻の書物を著したといわれるが、その種類は、いわば専門の華厳教学関係の詳細な注釈書類などばかりではない。それらの中には、『八宗綱要』のような仏教概論も、『三国仏法伝通縁起』という、インド・中国・日本にわたる仏教通史も含まれる。これらのものには、例えば韓国仏教に対する視点が基本的に欠けるなど、若干の問題はある。けれども、総じていえば、現代のわれわれにもまだ十分に有用な宗派の捉え方、仏教史の見方を開示しており、かれの博学と、問題を客観的に分析し、整理し、まとめ上げていく力には驚嘆させられる。

第14章　近世・近代の日本仏教

†中世から近世へ

日本の仏教は、六世紀の仏教伝来以後、時代の変化に対応しながら何度も更新を繰り返してきた。「鎌倉新仏教」の成立は、思うに、思想的にはその中でもっとも大きな革新であり、それに属する諸宗派の開祖の思想において、日本仏教の特徴といえるものがきわめて鮮明な形で現れたということができよう。

けれども、それら開宗者たちの宗教的立場と思想は、必ずしもしっかりと持続されたわけではない。一般的にいえば、むしろそれは、鎌倉期から室町期にかけて武家政権の安定化へと向かう大きな歴史のうねりの中で、根本において否定ないし排除されたものを改めて取り込み、融合しつつ、通俗化されていったのである。しかしまた、それゆえに、「新仏教」諸教団が伝統仏教界の「顕密体制」の下にありながらも、次第に支配層の保護と民衆の支持を獲得して発展することができたという一面があることも事実である。

さて、そのような仏教界全体が、荘園制の崩壊過程において、仏教界にさえ下剋上が起こり、権威を失墜させていく中、それまである程度保障されていた「世間」からの独立性をほとんど剝ぎ取られ、明確に政治権力の統制下に置かれるようになるのは、安土桃山時代以後である。

すなわち、まず織田信長は、叡山が浅井・朝倉方に味方したことを直接の理由として、元亀二年（一五七一）、これを焼き討ちにした。また、南都の諸寺院にも経済的な圧迫を加えた。永禄十一年（一五六八）から始まっていた本願寺との対立も、最終的に天正八年（一五八〇）、法主《ほっしゅ》顕如《けんにょ》とその子教如《きょうにょ》が相次いで大坂を退去、本願寺が焼かれるという形で、信長の勝利で一応決着している。二年後、信長は明智光秀に討たれたが、その後を襲った羽柴（豊臣）秀吉も基本的にこの信長の路線を引き継いだ。同十三年には根来寺《ねごろじ》を焼き討ちにし、また高野山《こうやさん》を制圧したのである。

諸大寺が権力下に入るとともに、秀吉は、次第にそれらを懐柔し、政権の維持・安定のために利用する方向へと政策を転換していった。すなわち、まず叡山には早くも天正十二年（一五八四）、再興の認可を与えた。根本中堂《こんぽんちゅうどう》の立柱は、その翌年である。また同十五年には、根来寺の専誉《せんよ》に大和・長谷寺の再興を命じている。他方、おそらく直接には新時代における宗教的権威の中枢とすることを意図したのであろうが、同十四年、小早川隆景《たかかげ》に命じて京都・東山に方広寺大仏殿の建立を開始させた。そして文禄四年（一五九五）、そこに安置された高さ六丈の大仏の供養のために諸宗から僧侶を出仕させ、千僧会《せんそうえ》を催したのである。ちなみに、このとき一人、出仕を拒んだ日奥《にちおう》（一五六五〜一六三〇）の言動が、その後の日蓮宗不受不施派に対する新たな弾圧の端緒となった。

この秀吉のもくろみは、翌慶長元年（一五九六）の大地震による大仏殿の全壊と同三年の自らの死によって挫折した。しかし、仏法を王法に従属させ、仏教界を政治権力の管理下に置くというかれの大目標は、皮肉にも、豊臣家を滅亡に追い込んだ徳川家康によって、いっそう現実的な形でほぼ完全に達成されることになるのである。

†徳川幕府の宗教政策——寺院法度など

徳川家康と、その後継者となった歴代の幕府の将軍たちは、仏教界に対して、巧みに、かつ強力に保護と統制の両面をもつ宗教政策を推し進めた。それは、一言でいえば、仏教界を幕府の管理下に組み入れ、中央集権化を完成させようとするものだったといってよかろう。

幕府はまず、関が原の合戦の翌年、慶長六年（一六〇一）に高野山に対して「寺中法度《じちゅうはっと》」を定めた。そのあと、ほぼ十五年の間に、宗派ごとに個別的に次々と法度を下している。これはおそらく、まだ政権が必ずしも安定していない中で対応を急いだことと、それぞれの宗派によって異なる社会的状況、歴史的事情、思想的立場などを考慮する必要があったことによろう。

それらの法度には、寺院側、とくに本山・本寺の意見も取り入れられており、表面だけを見ればさほど強制的な色合いは強くない。けれども、ほぼ共通して中世以来の寺院の特権を奪うとともに、本寺の権限を強化し寺院間の本末関係を明確化するなど、巧みに幕藩体制に組み込もうとしていることは明らかである。

ただし、興味深いことに、諸宗派の中で、浄土真宗・日蓮宗・時宗に対してこうした初期の法度は出されていない。その理由は、このうち前の二宗は統一政権に対して依然、抵抗する動きがあったことから衝突を恐れたためであり、時宗についてはその活動が「遊行《ゆぎょう》」によるため、寺院中心の組織を前提とする、法度による規制が難しかったせいかと推測される。

仏教の諸宗全体に対して共通の法度が初めて出されたのは、寛文五年（一六六五）である。これが、以後、二度にわたって制定・発布される「寺院法度」のモデルとなるが、内容的には、本寺の権限をある程度制限したこと、後述する寺檀《じだん》関係に関して、寺院側が檀家《だんか》から収奪することを禁止したこと、僧侶に清貧の生活を厳しく求めたこと、寺院の進出に制約を加えたことなど、以前の法度とはかなり異なるものとなっている。この法度から、当時、仏教の社会的勢力が拡大の方向にあった反面、仏教に対する批判も強まりつつあったこと、本山・本寺の権力がバランスを欠くほどに大きくなってきたこと、僧侶が世俗化し、その生活が豊かになっていたこと、寺檀関係が歪んできていたことなどを読み取ることができよう。翌年には、水戸藩・岡山藩の両藩で、この法度をよりどころとして領内の約半分の寺院が破壊され、多くの僧侶が還俗させられたという事実もある。

また幕府は、寛永十二年（一六三五）、鎌倉時代に置かれた寺社奉行を復活し、訴訟問題を中心に、寺院・神社に関わる行政全般を司《つかさど》らせた。その監督・支配は、僧侶・神官だけではなく、寺社領の人々や芸能者にも及んでいる。奉行としては、他に町奉行と勘定奉行が置かれたが、寺社奉行はそれらの中で最上位の職とされ、徳川家譜代の大名の中から選任されたものである。寺院側もこれに呼応して、触頭《ふれがしら》を設け、奉行との連絡窓口とした。触頭には江戸の有力寺院が当たったが、その配下の諸寺院に対しては一定の監督権も有したらしい。また、地方の諸藩においても、これに準じて寺社奉行が置かれ、触頭も設けられている。いわば大小二重の構造で、江戸期の宗教行政は遂行されていたのである。それがいかに強固なものであったかをうかがうことができよう。

もう一つ、徳川幕府の対仏教政策としてとくに注目されるのは、寺院と各戸との強力な相互依存関係を示す檀家制度、あるいは寺請《てらうけ》制度である。その源流は、室町時代の後半、庶民の葬儀や墓地の管理に寺院が深く介入するに至ったことに見出せよう。しかし、本格的には幕府のキリシタン禁教の方針と絡んで整備されていくもので、慶長十八年（一六一三）、キリシタン宣教師の追放の際、改宗者を寺院の僧侶に証明させたことがその発端となっている。その後、幕府は寛永十七年（一六四〇）、宗門改《しゅうもんあらため》の役職を置き、各家の宗旨が二つの方法で調査されることになった。

すなわち、その第一は寺請制で、人々は結婚や旅行の際には、必ず寺請証文（本人がキリシタンではなく、檀那《だんな》、つまり、ある寺院の帰依者であることを当該寺院が証明する文書）を提出することを求められた。第二は、現在の戸籍簿にほぼ相当する「宗旨人別帳」への登録で、これには必ず檀那寺の証明が必要とされた。この人別帳は、初め宗門改に提出されたが、後には檀那寺が保管した。こうして、僧侶は宗門改の配下の役割を担い、各寺院は家々と離れがたく結びつくこととなった。これが、現代にまで受け継がれてきた檀家制度なのである。

付言すれば、江戸時代には講・盂蘭盆《うらぼん》・彼岸《ひがん》・縁日など、仏教が民衆化し、仏教行事が慣習化していく。この方向を促進する上で、上述した本末制度や檀家制度が一定の役割を担ったことも忘れてはなるまい。

†宗学の発達

上に述べたように、近世の仏教界は、一定の保護を受けつつ、ほぼ完全に幕府の統制下に入った。そのため、例えば鎌倉初期に起こったような活発な宗教運動の興隆は望むべくもなかった。けれども、その枠組みの安定の中で、「法度」が求める線に沿って各宗の学校制度は整備され、宗学、すなわち、それぞれの宗門における主要な仏典、とくにその祖師たちの著作の精密な注釈的研究は大いに進んだ。大規模なものだけでも、例えば天台宗では関東十檀林《だんりん》、浄土宗では関東十八檀林が設けられ、そこで盛んに宗学の研鑽が行われたのである。生み出された成果にも、各宗とも、刮目すべきものが少なくない。

ところで、そのことと表裏をなすものが、新義・異説の発生とその禁止である。例えば、日蓮宗の日奥が秀吉の計画した千僧会への参列を拒否したことは先に述べたが、この問題は日蓮宗内の論争・対立にエスカレートする形で尾を引いた。最終的には、「受派」(信仰をもたないものからの布施も受けてよい、とする立場の人々)の中心勢力となっていた身延山《みのぶさん》から出された訴えにもとづいて、幕府は、寛文七年(一六六七)から九年にかけて、不受不施派自体を邪教と認定して寺請《てらうけ》を禁じ、キリシタンと同じく禁制としたのである。

また、浄土真宗では、例えば西本願寺派の「三業惑乱《さんごうわくらん》事件」がある。これは、江戸時代後期に起こったものだが、当時、同派の学林の能化《のうけ》職にあった智洞《ちどう》が、阿弥陀仏への帰依において「三業(身・口・意のそれぞれでなされる行為)のはたらきをもって帰依せよ」と説いたことをきっかけとして、一宗全体を巻き込む事件に発展した。結局、この事件は、幕府が介入し、教義上の争いというよりは勢力争いだと判断された。そして、両派の中心人物が罰せられ、法主の本如が閉門となって決着している。

以上、二例を挙げたが、どちらの場合も、幕府の巧妙な宗教政策の下で、それぞれの宗門が自ら解決できる力をもたなかった、いわば自浄能力を欠いていたことを証明しているといってよいだろう。

†諸教との論争

仏教界を統制しながら保護し利用するという徳川幕府の宗教政策は、上に述べたように、一面において宗学の発展など、仏教にとってプラスの効果も発生させた。しかしそれは、全体としては、むしろ仏教界に安住と世俗化の進行をもたらし、また、僧侶の道徳的な堕落の傾向を生み出した。江戸時代に廃仏論が途絶えることなく起こってくる要因としては、宋代の新儒学や西洋の科学思想の影響の下に合理的・科学的な考え方が広まってきたこと、国学の盛り上がりや「異国」の圧力などから民族主義の気運が生じてきたことなども忘れてはなるまい。だが、その最大のものは、上述のような状況下で仏教界全般に蔓延していた無自覚な惰眠であったのではないかと思われる。

けれども、仏教界にも少数ではあるが、護法の思いに燃え、あるいは真理の究明に取り組む僧たちがいた。かれらは、激しい廃仏論に対して真剣に反論した。その多くは、「儒教・仏教の二教に相違はない」、あるいは、上の二教に道教を加え、「三教の教説は、根本的に一致する」という考え方に立って、仏法の擁護と宣布に努めたのである。主要なものだけでも、例えば林羅山《はやしらざん》に反論した龍渓《りゅうけい》（黄檗宗《おうばく》）の『弁正論《べんしょうろん》』、熊沢蕃山《ばんざん》の論破を試みた潮音《ちょうおん》（黄檗宗）の『摧《ざい》邪論《じゃろん》』、貝原益軒《かいばらえきけん》に抗弁した誓鎧《せいれい》（真宗）の『排僻篇《はいびゃくへん》』、平田篤胤《あつたね》を批判した良月《りょうげつ》（曹洞宗）の『追蝿払《ついようふつ》』、龍温《りゅうおん》（真宗）の『仏法にくまれ草』、大我《たいが》（浄土宗）の『三教鼎足論《ていそくろん》』、東嶺《とうれい》（臨済宗）の『神儒仏三法孝経口解』、日宣・日典（日蓮宗）の『三道合法図解』などがある。これらの他、真宗の人々を中心に、キリスト教批判の書、いわゆる排耶論の著述も少なくない。

世俗倫理としての仏教

この時代における仏教の性格として、もう一つ注意されることは、仏教界それ自体の世俗化に比例して、人々に対して、人として生まれたことの尊さと仏教の大切さを易しく説き、現実の生活の中で仏教を信じ、実践することを勧めるという流れが生まれていることである。いわば、世俗倫理的仏教の普及である。この流れに属する思想を少し紹介してみよう。

例えば、江戸初期の僧に曹洞宗の鈴木正三《しょうさん》（一五七九〜一六五五）がいる。かれは、四十代で武士の身分を捨てて出家し、島原・天草の乱後のキリシタン対策にも関わった人であるが、その主著ともいえる『万民徳用《ばんみんとくよう》』の中で、「何の事業も、皆仏行《ぶつぎょう》なり」と説き、人々が自分の職業に励む中において仏道が完成されていくと論じている。この職業倫理の思想は、近代の社会学者マックス・ウェーバー（一八六四〜一九二〇）が分析したプロテスタントの職業倫理観とも重なる一面をもっているといってよかろう。ただし日本では、歴史的社会的条件、および、仕事に対する考え方の違いなどから、正三の思想が民衆に大きな影響を与え、資本主義を発展させるということはなかったのである。

また、臨済宗の盤珪永琢《ばんけいようたく》（一六二二〜九三）は、徳川政権が安定期に入りつつあった頃に活躍し、「礼を執るもの、上は侯伯宰官《こうはくさいかん》より下は士《し》庶子《しょし》衆《しゅ》、男女民隷に至るまで、五万余人」（『行業曲記』）といわれるほど多くの人びとに慕われた。その永琢は、

> 皆親のうみ附てたもつたは仏心ひとつで御座る。余のものはひとつもうみ附はしませぬ。……其不生《ふしょう》にして霊明《れいみょう》な仏心に、極《きわま》つたと決定《けつじょう》して、直《じき》に不生《ふしょう》のままで居る人は、今日より未来永劫の活《いき》如来で御座るわひの。（『御示聞書』）

と教え、例えば、男の声を女の声と聞き違えないこともこの霊明な仏心のはたらきだと述べている。ここにわれわれは、先述した本覚思想の一つの極点を見ることができよう。

さらに、江戸後期には、真言宗から飲光《おんこう》（慈雲《じうん》尊者。一七一八〜一八〇四）が出ている。かれは、

「正法律《しょうぼうりつ》」を唱えて戒律を復興し、また、サンスクリット語の研究において『梵学津梁《ぼんがくしんりょう》』という不滅の業績を残したことで知られる。その飲光の著作の一つに、『十善法語《じゅうぜんほうご》』がある。この本は、桃園《ももぞの》天皇の皇子の早世をきっかけとして京都・阿弥陀寺でなされた講話をもとにしたものだが、その中でかれは、要約していえば、「十善を行うはたらきは、もともと人間に具《そな》わった徳である。十善戒は、すべての戒律の「根本戒」でも「主戒」でもある。これを守り実践していくことによって、人はもっとも人間らしく生きることができる」と説いている。人間への信頼が、飲光の戒律論の基底に存することが知られよう。

上に、江戸時代の仏教倫理思想として注目される三人の仏教者の教説について述べた。かれらが置かれた状況はそれぞれに異なっており、かれら自身の人々に対するまなざしやスタンスも相違する。けれども、共通していえることは、かれらが個別的には多くの人々に心の安らぎや人生の生きがいを与えたと同時に、全体としては、仏教を説くことを通じて、幕藩体制の維持・安定に寄与したことも確かだということである。

†自由と反骨の仏教者

以上に見てきたところから、あるいは、江戸時代の仏教者はみな、たとい結果的にせよ、同じように幕藩体制を支持したように思われるかもしれない。しかし、そうではない。厳しい枠組みの中にありながらも、本来、仏教者の生き方の根底にあるべき自由を求めた僧も、激しく幕藩体制への抵抗を試みた僧も存在するのである。

前者の代表的な人物としては、例えば良寛《りょうかん》（一七五八～一八三一）を挙げることができる。かれは、越後（新潟県）出雲《いずも》崎《ざき》の名主の家柄の出で、初め古学派の儒学を学んで父の後を継ぐためその見習いをした。しかし、それになじめず、十八歳で出家し、備中《びっちゅう》（岡山県）玉島の円通寺の大忍国仙に就いて得度し、嗣法した。その後、諸国を遍歴したのち、故郷に帰り、国上山《くがみやま》に建てられた草庵、五合庵などを住まいとした。托鉢《たくはつ》に支えられる清貧の生活を送りながら、あるいは子どもたちと戯れ、あるいは文人たちと交わったことが知られ、多くの優れた詩歌や書を残している。

図27　良寛像（新潟県・出雲崎町）

例えば、このような漢詩がある。

終日、食を乞い罷《や》んで
帰り来って蓬扉《ほうこ》を掩《と》ざす

炉《ろ》には葉を帯ぶる柴を焼き
静かに読む寒山の詩
西風、微雨を吹き
颯々《さつさつ》として茅茨《ぼうし》に灑《そそ》ぐ
時に双脚《そうきゃく》を伸ばして臥す
何をか思い、又、何をか疑わん

この詩からは、良寛が托鉢の後、ゆったりと手足を伸ばして、独り閑《しず》けさの中で無心の境地にひたっている様が偲ばれよう。

また、子供たちとの交わりを示すものとしては、例えば、

霞《かすみ》立つながき春日を子供らと手毬つきつつこの日くらしつ

という歌がある。何とものどかでほほえましい光景ではなかろうか。

また良寛は、晩年、敬慕して訪ねてきた貞心尼《ていしんに》という若い尼僧と、ほのかな恋愛感情さえ感じさせる歌の贈答を行っている。彼女は、良寛の最期も看取ったらしい。彼女が書いた『蓮《はちす》の

露』によれば、その臨終はこうである。すなわち、師走の末、急に病が重くなったという知らせを受けて、貞心尼が急いでやってくると、良寛はさほど苦しげな様子も見せず床の上に座っていて、嬉しそうに迎え、

いついつと待ちにし人は来りけり今はあひみて何か思はむ

という歌と、もう一首を贈る。貞心尼は、良寛が日ごとに弱っていくのを見ていて、「遠からず亡くなる」と思い、とても悲しく感じて、

生き死にのさかひ離れて住む身にもさらぬわかれのあるぞかなしき

という歌で応える。すると良寛は、

うらを見せおもてを見せてちる紅葉《もみじ》

と、句を返すのである。これによって、二人の間に、いかにこまやかで温かい心の交流があっ

たかを知ることができよう。

なお、最後の一句は、禅僧が最後に残すとされる「遺偈《ゆいげ》」に当たるとも見られるが、良寛が何を隠すこともなく、あるがままのものとして死を受け入れようとしていたことが、この句から推察される。

ともあれ良寛は、総括的にいえば、その後年をブッダや道元の生き方に倣って生きようとした。けれどもかれは、最後まで、一面から見れば凡夫の心ともいえそうな、温かな人間性も失っていないのである。

次に、後者、すなわち体制に抵抗した側に立つ人としては、例えば幕末の勤王僧、月照《げっしょう》（忍向《にんこう》。一八一三〜五八）がいる。月照は、大坂（大阪）で医師の長男に生まれたが、十五歳のとき、叔父の清水寺成就院の蔵海《ぞうかい》の下で出家し、二十三歳で同寺の住職となった。しかし、江戸末期の騒然とした状況の中で強く憂国の思いを抱き、ついに安政元年（一八五四）、寺を弟に譲り、「尊王攘夷」を説いて諸国を巡った。そして同五年、時の大老井伊《いい》直弼《なおすけ》が朝廷の許しを得ずに日米修好通商条約を締結したことがきっかけとなって起こった、いわゆる「安政の大獄」で、月照は朝廷側に立って大きな役割を演じていた。そのために追われる身となり、西郷隆盛とともに、薩摩（鹿児島県）の島津斉彬《なりあきら》を頼って京都を脱出し、薩摩に向かった。しかし、幕府の追及から逃れられないと観念し、死出の小宴のあと、錦江湾《きんこうわん》で隆盛とともに入水《じゅすい》した。このと

きの辞世の歌に、

大君のためには何か惜しからむ薩摩の瀬戸に身は沈むとも
曇りなき心の月の薩摩潟沖の波間にやがて入りぬる

とある。月照の後半生は、まさしく「勤王」に身を捧げたものであり、かれにとっては、このことが「仏道を生きる」ということでもあったのであろう。

ちなみに、隆盛はこの入水において一命を取り留め、やがて維新の立役者となる。だが、月照は助からなかった。二人にとって、まさに運命の岐路の入水だったのである。

†近代仏教の夜明け

慶応四年（一八六八）三月、維新に成功した新政府は、五箇条の誓文を発布した。そして、祭政一致の方針の下、神社から仏教的要素を払拭することを命じた。「別当」「社僧」と呼ばれる各神社所属の僧侶には還俗《げんぞく》が求められ、さらに、神職にあるものの家族まで、仏教式の葬祭は神道式に改めるよう、布告が出されている。こうした一連の通達・布告を総称して「神仏分離令」というが、それは江戸時代以来の寺檀関係の否定を意味するものでもあった。

この政策に乗じて、従来おおむね僧侶の下に置かれていた神官たちは、廃仏運動を進めた。その展開はかなり急速、かつ、激しいもので、例えば、伊勢の神領では翌年の春までに、領内の寺院百九十六カ寺がすべて廃寺とされている。また奈良・興福寺では、僧侶全員が還俗し、その上で、春日神社の神官（区別して「新神司」と呼ばれる）となった。鎌倉・鶴岡八幡宮でも、境内の十二ヵ寺の真言宗寺院の僧侶が還俗して神官（「総神主」と呼ばれる）になっている。また、藩としては、いうまでもなく、総じて国学や神道が強い力をもったところが、廃仏運動が激烈であった。とくに松本藩・富山藩・津和野藩・鹿児島藩などでは、藩主自らがリードする形でかなり徹底した寺院の破壊や僧侶の還俗等が遂行されたのである。

このような動きに対して、仏教界は強く抗議した。そのため、新政府もあわてて法令が「破仏之御趣意」ではないとの通達を出したりした。しかし、その効果がさほどあったとは思われない。

ともあれ、この事態は仏教界に深刻な危機感と不安と、そして覚醒をもたらした。明治二年（一八六九）四月、諸宗の代表たちが集まって「諸宗同盟会」を立ち上げ、その翌年には諸宗連合の仏教専修学校である総黌《そうこう》を設置するなど、改革に取り組み始めたのである。

明治五年（一八七二）、新政府ははっきりと仏教対策の見直しを行う。すなわち、三月にはまず、神祇省《じんぎしょう》を廃止して教部省を置き、一宗一管長制を敷くとともに、各宗にそれぞれ十名の教導職を任命した。そして翌月、「今より僧侶、肉食・妻帯・蓄髪等、勝手の事」云々という太政官布告を出した。つまり、僧侶を事実上、一般人と同じにしていこうというわけである。これは、ついで六月に制定された国民教化の大原則、「三条教則」に示される天皇中心の世俗国家の定立に仏教界全体を組み込み、協力させようとの意図から出たものであろう。

これに対して、仏教界の中からは、抗議も出された。例えば、当時の仏教界を代表する一人だった浄土宗の福田行誡《ぎょうかい》（一八〇九〜八八）は、各宗の管長に呼びかけて建白書を提出し、その中で、先の布告が「王制をもて仏制を圧倒し、僧徒をして還俗せしむる義」でないことは分かっているが、これを口実として、妻を娶り、見るに耐えない醜態を顕す僧徒が増え、そのために檀信徒の帰依も失っているので、この公布を取り消すか、これと反対の布告を新たに出すかしてほしい、と訴えている。この建白書から、布告の発布以後、多くの僧侶がこれ幸いと公然と肉食・妻帯に走ったことが知られよう。

また、例えば真宗本願寺派の島地《しまじ》默雷《もくらい》（一八三八〜一九一一）は、「信教の自由」と「政教分離」をよりどころに、宗門から派遣されて留学中の欧州から、「三条教則」を正面きって批判する建白書を送っている。さらにかれは、帰国後には教導職の任命に関連して設けられていた大教院の解散運動を展開し、解散に追い込んでもいる。

けれども、こうした教団レベル、あるいは個人レベルの抗議が、大きな成果を生み出すことはなかった。東京の増上寺《ぞうじょうじ》が教則の路線に沿って、大殿の阿弥陀如来像を遷《うつ》し、代わりに皇祖《こうそ》大神《おおかみ》を祀ったことに代表されるように、大勢は政府の方針に同調し順応して、「仏制」よりも「王制」を優先した。そして、肉食・妻帯し、寺院を一般家庭と変わらないものとする、在家仏教化の道を邁進していくのである。

この方向は、現代にまで受け継がれてきている。というより、少なくとも部分的には、この方向がさらに強められ、僧侶の生活も寺院のあり方も、今はいっそう世俗化しているようにさえ思われる。

†仏教界の内部改革

では、廃仏運動などが契機となって仏教界に興った「覚醒」の動きには、具体的にどういうものがあったのだろうか。

思うに、その第一は、海外に留学生が派遣され、西欧の近代的なインド学・仏教学が移入されたことである。とくに東本願寺はこの事業に熱心で、南條文雄《なんじょうぶんゆう》（一八四九〜一九二七）・高楠《たかくす》順次郎（一八六六〜一九四五）らが相次いで英国に送られ、留学生の中でも目立って大きな功績を挙げた。というのは、かれらによって、インドのサンスクリット語やパーリ語で書かれた仏典が次々に紹介されるとともに、厳密な文献学を柱とする近代的な西欧の仏教研究の方法が日本に導入され、定着するに至ったからである。この流れを受けた学問的伝統が、現在まで、日本の仏教学の中心的位置を占めてきている。

第二は、近代的な「改革仏教」の模索である。この点でとくに注目されるのは、新仏教徒同志会による「生きるための仏教」の提案と、清沢満之《きよざわまんし》（一八六三〜一九〇三）による精神主義の提唱である。

このうち前者は、境野黄洋《さかいのこうよう》・高島米峰《べいほう》・渡辺海旭《かいきょく》らが明治三十二年（一八九九）に起こした運動で、雑誌『新仏教』を発行して、従来の仏教を「死ぬための仏教」と批判し、理性的で、自由で、平等な「生きるための仏教」の樹立を目指した。その綱領には、「社会の改善」「迷信の根絶」など、現実の社会に積極的に関わっていくべきことも盛り込まれている。こうした立場から、かれらはキリスト者や社会主義者とも盛んに交流したのである。

また、後者についていえば、満之が宗派の枠を超えて明確に精神主義を唱え出したのは、その晩年である。すなわち、かれは明治三十四年（一九〇一）、暁烏敏《あけがらすはや》・佐々木月樵《げつしょう》・多田鼎《かなえ》らと作った結社・浩浩洞《こうこうどう》から雑誌『精神界』を刊行し始めた。その創刊号で、満之は精神主義の根幹について次のように述べている。

吾人《ごじん》の世に在るや、必ず一の完全なる立脚地なかるべからず。……然《しか》らば、吾人は如何《いか》にして処世の完全立脚地を獲得すべきや。蓋《けだ》し絶対無限者によるの外《ほか》ある能《あた》はざるべし。……而《しこう》して此《こ》の如《ごと》き立脚地を得たる精神の発達する条路、之を名づけて精神主義といふ。

では、その精神主義の中身はどうか。これに関しては、要約して示せば、弟子の多田鼎が、①内観の実践、②万物一体の信念、③他力主義、④自然の信心、⑤現在への安住、の五つを挙げている。これだけからも、満之の精神主義が、根本において真宗的な絶対他力の信仰に立ちながらも、禅的な実践論などを融合し、その立場の普遍化を図ろうとするものであったことがうかがえるだろう。

だが、満之は、その翌年に長男と妻を亡くし、自分もそれを追うように同三十六年六月に四十一歳で生涯を閉じる。この時点において、かれに「自分に対する無限の慈悲・智慧・能力」（『我信念』）である如来への信心が確立していたことは間違いない。それゆえ、宗教者としては、それは大往生といえるだろう。けれども、かれが唱えた精神主義は社会性を欠く「衰弱思想」であるなどの批判もあっただけに、もしもかれがさらに何年か生きることができたら、その精神主義はどのようなものとなっていただろうか。詮《せん》なきこととはいえ、気にかかるところである。

第15章
仏教の現在と未来

われわれ日本人にとって、仏教は現に生きている宗教であり、また、おそらくは今でもわれわれのものの見方・考え方に大きな影響を及ぼしている。つまり、約千五百年の昔から日本に伝えられ始めた仏教が、きわめて進んだ文明社会を実現しつつある現代においても日本の社会を作り上げる不可欠の一要素となっており、同時に、その社会を支える多くの人々の精神生活に深く関わっていると思われるのである。

このことは、一見、奇妙である。しかし、よく考えてみると、それは日本に根を下ろし、日本人の心に浸透した仏教が、文明の発展を阻害したり、停滞させたりしないだけでなく、むしろその発展を促進させるようにはたらいている、ということかもしれない。本書を結ぶにあたって、これまで学んできたことを整理しながら、日本仏教に通底するエートスを探るという観点からこの問題を考えてみたい。そしてさらに、仏教そのものに未来はあるのか、仏教はこれからも人類にとってよき指標でありうるのか、という問題についても検討を加えよう。

†日本仏教の現状

まず、日本の仏教の現状が具体的にどうなっているかを見てみる。最新の文化庁編『宗教年鑑』によれば、日本の宗教法人と各宗教の信者の総数は、令和元年(二〇一九)末現在、図28、29のようになっている。

このうち、宗教法人数のグラフからは、仏教系の法人が現在、その総数の約四十三%を占めて、神道《しんとう》系の約四十七%に次いで多いことが分かる。

また、信者数のグラフは、各宗教法人からの申告をもとにしたものである。そのため、総数は日本の人口の一・五倍弱の約一億八千三百万人となっている。これはもちろん、一つにはいくつかの宗教法人が見込み数で多めに申告していることによろう。しかし、おそらくそれだけではない。実際に、例えばある寺院の檀家《だんか》でありながら、別の寺院の信者となっていたり、神社の氏子《うじこ》であったりする例は沢山ある。いわゆる重層信仰である。さらには、とくに神道系は信仰の実態が捉えにくいから、ある神社の門前町などでは、その中に例えばキリスト教や新仏教の信者がいたとしても、町の人全員がほぼ丸ごと信者数に組み入れられている、というようなことも考えられよう。これらのことが重なって、統計上、信者数の総数が増大する要因となっていると思われるのである。この統計は、そうしたことを頭に入れて読み解く必要がある。

ともあれ、この統計による限り、信者数でも仏教系は約四十六％で、神道系と大差はない。キリスト教系の約二百万人、人口のほぼ一％に当たるその信者数に比べて、圧倒的に多くの信者を獲得している、ということになる。

では、日本の仏教には現在、どれほどの宗派があり、各宗派の信者数はどのくらいなのだろうか。

上記の年鑑によれば、宗派・教団は(A)天台系に二十（二百九十万人）、(B)真言系に四十四（五百

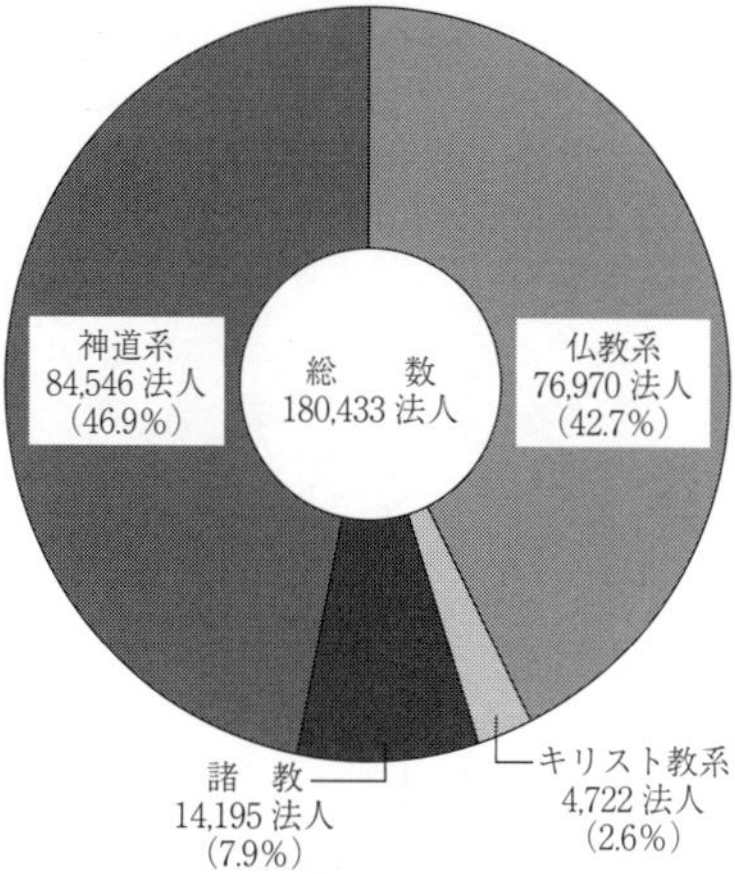

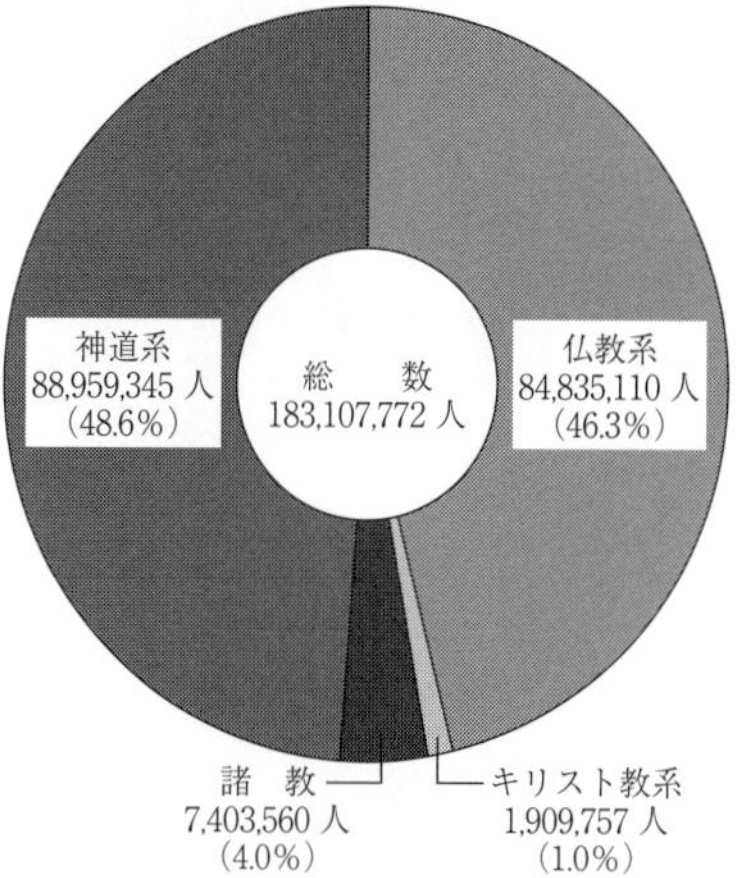

（上）図28　我が国の社寺教会等単位宗教法人数（令和元年12月31日現在）
（下）図29　我が国の信者数（令和元年12月31日現在）

五十万人)、(C)浄土系に二十二(二千二百万人)、(D)禅系に二十三(五百四十万人)、(E)日蓮系に三十九(千百万人)、(F)奈良仏教系に六(七十万人)、(G)その他に二(七千人)が挙げられている。合計すれば、百五十六となる(( )内は信者の概数)。まさしく「宗派仏教」と呼ばれてよい数である。なお、創価学会は単立のため、本表には記されない。

さて、この一覧から明らかなように、信者数から見る限り、数百年以上の歴史をもつ諸宗派の中では浄土系が圧倒的に多い。日本は、長く「浄土教の国」としての伝統を維持してきたのである。けれども、とくに第二次大戦後に発展した新宗教教団には、(E)日蓮系が極めて多く、信者数も他の系統の新教団を大きくリードしている。とくに有力なのは立正佼成会《りっしょうこうせいかい》で、以前よりは減少したが、現在も約二百三十万人の信者を擁する。

ともあれ、日本の仏教界は、現にさまざまな問題を抱え、内実からいえば衰退の兆候さえ見せながらも、「宗派仏教」として大きな勢力を維持し続けている。現在、一般に仏教国とみなされている国としては、スリランカ、タイ、韓国などがあるが、それらのいずれにもこのように多くの宗派・教団はない。また、かつて仏教がきわめて盛んで、今もその面影を残す中国やミャンマーなどの国々も、宗派性が多少強まった時期は存するものの、基本的には「仏教は一つ」ということで今日まで来ている。すなわち日本仏教は、世界的に見て、現に明確に諸宗派に分かれて活動しているほとんど唯一の仏教なのである。

むろん、上に挙げた百五十余の宗派・教団のうちの大半は、主に第二次大戦後の宗教法人令の発布をきっかけとして成立したもので、さほど長い歴史をもっているわけではない。しかし、一九三九年に宗教団体法ができて二十八宗派にまとめられる以前、公認されたものだけで十三宗五十六派があったという。このことのみからも、日本仏教の宗派性の根が深いことは十分に推察できよう。

†諸宗派の発生と展開

では、日本仏教の歴史において、このような宗派性が芽生えてくるのは、いつ頃のことであろうか。

すでに見たように、蘇我・物部両氏族間の争いと関わりつつ、日本に初めて仏教が「公伝」したのは六世紀の前半である。しかし、仏教にさまざまの思想や学派が存在することが明確に意識されるようになるのは、それから二百年以上を経た八世紀の中葉のことらしい。というのは、いわゆる南都六宗が「宗」として文献に現れ始めるのが、天平勝宝三年（七五一）以後だからである（石田茂作『写経より見たる奈良朝仏教の研究』参照）。けれども、それらの各宗は、「大《だい》学頭《がくとう》」を首長とする一応の集団的組織を持っていたとはいえ、寺院との結びつきも固定的ではなく、いわば「緩やかな仏教研究者集団」といった性格が強いものであった。

ところが、平安時代に入り、最澄《さいちょう》・空海《くうかい》が入唐《にっとう》してそれぞれに天台宗と真言宗を伝えて帰ってくると、状況は大きく変わる。すなわち、二人は、それぞれが伝えた「仏法」の究極性に対する確信とその宣揚の使命感のもとに、南都の諸宗に対して自宗の優位を宣言し、独立の立場を打ち立てようとした。ところが、この目的のために二人が取った態度はむしろ対照的であった。最澄は法相宗の徳一《とくいつ》と正面きって論争し、また、南都における授戒を無用化する大乗戒壇の設立を請願する。他方、空海は『弁顕密二教論《べんけんみつにきょうろん》』において他宗を「無明《むみょう》の辺域」のものとしながら、京都・奈良の各宗・各寺に対して柔軟に対応し、次々と自らの勢力下に収めていくのである。

ともあれ、これら二宗の出現は認識のレベルで宗派的意識を助長した。と同時に、社会的にも、それぞれが個々に一山を拠点とすることによって、宗派としての独自性を鮮明にした、と考えられる。日本仏教における宗派性のルーツは、ここに求めることができるのではなかろうか。

平安末期から鎌倉時代にかけて、宗派性はいっそうはっきりと出てくる。近年の諸研究が明らかにしつつあるように、実は、この時代の仏教を全体としてどのように捉えるべきかという問題は、簡単ではない。たとえば、何をもって新宗派の誕生とみなすか、何を基準として新旧を分けるか、各宗教集団の間の力関係はどうであったか、などの問題について、新資料の出現・解読もあって、次々に新しい見解が提起され、議論されているのが現状である。けれども、少なくとも宗派性という観点からみるとき、この時代の仏教が互いの相違を際立たせる形でさらなる多様化へと進んでいったことは間違いなかろう。

たとえば、法然《ほうねん》は『選択集《せんちやくしゆう》』において「華厳《けごん》天台等の八宗九宗」に対して「浄土宗」の名を立てうると説き、かつ、浄土宗における「血脈《けちみやく》」の存在をも主張する。また日蓮は、『開目抄』の中で、「建仁年中に、法然・大日（＝能忍）の二人が出て、念仏宗・禅宗を興した。……この両義が、国土に充満している。天台・真言の学者たちは、念仏・禅の外護者に対して諂《へつら》い恐れることは、犬が主《あるじ》に尾を振り、鼠が猫を恐れるごとくである」と述べている。これらは、そのような差違化の状況の一面をそれぞれに証するものといってよかろう。「一切の事をすてて申す念仏」を勧め、没後は「跡なきを跡とする」ことを願った一遍《いつぺん》の遊行《ゆぎよう》集団さえも、かれの死後、弟子真教《しんきよう》の独住を契機として急速に宗派性を強め、やがて十二派にも分かれるに至るのである。平安中期から現れ始める「聖《ひじり》」や「沙弥《しやみ》」の仏教は、少なくとも本来的には、このような宗派性に抗し、そこから逃れようとして出現した特異な宗教運動であったとみることができよう。

†シンクレティズムと太子信仰

このように、日本仏教は、それ自体としては諸宗諸派に分立していく方向で展開してきた。ところが他方、一見これと矛盾する様態がみられる。それは、仏教と仏教以外のさまざまな異なった思想・信仰とが、比較的容易に、かつ、スムーズに融和、ないし接合するということである。

そうした事例は、日本仏教の歴史の中に数多く見出すことができる。現代の多くの日本人が、正月には神社に初詣に出かけ、七月か八月には寺院に盆参りをし、十二月には、キリスト教の教会には行かなくとも、どこかでクリスマスを祝うというのも、おそらく同じ思想風土から生まれている。また、日本仏教の中心的儀礼ともみなされる葬儀や法事、あるいは盂蘭盆《うらぼん》などの行事を支える祖霊信仰に儒教の影響が大きいことも間違いなかろう（加地伸行『儒教とは何か』『沈黙の宗教——儒教』参照）。以下、異なる信仰が融合しあうこのシンクレティズムの問題に関して、とくに注目される二つの問題を取り出して考察してみよう。

まず第一は、日本仏教形成期の最大の功労者ともいうべき聖徳太子の思想と太子信仰の広まりの問題である。聖徳太子は、いわゆる太子信仰の伝統のもとになった人物である。また、多くの仏教研究者によって、しばしば、日本仏教史上の最高の仏教者の一人として高く評価される。これらのことから推して、聖徳太子は純粋な仏教信仰の中で政治や外交を行った人のようにみられることも少なくない。

確かに、たとえば太子が妃に語ったという「世間虚仮《せけんこけ》、唯仏是真《ゆいぶつぜしん》」の言葉などから考えれば、少なくとも晩年の太子が、おそらくは長期にわたる蘇我氏との確執などを通じて深められた仏への帰依の心に生きていたことは十分に推察できる。しかし、政治家としての太子の思想の全体像を要約しているともみなされる『十七条憲法』は、明らかに儒教・仏教・法家《ほうか》思想などの独特の融合態を示している。聖徳太子にあっては、仏教は、一面において「和」の国家理想を実現するための一手段でもあったのである。

聖徳太子は、その死の二十余年後に起こった上宮王家《じょうぐうおうけ》の断絶という悲劇に見舞われた後、急速に神格化されていく。平安前期末の『聖徳太子伝暦《でんりゃく》』は、そうした神格化過程の一つの集大成とみることができる。なぜなら、この書において「聖徳太子は、救世《ぐぜ》の菩薩の生まれ変わりであった」というイメージが定着するに至っているからである。

ただし、この書に描き上げられる太子は、たんに超越的な救済者であるだけではなく、同時に、当時の倫理的な理想像をも示している。たとえば、四歳のときに、騒いだ罰として「大地に穴を空けても、隠れることはできない」といって、すすんで笞《むち》を受けようとしたとか、三十九歳のとき、膳大郎女《かしわでのおおいらつめ》と結ばれるに際して、わが身の幸せを語り、同穴《どうけつ》を誓ったといった類いである。太子信仰は、時代を経るにしたがっていっそう民衆に親しみのある形になっていくが、その理由の一つは、ここに見出されよう。

平安中期ごろから、そのような「救世の菩薩」あるいは「救世観音の応現《おうげん》」に代表される聖徳太子のイメージに、さらに二つのイメージが重なってくる。すなわち、「西方願生者《さいほうがんしょうしゃ》」と「法華《ほっけ》の行者」である。このうちとくに重要なのは、慶滋保胤《よししげやすたね》の『日本往生極楽記』などにおいて確定した前者のイメージで、やがて鎌倉時代に入ると親鸞がこれをいっそう高め、浄土教の中に太子信仰を不動のものとして位置づけるに至るのである。

しかし、太子信仰の展開はこれだけに留まらない。中世において主に『聖徳太子伝暦』にもとづいて次々に作られるようになった絵伝の類は、太子信仰を庶民の中にまで浸透させていった。これが独立したものが、大工や職人の人々が技術・芸能の神として太子をまつる太子講《たいしこう》である。太子講は、江戸時代には年間行事となるほどに広まった。ただしそれは、民間宗教とか民俗宗教といわれるものの多くがそうであるように、必ずしも純粋に聖徳太子への信仰に支えられた集団ではなかったらしい。弘法大師空海を奉じる大師講《だいしこう》と混融していたり、村の遊興行事の一つと化したりしたものも少なくなかったようである。

このように、聖徳太子は、死後には豊かに自らのイメージを膨らませ、ほとんどすべての宗派の人々と、多くの民衆の信仰の対象となった。近年まで、ひたすら「豊かな社会」を志向してきた現代日本の一万円札に太子の肖像が採用され、親しまれたのも、そうした太子信仰の延長線上で捉えてもよかろう。

筆者には、上述した太子の思想の複合性とそこに源を発する太子信仰の多様な形での広まりは、日本仏教の本質的な一面を鮮やかに示しているように思われる。

†「神仏習合」のあゆみ

シンクレティズムの問題として、第二に考えたいのは、神仏習合についてである。日本に、のちの神道につながる宗教伝統がいつ生じたかは定かではない。しかし、仏教が伝来する六世紀よりはるか以前にそれが芽吹き、徐々に形を整えてきていたことは確かであろう。すでに述べたように、仏教の受容に対して、物部尾輿《もののべおこし》らは、「蕃神《となりぐにのかみ》」としての仏を受入れ、礼拝するようなことをすれば、四季折々に祭祀を行っている天地《あめつち》の百八十神の「国神《くにつかみ》」が怒りをいたすであろう、といって反対したと伝えられる。当時の国神の信仰が、それほど明確で整ったものであったかどうかは疑わしい。けれども、氏族社会の形成と氏族間の抗争の激化を背景として、氏神をはじめとする多くの国神が信じられ、祭られていたことは間違いなかろう。

では、日本のカミが仏教と直接的に関わりをもつようになるのは、いつ頃からであろうか。史書に見えるところでは、天平十三年(七四一)に宇佐八幡宮に金字の『最勝王経』および

『法華経』を納め、度者十八人を置き、三重塔一基を造って、お礼参りを行ったという記事や、天平勝宝元年（七四九）に宇佐八幡神が「天神地祇《てんじんちぎ》を率いて、必ず大仏造営の勅願を果たさせ奉ろう」と告げて、京に上られたという記事などがもっとも早いものである。そして、そこでのカミは、仏教を喜んで迎え入れ、守護するという役割を担っている。このころから各地にいわゆる神宮寺が建てられていくのは、こうした流れの上に現れたものといえよう。

ところが、たとえば「多度《たど》神宮寺伽藍縁起《がらんえんぎ》資財帳」には、天平宝字七年（七六三）に満願《まんがん》という僧が一丈六尺の阿弥陀像を造ったことに関連して、多度神が久しい罪業の報いとして神の身を得たことを告白し、「永く神身を離れんが為に、三宝《さんぽう》に帰依《きえ》せんと欲す」と託宣したという。また、『日本霊異記《りょういき》』には、宝亀《ほうき》年中（七七〇〜七八〇）のこととして、近江の「陁我《いが》の大神」が猴《さる》となって恵勝《えしょう》という僧に自分が東天竺国の大王であった過去を語り、そのときの罪の報いであるその身を脱するために『法華経』を読むよう求めたと伝える。これらの伝承においては、カミは仏の協力者、仏教の守護者ではなく、人間と同じく罪業《ざいごう》を背負った存在とされているわけである。

このようなカミの性格づけが、神観そのものの変化を意味するのか、あるいは新しい神観の発生を意味するのかについては、即断はできない。しかし、こうした「神身離脱」の思想の背後に、仏教の国教化の動きの中で、あらゆる災難をもたらすカミの怒りを罪悪とみなし、カミ自らが仏に懺悔《ざんげ》し、仏教に帰依することによって平安が得られるとする人々の思いが形成されつつあったことは確かだろう。

やがて、それらのカミの中から、菩薩の号を付与されるものが出てきた。『扶桑略記《ふそうりやつき》』には、延暦二年（七八三）の宇佐の託宣において八幡大神が大自在王菩薩と名づけられている。下って同十七年（七九八）の官符には、八幡神が「八幡大菩薩」として現れている。これらは、奈良末期からカミの菩薩化、ないしカミと菩薩の同一視が進んでいったことを物語ろう。ちなみに、このころから「神前読経」の記事が史書に見えはじめる。このことは、明らかに仏教パンテオンへの神々の包摂《ほうせつ》を意味するから、上の事態の信仰と密接に関連していたと考えられる。

平安仏教、すなわち天台宗と真言宗は、このような神仏習合化の思潮の中で成立する。たとえば、最澄は、渡唐に当たって宇佐八幡に詣《もう》で、神宮寺において『法華経』を講じた。また、延暦寺の創建に際しては、大比叡・小比叡の神にその守護を祈っている。他方、空海も、丹生《にう》明神の託宣と守護を得て高野山を開き、稲荷神を勧請《かんじょう》して東寺《とうじ》の鎮守としているのである。

ところで、これらの二宗は、自らの教義・教説のうちに神仏習合思想ときわめて馴染みやすいものをいくつも持っていた。大づかみにまとめていえば、すべての存在は実は真理そのものの現れであると見る真如の思想、大宇宙には多くの仏の世界があり、どの仏も菩薩や神々などの眷属《けんぞく》をもつという多仏・多世界の思想、仏・菩薩は衆生《しゆじよう》を教化し救うためにこの世に身を現すという化身《けしん》の思想などである。しかも両宗のうち天台宗は、その成立後、急速に密教化を進めたから、真言宗ともどもマンダラ的世界観に立つに至る。こうして両宗は、勢力の拡大とともに、さらに神仏習合の方向を押し進めていくのである。

では、いわゆる「鎌倉新仏教」以後になると、どうであろうか。確かに祖師たちの中には、たとえば親鸞や道元のように、厳しく神仏習合的な信仰と実践を退けた人もいる。しかし、日蓮は、日本が「神国」であることを認めつつ(「与北条時宗書」)、「旧き守護の善神」の威光・勢力の衰えたことを嘆く(『諫暁八幡鈔』)。一遍は、熊野に詣でて六字名号の真意を体得している。神仏習合の風潮に対する「鎌倉新仏教」を開いた祖師たちの対応の仕方は、さまざまなのである。さらに、たとえば道元を開祖とする曹洞宗も、道元の没後数十年のうちに急速に密教化を果たしながら習合性を強めていく。

明治維新において、新政府が「神仏分離」を断行したのも、それを受けて有力な神道の拠点である地方などで廃仏運動が展開されたのも、仏教が神道を飲み込む形で進んだ神仏習合の壮大な流れに対する、神道・国学側の苛立ちの大きさを示したものともいえよう。しかし、この明治新政府の宗教政策も、結局成功しなかった。寺院と神社の切り離しは実現されたが、親鸞を開祖とする浄土真宗などを除けば、いまも諸寺院の中に神道系の諸尊が祭られることはしばしばみられるし、各宗派・教団の神道に対する考え方も概して協調的である。神仏習合は、現在に至るまで、神と仏を区別せず、「仏の顔も三度」といいながら、随所で繰り返し「苦しいときの神頼み」を行う多くの日本人の心情に適応する形で、日本仏教の基調となっているのである。

†本覚思想の定着過程

現実の人間とその人生、および、それを取り巻く環境としての世界について、インド仏教はその当初から、きわめて否定的な見方を展開してきた。基本的教説とされる四諦《したい》の教えにしても、実践論の帰結である解脱《げだつ》への方向づけにしても、一般的にいえば、人間が輪廻《りんね》の存在であり、人生が苦しみを運命づけられたものであり、この世界が虚妄な欲望の世界、ないし穢土《えど》であるという現実認識を前提にしているといってよかろう。

しかし、東アジア世界には、そもそものような現実認識が、少なくとも徹底した形では存在していなかったと考えられる。それゆえ、仏教が中国に伝来して漢訳仏典が誕生し、その漢訳仏典をよりどころとして東アジア全域に次第に広まる中で、インド仏教の現実認識は、いくつかの節目を経ながら、異質なものへと変化していく。日本のいわゆる本覚《ほんがく》思想に見出される現実肯定の倫理は、その一つの極点を示すものであろう。

本覚思想の起源は、ふつう、パラマールタ（真諦《しんたい》）訳と伝えられる『大乗起信論《だいじょうきしんろん》』に求められる。すなわち、そこでは「本覚」は、心に本来的にそなわっている仏のさとりの知恵を意味する。しかしそれは、あくまで、迷いからさとりへと向かう「始覚《しかく》」に対比される概念であり、われわれの現実の心のあり方をそのまま是認するものではない。ところが、この説もまた、現実重視、現実尊重の傾向の強い中国に紹介されると、当然のことながら、「始覚」よりも「本覚」にいっそう力点が置かれる形で解釈されていく。さらに、それに先んじて迎え入れられていた、根本的に性格が類似する「仏性《ぶっしょう》」の思想の発展とも連動する。中国天台宗の湛然《たんねん》による、『大乗起信論』に根拠を求めて立てられる「草木仏性」の主張は、その際立った思想的成果の一つであるといってよかろう。

日本の本覚思想は、このような考え方をさらに徹底させたものである。たとえば、平安中期の源信に仮託される『三十四箇事書』には、無常な世間がそのままに常住であると説かれる。また、『真如観』には、草木・瓦礫・山河・大地・大海・虚空《こくう》も、われわれ一人一人も、みなそのままで真如の現れであり、そのことを信じることがさとりであるという立場が示される。さらに、源信より少し前の良源の撰述と伝えられる偽撰の『一代決疑集』には、「風、諸々の草木を打つは、是れ応身説法なり。乃至、花は遠山に開き、菊は薗に敷くは、皆是れ説法の相なり」という、みごとに日本人の自然観を仏教的に表現していると思われる説示もある。こうした現実認識は、修行《しゅぎょう》や仏教行事を不要と見なす傾向をも生み出す。たとえば、現代の日本の仏教界において、本気で修行を志す僧尼が少ないのも、一般民衆の墓参りがしばしばレジャーを兼ねたものになるのも、本覚思想に連続しているのかもしれない。

†仏教の世界性と多様性

以上、現代日本仏教の様態にまで及ぶ、「エートス」に関わる諸問題について見てきた。いま、仏教行事として、あるいは仏教的習俗として定着しているものを分析するときにも、さらには、われわれ現代日本人の生活の仕方やものの考え方を解明しようと試みるときにも、上の三つの論点を無視することはできないだろう。

では、そのようなエートスに培われてきた日本仏教は、世界的に見て、どういう位置にあるのだろうか。

すでに触れたように、日本仏教は大乗《だいじょう》仏教の流れを受けて成立した。現在、この流れに属し、数百万人以上の信者を擁する国としては、ほかに中国・韓国があり、ベトナムにも相当数の中国系大乗の比丘《びく》がいる。なお、そのうち、中国の大乗は、主に漢民族によって形成された漢仏教、いわゆる中国仏教と、インドからチベット地区に移入され、定着・発展したチベット仏教の二系統に分かれる。この他、アメリカやヨーロッパにも、主に前世紀にそれらの国々から移植された大乗仏教（日本の禅宗、浄土真宗、創価学会などを含む）がようやく根づき、独自の性格をもちつつあるようである。さらに、発祥の地インドでは、十三世紀の初頭、イスラームの侵入によって壊滅状態に陥った仏教が二十世紀前半、アンベードカル（一八九一〜一九五六）に導かれた賤民解放運動の指導原理とされたことから大きく復興し、現在では約一千万人の信徒をもつといわれる。

また、すでに第7章において論じたように、東南アジアのスリランカやタイには、ブッダ時代の仏教の思想・慣習ないし儀礼を色濃く受け継いでいると思われるテーラヴァーダ仏教が、おおむね、「国教」的な地位を守りつづけて生きている。そして、このテーラヴァーダ仏教の諸教団もまた欧米に進出し、地道に教化活動を展開しているのである。

ところで、ずいぶん以前から、仏教を世界三大宗教の一つに数えることが行われている。けれども、総じていえば、仏教の信者数は、イスラームやキリスト教よりはるかに少なかろう。その活動も、それら二教に比べて必ずしも活発とはいえない。だが、ＩＴの急速な進化もあって、仏教は今やほぼ地球上のいたるところで見聞できるものとなっている。ある意味では、現代ほど仏教が世界宗教の名にふさわしく、「世界的」になった時代はこれまでになかった、ともいえるのである。

しかし、大きな問題は、それら現代の仏教が、思想的にも、それらが生み出した文化の諸様態においても、きわめて多様であることである。その多様性は、これまで述べてきたところからも知っていただけようが、世界各国で作られた仏像や絵画、あるいは仏塔を比較するだけでも、ある程度納得してもらえるかもしれない。

この多様性は、いうまでもなく、一面において仏教の寛容さと、全体としての思想的・文化的な豊かさを示している。けれども、他面において、それは仏教の曖昧さや解りにくさを作り出してもいる。それだけに、仏教の諸派・諸教団は、それぞれの伝統にとらわれず、互いに交流と連携を深め、できるだけ共通の仏教理解を広めるとともに、具体的な国際活動（福祉活動・文化活動・ボランティア活動など）を通じて、仏教がどういうものであるかを現実に示すことが、情報化時代の今であればこそ、ますます求められよう。

†仏教研究の発展とその危機

また、これに関連していえば、ほぼ十八世紀あたりまで、仏教の研究は、それぞれの仏教国で仏教者自身の信仰と実践を深めることを主な目的として遂行されていた。十九世紀以降、欧米列強が多分に帝国主義的な意図の下に本格的にアジア進出を計るようになると、アジア各地との円滑な通商、ないしその領有・統治のために、アジア世界に大きな影響を及ぼしてきたインド思想や仏教について知る必要が増した。こうして、西欧諸国においては、厳密なテキストの解読を基本に置く、文献学的なインド学・仏教学が盛んになっていった。また、そこで生まれた近代的な研究方法、およびその成果が日本にもたらされた。

このような経緯で、仏教研究は、とくに二十世紀に入り、敦煌《とんこう》・莫高窟《ばっこうくつ》における多量の古写本などの発見などもあって急速に発展した。これまでのおよそ百年の間に、新たに解明された仏教の諸側面は計り知れない。約二千五百年の伝統を有する仏教の「実像」が、いまようやく、かなりの程度に明らかにされてきたのである。

ところが、世界情勢の大きな変化と功利主義的な風潮の世界的蔓延の中で、現在、西欧各国のインド学・仏教学は衰退の方向にある。日本にもこの波が遠からず押し寄せないという保証はない。放っておけば、仏教研究は、かつての「宗学」を中心とする伝統的・信仰的な学問のみに矮小化する恐れさえあると考えられる。

しかし、思うに、仏教はまさしく人類が生み出した、一つの価値ある思想・文化の総体である。その全貌を科学的に解明し、未来に伝えていくことは、むしろ人類の義務だというべきではなかろうか。

†「共生」の基本問題

では、仏教は、文化遺産としてだけではなく、思想的にこれからの社会に向かってもその価値を主張することはできるのだろうか。筆者は、できると思う。そこで最後に、筆者がこれまでの学びを通して仏教から得た、人類の未来に通じる「知恵」とも感じられる思想の一つについて述べ、本書を閉じることにしたい。それは、いま問題にされている「共生」をめぐる議論である。

日本において、「共生」という言葉をおそらく初めて宗教用語ないし哲学用語として用いたのは、椎尾弁匡《しいおべんきょう》（一八七六〜一九七一）である。すなわち師は、善導の『往生礼讃』に見える「願共諸衆生、往生安楽国」の「共」「生」の文字に着目し、その精神を捉えて「往生の生は、共に生きるということである」と解した。この理解にもとづいて、同師は大正十一年（一九二二）以来、「共生」（ともいき）の旗を掲げ、念仏相続の真実の生活が現実の社会の共同共存の生活となるべきことを唱導したのである。

この椎尾師の共生論は、仏教の立場から先駆的に提唱されたものとして、傾聴すべき内容を含んでいる。しかし、そもそも人間の生の現実態がいかなるものであるかという点の考察が十分とはいいがたい。また、念仏者以外の人々がこの「共生」にどう関わるかに関して、明確な展望がない。そのために、いわば「開かれた」共生論とはなっていないと思われるのである。

まず、「生きている」とはどういうことかについて考えて見よう。

第一に、われわれ人間は自然の中の一存在として、現にある。例えば、サンスクリット語のバーヴァ（bhāva）や英語のビーイング（being）が示唆するように、自然存在として現存するのである。この場合、全ての事物・存在と同じレベルで「ある」ということになる。

第二に、われわれは、存在するものの中でも、生物というグループに属していることが知られる。つまり、生命あるものとして誕生し、成長し、繁殖し、死滅する存在である。近年の遺伝子学ないし分子生物学は、葦などの植物も大腸菌などの細菌も象などの動物も人間も、DNAあるいはその変形であるRNAを生命の基本的設計図として持っているという点では同じであり、それらの肢体・機能などの相違は、突き詰めればDNAの配列の違いにすぎないことを明らかにしている。

ちなみに、古代インド思想やインド仏教では、このうち植物は一般には生物とはみなされず、自然存在のグループに含まれるから、明確にこの類を表す語はない。またラテン語のクレアツーラ（creatura）や英語のクリーチャー（creature）には、この「生物」の意味もないではないが、動物のみ、または人類を指すことが多いようである。

第三に、われわれは生物の中で動物に属する。すなわち、獣や鳥や魚や虫と同類である。サンスクリット語のサットヴァ（sattva）やブータ（bhūta）は主にこの意味で用いられ、英語のセンシェント・ビーイング（sentient being）に対応する。

第四に、われわれは人間である。すなわち、他の動物とは異なる社会と文化、そして価値観をもつ「ヒト」という類である。サンスクリット語のマヌシュヤ（manuṣya）、プルシャ（puruṣa)、バーラ（bāla）、プリタク・ジャナ（pṛtag-jana）などは、価値づけの仕方こそ異なるが、そのような意味での人間を表している点では同じであるといえよう。しかも、その人類の中に何百何千という民族・部族があり、それぞれに特徴的な社会・文化・価値観をもって共同生活を営んでいる。かつ、多くの場合、どの民族・部族も、少なくとも他のいくつかの民族・部族とは何らかの関係をもち、文化などに関して重なる部分を有すると考えられる。

このように見てくると、われわれの生は、基本的に重層的な構造において成り立ち、しかもどのレベルにおいても「共生」的であるということができる。それゆえ、存在構造上のあり方に従うとすれば、われわれは、事物までを含め、あらゆる他者と仲良く、協調して生きるべきであるということになろう。

ところが、人類の歴史を見ると、おおむねその反対である。現実には、自然を利用・破壊し、生物を支配下においてその生命を奪い、同じ民族・部族内で争い、他の民族・部族と戦争を繰り返してきた。いわば「争生《そうせい》」が、その現実相なのである。ここに「共生」が倫理的理想として掲げられてくる理由も存しよう。

だが、一概にこのような「争生」を誤りとすることはできない。なぜなら、「生命」に視点を据えていえば、われわれ人間の生そのものが、他の生物のいのちを絶ち、その果実や肉を摂取することによってのみ維持されるものだからである。さらに、最近の免疫学の知見によれば、動物の免疫系には細胞レベルでその個体にとっての「非自己」を識別し排除する機構がある。つまり、われわれの身体は、もともと「非自己」（病気を起こす細菌やウイルス、花粉などの異物、癌細胞など）とは共生できないように作られているのである。

では、「争生」を人間にとって運命的なこととみなし、当然視したり、あきらめたりしてよいのであろうか。そうではあるまい。なぜなら、もしもそうする時には、ますます利己的な人間中心主義がはびこって自然破壊や資源の枯渇が進み、生物の種は激減し、さまざまな規模での争いが増えて平和が脅かされ、やがて地球は死の星となることが予測されるからである。むろん、それも人間だけが滅びるのであれば、人類の自業自得として受容されるべきかもしれない。しかし、その巻き添えになる他の生命体はどうなのか。われわれは、かれらに対する責任上も、「争生」に任せるわけにはいかないだろう。

†共生の場の捉え方

では、上述したようにいくつかの層において見られる「共生」の場は、仏教においてどのように捉えられてきたのだろうか。以下に、その代表的な例を採り上げ、考察してみよう。

まず第一に注意されるのは、最古層に属する仏典である『スッタニパータ』に表れる次のような教説である。

①ほかの識者から非難されるような下劣なことを決して行ってはならない。すべての生きとし生けるものは、幸福であれ、安らかであれ、喜びのうちにあれ。（第一四五偈）

②母が自分の生んだ独り子を命を賭けて護るように、そのように、一切のものに対して限りない〔愛護の〕心を養うがよい。（第一四九偈）

③全世界に対しても限りない慈《いつく》しみの心を養うがよい。上に向かっても下に向かっても、また横に向かっても、何の障害もなく、憎しみを離れ、敵意を捨てる〔心を養うがよい〕。（第一五〇偈）

これらによれば、釈尊には共生領域として世間（ローカ）が意識され、そこにあるすべての生き物たちが共に生きる存在と見られていたことは確かである。ただ、上に「もの」と訳したブータ（bhūta）が、生き物という意味で用いられているのか、さらに広く草木なども含むのかは定かではない。もしも後者の意味であれば、釈尊の意識は自然との共生というところまで延びていたことになるが、一般的には前者の意味に取られよう。

第二に、三界（三有）・六道と総称される輪廻の世界の捉え方がある。このうち三界は、現実の世界を欲望からなるものと見た上で、そこでの瞑想修行によって体験的に欲望を離れ、さらには物質的感覚もなくなる過程を三層に分けて世界観として呈示したものだと推定される。また六道、古くは五道は、ウパニシャッド文献に登場してくる輪廻思想が仏教において定着したともいえるものである。それゆえ、三界と六道の両者は、成り立ちも性格もかなり相違する。しかし、いずれもが無知（無明）、あるいは迷妄のゆえに共に生きている領域の全体像を表し、そこから解脱することこそが願われ、勧められている。それらは、いわば価値的には否定されるべき共生領域を示しているのである。

なお、大乗仏教に至って現実の輪廻の世界の哲学的考察が深まってくるとともに、この世界と涅槃《ねはん》の世界、浄土教における穢土と浄土の関係は、存在論的には相即的であること、実践論的には往還的であることが強調されるようになった。浄土教の中には、他力による絶対的救済の思想も生まれた。しかし、おそらくいずれのものも、少なくとも本来的には、輪廻の世界の現実のあり方をそのままでよしとしているわけではない。それが否定されるべき世界であることに変わりはないと思われる。

第三に、中国天台宗の十界互具《じっかいごぐ》・一念三千の理論の場合はどうであろうか。「十界互具」とは、すでに触れたように、仏・菩薩・縁覚・声聞《しょうもん》の四聖の世界と、天上界から地獄界までの六凡（六道）の世界のいずれもが、他の九界を具《そな》えているというものである。具体的には、例えば仏にも堕地獄《だじごく》の心があり、地獄の衆生にも仏心があるというわけであるが、その原点は、われわれの心が仏界から地獄界にまで通じていることにほかならない。ともあれ、「共生領域」という観点からいえば、この理論によって仏界などのいわゆる聖なる世界もその中に組み込まれるに至ったということができる。そして「一念三千」の思想は、すでに述べた通り、この「十界互具」の百界に「十如是《じゅうにょぜ》」と「三世間《さんせけん》」を加乗して三千世間があるとし、それがわれわれの今の一念に具わっているとするものである。いわば、一瞬一瞬の一念が全世界の真実に通じている、一念の中に宗教的宇宙が凝縮してあるというのである。ここには、徹底した形で凡聖にわたる共生領域を主体化しようとする一つの試みを認めることができよう。

ちなみに、日本の空海（七七四～八三五）が『十住心論』に挙げる「衆生の住宅」としての十処は、上の十界の改訂版である。すなわち、その六凡から修羅《しゅら》を省き、畜生《ちくしょう》を傍生《ぼうしょう》とし、人間界以下の「界」を「宮《ぐう》」と呼び代え、仏界に替えて第九に一道無為宮を、第十に秘密曼荼羅《まんだら》金剛界宮を配したものである。天台教学の心の境位を指す一道無為住心に対応する一道無為宮の呼称とその位置づけからも、存在領域論に関しては天台の立場が尊重されていることが知られる。

第四に、澄観《ちょうかん》（七三八～八三九）に始まる華厳教学の四法界論（『法界玄鏡《ほっかいげんきょう》』など）を考えてみよう。この思想においては、共生領域の究極的なあり方は、一応、事事無礙《むげ》法界として押さえられよう。とすれば、ここでは「共生」しつつある現実存在の一々がすべて「事」として一般的に抽象化され、同質のものの無限連鎖となる。比喩的にいえば、一切の存在するものが宇宙大の編み目の一つ一つとして浮かび上がってくるわけで、存在同士の関連性の深みは開示されるが、反面、現実存在そのものの生動性や相互の差異性は見えなくなってしまうと思われる。

第五に注意されるのは、先述した日本の本覚思想における自然観である。この立場に立てば、われわれが自然の中で生きているということは、そのまま、仏を見、仏に触れ、仏の声を聞いていることにほかならない。では、例えばわれわれが木を切って家を造り、草を抜いて田畑を開くということ、あるいは花を植えて楽しむということは、どう意味づけられるのだろうか。仏を傷つけ、殺し、あるいは弄ぶということになるのだろうか。本覚思想では、このあたりの問題がほとんど究明されないままに終わっており、「共生」の思想としては、結果的に、現実への安住を勧める一種のオプティミズムに陥っていると考えられる。

ところで、このような本覚思想の自然観に関連して、言及しておきたいことがある。それは、道元（一二〇〇〜五三）の自然観・存在観である。かれは、『正法眼蔵《しょうぼうげんぞう》』「山水経《さんすいきょう》」の巻において、

> 而今《にこん》の山水は、古仏の道現成《げんじょう》なり。ともに法位に住して、究尽《ぐうじん》の功徳《くどく》を成ぜり。空劫已《くうごうい》前《ぜん》の消息なるがゆへに、而今《にこん》の活計《かつけ》なり。朕兆未《ちんちょうみ》萌《ぼう》の自己なるがゆへに、現成の透脱《ちょうとつ》なり。

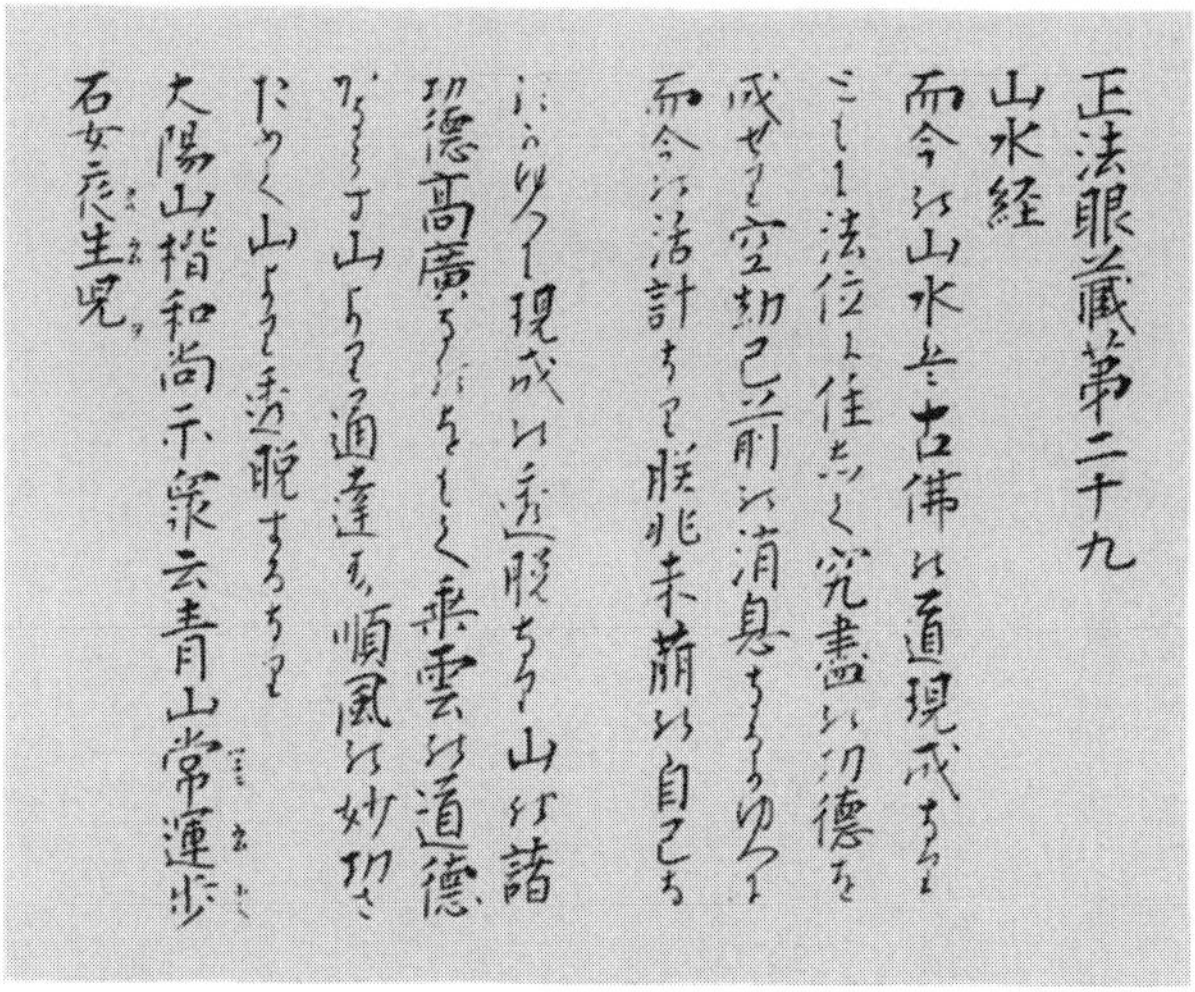
正法眼蔵第二十九
山水経
而今の山水は古佛の道現成なり
ともに法位に住して究盡の功徳を
成せり空劫已前の消息なるかゆゑに
而今の活計なり朕兆未萌の自己なる
かゆゑに現成の透脱なり山の諸
功徳高廣なるをもて乗雲の道徳
かならす山より通達す順風の妙功さ
ためて山より透脱するなり
大陽山楷和尚示衆云青山常運歩
石女夜生児

図 30　真筆本『正法眼蔵』山水経（全久院蔵）

と説く。ここでは、山水で自然を代表させているが、いま目の前にある山水がそのまま、自己そのものに他ならない。根本的で生き生きとした究極の真実の現れである、という。主題に引きつけていえば、そもそも「共生」などない。ただ、脈動する自然、すなわち、脈動する自己が「自生」しているのみである、とされるのである。

また、先に触れた「仏性」の巻では、

世尊道《せそんどう》（「道」は「いう」の意）の「一切《いっさい》衆生《しゅじょう》、悉有《しつう》仏性」は、その宗旨いかん。是什麼《ししも》仏恁麼《ぶついんも》来《らい》の道転法輪《どうてんぼうりん》なり。あるいは衆生といひ、有情《うじょう》といひ、群生《ぐんじょう》といひ、群類といふ、悉有の言は衆生なり、群有也。すなはち悉有は仏性なり。悉有の一悉を衆生といふ。正当恁麼時は、衆生の内外すなはち仏性の悉有なり。単伝する皮肉骨髄《ひにくこつずい》のみにあらず、汝得吾皮肉骨髄《にょとくご》なるがゆゑに。

などと論ぜられる。東アジア仏教思想の中核に位置するとも見られる「仏性」の究明であるが、ここには、上述の自然観よりもさらに徹底した主体的存在観、「全存在が、まったく無媒介に、真実在である」という見方が呈示されている。これは、上の本覚思想やかれ自身の「山水経」の自然観の延長線上にありながら、それらがもつ相対論的構図をほぼ完全に突き破っているといってよかろう。ここにはもはや、「共生」に対峙される「自生」も立てられないだろう。

†縁成の理念

初期仏典のいくつかによれば、「縁起《えんぎ》」とは、ブッダが悟りを開かれたのち、その悟りの場において観察されたものといわれる。それはつきつめれば、われわれ一人一人の現実生存が何故に迷いと苦しみの中にあり、いかにしたらその迷いと苦しみを離れることができるかを、実存的な観点に立って開示したものといってよかろう。

この「縁起」の思想は、仏教の根本的な視座と考え方に関わる。それゆえに、仏教史上のあらゆる段階、あらゆる系譜の仏教において言及・説示され、あるいは敷衍《ふえん》されている。その中で、おそらく最も大きくこれを展開させ、独自の理論体系を構築したのが、中国華厳宗の人々の「法界《ほっかい》縁起」の思想である。そして、仏教の立場から新時代の「共生」のあり方を追求しようとするとき、この思想の中に重要な示唆が含まれているように筆者には思われる。

中でも注目されるのが、「縁成《えんじょう》」の考え方である。これは、智儼《ちごん》（六〇二〜六六八）撰と伝えられる『一乗十玄門』においてほぼまとまった形で説かれるもので、要点をいえば、こうである。

すなわちそれは、真実の縁起の様態を示す概念で、無性（無自性）に裏付けられ、それゆえにすべてのものごとの間に融合（中）と相即（即）の関係を成り立たせる、というあり方である。ただし、この場合の「ものごと」とは、われわれの分別的な考え方（情謂《じょうい》）によって捉えられるものではない、とされている点は注意されなければならない。「縁成」とは、すべてのものごとが、いわばその本質として他との関係性、および完成態に具現される全体性を含みつつ、一つ一つの「縁」として、調和的な全体を形成するようにはたらいている、という縁起的様態なのである。

ところで、この「縁成」の理念を「相」という観点からまとめあげたものに、法蔵（六四三〜七一二）が完成した「六相円融義《えんゆうぎ》」がある。これは、家とその各部を構成する椽《たるき》などとの関わりを喩えとして、全体性（総）と個別性（別）、同一性（同）と相異性（異）、形成性（成）と破壊性（壊）という三対・六相で縁起の事態を多角的に提示して見せる理論であるが、この中で「縁成」に関わりが深いのは、成相《じょうそう》と壊相《えそう》である。

すなわち、これによれば、家（舎）は、椽などの各部位がそれぞれの本来的な規範（法）に則り、それ自体としては何も他にはたらきかけない（壊相）ままに、しかも家を作り上げる（成相）というはたらきをする。けれども、家を造り終ったからといって、椽が椽でなくなるわけではない。それと同じく、あらゆるものごとは、その本来的な規範に準じて、それぞれの独自性を守りつつ、調和的な縁起の世界を作り上げている。しかしながら、そのはたらきのためにそれぞれの個別的な特徴がなくなるわけではない、というのである。法蔵は、このような「縁成」のすがたこそが縁起の世界の真相であると見ているわけである。

†共生から共成へ

では、共生論を軸として新しい仏教思想のありようを探るとき、どのように問題を考えていけばよいのだろうか。

思うに、第一に必要なことは、われわれが現に生きているということが、上述したように、いくつかのレベルの「争生」も含めて、重層的な共存・共生というあり方に支えられてあるという事実を認め、受け入れることである。いわばわれわれは、個人ないし人間共同体として、生命環境・生態環境・社会環境・文化環境・意味環境といった諸環境との関わりをもつことによって存在している多重環境存在者（polyenvironmental being）にほかならない。このことを深く認識することが、まず求められよう。

第二には、仏教思想のどこかに、例えば鉱脈を探し回り、たまたま金鉱に遭遇するような形で、そういう考え方が見出されるとは期待しないことである。現代が生み出している多重環境は、まさしく現代のみのものであるから、これまでに現れた仏教思想の中に、この時代に即応する共生論的思想が存在することはありえない。われわれに期待できるのは、その中に優れたヒントを発見することだけである。そして、もしもそのヒントが見つかったならば、そこから仏教の基幹線（縁起、涅槃、空、利他などに集約されるものの考え方）に沿って当該の問題の理論化を進めるのである。そのときに初めて、おそらく従来の仏教を超えて、仏教的立場から何か共生論に関して新たな提言ができる可能性が生まれてくるだろう。

さて、以上の二点を前提にして、現在筆者が共生の問題の倫理的側面に重点を置いて一つの理念型として考えているのが、「縁成共与」である。ここでいう「縁成」とは、先に紹介した華厳教学における「縁成」の概念にほぼ当たるもので、すべての物事を作り上げていく一々の因縁、より直接的には、われわれ一人一人の行動の、無自性なるが故の無限の形成的なはたらきを表す。また「共与」とは、筆者の造語であるが、「人みなが、ともに、互いにあずかる」

(mutual part-taking by all human beings) ということで、それらの因縁が現にある多重システム(社会システム・生態システム・文化システム・意味システム)の変革と新生に積極的に関与するあり方をいう。

まだその詳細について述べられる段階ではないが、筆者には、われわれ一人一人がこの「縁成共与」の関わり方を人間の正しいあり方と認知し、「菩薩行」と総称されるような利他的な一々の実践を通してそのあり方に準じようとするときに、理想的な世界の実現への道が開かれてくる。そしてそれはもはや、近年ふたたび声高に唱導されるようになってきた「共生」(ともに生きる)を超えて、「共成《きょうせい》」(ともに〈事を〉成し、ともに〈真実の人と〉成る)とよばれるべきあり方となると思われる(拙論「共成哲学序説」『南都仏教』一〇〇号、参照)。この共成の理念が世に広まり、その実践を志す人びとが一人でも増えることが、いま筆者の畢生《ひっせい》の願いとなっている。

あとがき

　本書は、かつて私が一時期、ハイデッガー哲学の研究などで優れた業績を残された渡邊二郎先生のご推薦を得て放送大学の客員教授を務めた折に、その講義用に著したテキスト『仏教の思想』（放送大学教育振興会、二〇〇五年）を元にしています。

　論旨の筋道にはほとんど変更はありませんが、本書の刊行に当たって、その細部にまで目を通して必要な個所に手を加えるとともに、前著で論じきれなかった部分をある程度、補筆しています。また、出版社からの要望もあって、より親しみやすく、読みやすくするために、固有名詞や専門用語についてはふりがなを多めにつけ、必要と思われるものには注記も加えました。いずれも、「座右の書」の一冊に、ぜひ加えていただきたいとの願いにもとづく配慮です。それらの作業が、少しでも皆様のために役立ったとすれば、まことに嬉しく思います。

本書の編集・出版に当たっては、筑摩書房の皆様、とりわけ編集局の松田健氏、山本拓氏のお二人に大変お世話になりました。心より厚く御礼申し上げます。

二〇二一年十月一日

臥竜庵にて
木村清孝

参考文献

ここには信頼性の高い入門書・概説書・翻訳書・辞典、および著者が参考にした日本語の専門書を挙げてある。著者自身の論文の一部は、加筆の上、本書に用いたところがある。

全体

三枝充悳『仏教入門』（岩波新書、一九九〇）
高崎直道『仏教入門』（東京大学出版会、一九八三）
玉城康四郎『仏道探究』（春秋社、一九九九）
松尾剛次『仏教入門』（岩波ジュニア新書、一九九九）
渡辺照宏『仏教』第二版（岩波新書、一九七四）

インド・チベット・東南アジア

石井米雄『タイ仏教入門』（めこん、一九九一）

石井米雄『上座部仏教の政治社会学――国教の構造』（創文社、一九七五）
江島惠教『空と中観』（春秋社、二〇〇三）
長尾雅人『摂大乗論――和訳と注解』上・下（講談社、一九八二〜八七）
三枝充悳『インド仏教思想史』（第三文明社・レグルス文庫、一九七五）
三枝充悳『中論偈頌総覧』（第三文明社、一九八五）
竹村牧男『「覚り」と「空」――インド仏教の展開』（講談社現代新書、一九九二）
立川武蔵『はじめてのインド哲学』（講談社現代新書、一九九二）
ツルティム＝ケサン・正木晃『チベット密教』（ちくま新書、二〇〇〇）
中村元・三枝充悳『バウッダ――仏教』（小学館ライブラリー、新版一九九六）
中村元『インド思想史』（岩波全書、一九六九）
羽矢辰夫『ゴータマ・ブッダの仏教』（春秋社、二〇〇三）
早島鏡正他『インド思想史』（東京大学出版会、一九八二）
平川彰『インド仏教史』上・下（春秋社、一九七四、一九七九）
ジャン・ボワスリエ『ブッダの生涯』（木村清孝監修、富樫瓔子訳、創元社、一九九五）
松本史朗『縁起と空――如来蔵思想批判』（大蔵出版、一九八九）
水野弘元『仏教の基礎知識』（春秋社、一九七一）
水野弘元『仏教要語の基礎知識』（春秋社、一九七二）

水野弘元『釈尊の生涯』（春秋社、一九八五）
山口瑞鳳『チベット』二巻（東京大学出版会、一九八七〜一九八八）
渡辺照宏『お経の話』（岩波新書、一九六七）

中国・朝鮮
鎌田茂雄『中国仏教史』（岩波全書、一九七八）
鎌田茂雄『朝鮮仏教史』（東京大学出版会、一九八七）
木村清孝編著『仏教漢文読本』（春秋社、一九九〇）
木村清孝『中国仏教思想史』（世界聖典刊行協会、一九七九）
木村清孝『東アジア仏教思想の基礎構造』（春秋社、二〇〇一）
藤善眞澄『中国佛教史研究――隋唐仏教への視角』（法蔵館、二〇一三）
船山徹『六朝隋唐仏教展開史』（法蔵館、二〇一九）

日本
石田瑞麿『日本仏教史』（岩波全書、一九八四）
川崎庸之・笠原一男編『宗教史』（体系日本史叢書十八、山川出版社、一九六四）
末木文美士『日本仏教史――思想史としてのアプローチ』（新潮文庫、一九九六）

末木文美士『近代日本と仏教』（トランスビュー、二〇〇四）
田村芳朗『日本仏教史入門』（角川選書、一九六九）
立川武蔵『日本仏教の思想――受容と変容の千五百年史』（講談社現代新書、一九九五）
塚本善隆他編・木村清孝他著『法然・親鸞・日蓮集』（仏教教育宝典四、玉川大学出版部、一九七二）
蓑輪顕量『日本仏教史』（春秋社、二〇一五）
渡辺照宏『日本の仏教』（岩波新書、一九五八）

シリーズ
『大乗仏典』十五巻（中央公論社、一九七四～七六）
『仏教の思想』十二巻（角川文庫、一九九六～九七）
『講座大乗仏教』十巻（春秋社、新版一九九六）
『シリーズ東アジア仏教』五巻（春秋社、一九九五～九七）
『講座・仏教の受容と変容』六巻（佼成出版社、一九九一）
『新アジア仏教史』十五巻（佼成出版社、二〇一〇～二〇一一）
『龍谷大学仏教学叢書』五巻（自照社、二〇〇八～二〇一六）

辞典

中村元『仏教語大辞典』（東京書籍、一九八一）
『仏教学辞典』（法蔵館、一九五五）
『仏教大事典』（小学館、一九八八）
『仏教・インド思想辞典』（春秋社、一九八七）
『岩波仏教辞典』（岩波書店、一九八九）
『中国仏教史辞典』（東京堂出版、一九八一）
『日本仏教史辞典』（吉川弘文館、一九九九）
『日本の仏教を知る事典』（東京書籍、二〇〇五）

略年表

インド・チベット・西域・東南アジア

前五六六～四八六（または前四六三～三八三）
　ゴータマ・ブッダ

前三二七
　アレクサンドロス大王のインド侵入

前三〇〇頃
　中期ウパニシャッド成立

前三世紀前半
　サーンキヤ学派成立
　仏教教団が大衆部と上座部に分裂

前二六八～二三二
　アショーカ王在位

前三世紀後半
　スリランカに仏教初伝

前二世紀
　ヒンドゥー教が興る
　説一切有部成立

中国・朝鮮

前二二一
　秦の中国統一

前一三九～一二六
　張騫が西域遠征。以後、中国に仏教伝播か

日本

前二世紀後半	『ミリンダ王の問い』成立
前一世紀	大乗仏教運動始まる
前一世紀前半	仏教寺院アバヤギリヴィハーラ（無畏山寺）を建立
一世紀まで	ジャイナ教団分裂
一～三世紀	『般若経』『維摩経』『法華経』『十地経』『無量寿経』などの大乗仏典成立。
一五〇頃	仏像の制作が始まる
一五〇頃	『大毘婆沙論』成立
二世紀以降	説一切有部広まる
一五〇～二五〇頃	ナーガールジュナ（龍樹）、『中論頌』等を著す

前二	景盧が大月氏国の伊存から仏経を口授される
二五	後漢成立
六七	摂摩騰・竺法蘭が『四十二章経』を洛陽にもたらすと伝える
一四八頃	安世高が洛陽へ。『人本欲生経』等を訳出
一五〇～一八〇頃	支婁迦讖が洛陽へ。『道行般若経』『般舟三昧経』等を訳出
二二〇	後漢滅亡、三国時代の到来
二四七	康僧会が建業へ。『六度集経』等を訳出
二五〇頃	曇柯迦羅、洛陽へ。『僧祇戒心』を訳出

二七〇頃
アーリヤデーヴァ（提婆）没

三世紀頃
ベトナムに仏教伝来

三〜四世紀
『成実論』成立。『解深密経』『如来蔵経』『勝鬘経』等の中期大乗経典の成立

二七〇〜三五〇
マイトレーヤ（弥勒）、『瑜伽師地論』『大乗荘厳経論』等を著すという

三一〇〜三九〇
アサンガ（無著）、『摂大乗論』『順中論』等を著す

四〇〇頃
『華厳経』コータン周辺で成立

二五三
康僧鎧、洛陽へ。『郁伽長者経』『大無量寿経』等を訳出と伝える

三世紀中葉
『理惑論』成立か

二六六
竺法護、長安へ。『正法華経』等約一五〇部を訳出

二八〇
晋、中国を統一

三世紀後半〜四世紀前半
格義仏教盛ん

三七二
順道（スンド）、高句麗へ仏像・経論を持参（高句麗仏教の始まり）

三八四
摩羅難陀、百済へ（百済仏教の始まり）

三八五
道安（『道行（般若）経序』『安般注序』『綜理衆経目録』等の著者）没

三九八
僧伽提婆、『中阿含経』を訳出

四〇〇～四八〇
ヴァスバンドゥ（世親）、『唯識二十論』『唯識三十頌』『仏性論』『摂大乗論釈』等を著す

四世紀後半～
スリランカで仏歯祭

四世紀後半～五世紀初頭
『大般涅槃経』（四十巻本、梵本）成立

五世紀
インド、スリランカ、中国の仏教界交流活発化

四一五～四五〇頃
ブッダゴーサ、スリランカに滞在

四〇一
鳩摩羅什、長安へ。『大品般若経』『妙法蓮華経』『阿弥陀経』『十誦律』『成実論』『大智度論』『中論』等三百余巻を訳す

四〇四（または四〇三）
廬山の慧遠、『沙門不敬王者論』を著す

四〇五
僧肇、『般若無知論』などを著す（のち『肇論』としてまとめられる）

四一二
曇無讖、姑蔵へ。『大般涅槃経』『金光明経』等を訳出

四一六
廬山の慧遠（白蓮社の創立者）没

四二〇
仏駄跋陀羅、『華厳経』（六十巻本）を訳出

四二一
仏駄跋陀羅と宝雲、『無量寿経』を共訳（異説あり）

四二四
畺良耶舎、『観無量寿経』を訳出

五〇〇頃
アスヴァバーヴァ（無性）没

四七〇〜五四〇頃
ブッダパーリタ（仏護）、『中論註』を著す

四八〇〜五四〇頃
ディグナーガ（陳那）

五〇〇〜五七〇頃
バーヴィヴェーカ（清弁）

五〇〇〜五五〇頃
ナンダ（難陀）

五三〇〜五六一
ダルマパーラ（護法）、『成唯識論』を著す

と伝える

四三五
求那跋陀羅、広州へ。『雑阿含経』『勝鬘経』『楞伽経』（四巻楞伽）等を訳出

四四六
北魏の太武帝、廃仏毀釈

四六〇
雲崗石窟の開鑿始まる

五〇四
梁の武帝、仏教に帰依し大法会を催す

五〇八
菩提流支、洛陽へ。『金剛般若経論』『無量寿経論』『入楞伽経』（十巻楞伽）等を訳す。また勒那摩提らと『十地経論』を共訳

五二六
ギョミク（謙益）、インドで律部を学んで帰国（百済律宗の始まり）

五二七
イチャドン（異次頓）、殉教と伝える（新羅仏教の始まり）

五三六

六世紀頃
カンボジアに大乗仏教伝来

五八〇
ヴィニータルチ（毘尼多流支）がベトナムにインド禅を伝える

六〜八世紀
タイに仏教美術が栄える

七世紀前半
ソンツェンガンポ、チベットに吐蕃王国を建国

菩提達摩（禅宗の初祖）没

五三八
梁の武帝、盂蘭盆会を始める
成実学派・涅槃学派興る

五四二
曇鸞（『浄土論註』等の著者）没

五四八
パラマールタ（真諦）、建康へ。『摂大乗論』『決定蔵論』『倶舎釈論』等を訳出

五五二
仏滅一五〇〇年で、末法に入ると信じられる

五七七
南岳慧思（『安楽行義』『諸法無諍三昧法』等の著者）没

五八九
新羅のウォンガン（円光）、陳へ

五八九
隋、中国を統一

五九二
浄影寺の慧遠（『大乗義章』等の著者）没

五九七
智顗（天台宗の大成者。『法華玄

五三八（欽明七）
一説に、この年、百済の聖明王の使者が来日し、仏像・経論・仏具等を献上（別説によれば、五四八年、または五四九年）

五五四以後
百済、新羅の仏僧、次々と来日し宣教

五八八（崇峻一）
善信尼ら百済に赴き戒律を学ぶ

五九四（推古二）以後
仏法興隆の詔。臣・連が相次いで仏寺を造営

五九六（推古四）
法興寺（飛鳥寺）完成

六〇四（推古一二）
聖徳太子「十七条憲法」を作る

六〇七（推古一五）

七世紀〜
密教の成立
タイに大乗仏教伝来
七世紀初期
『大日経』成立
六四〇
チベットのソンツェンガンポ、息子のクンソン王の妃として唐の文成公主を迎える。その死後、再び王となり、妃を自らの妻とする
七世紀後半
『金剛頂経』成立

義』『法華文句』『摩訶止観』等の講述者）没
六一八
唐の建国。仏教の支援と管理を進める
六二三
吉蔵（三論宗の大成者。『三論玄義』『二諦章』『中観論疏』等の著者）没
六四〇
杜順（華厳宗の初祖とされる）没
六四五
道綽（『安楽集』の著者）没
七世紀
禅宗、活発化
六六四
玄奘（法相宗の開祖。『大般若波羅蜜多経』など七五部一三三五巻の経論を訳出し、『大唐西域記』を著す）没
六六八
智儼（『華厳経捜玄記』『孔目章』等の著者）没
六七四
弘忍（禅宗第五祖）没

遣隋使（小野妹子ら）を派遣
六二二（推古三〇）
聖徳太子没
六二五（推古三三）
高句麗の慧灌、三論宗を伝える
六五三（白雉四）
道昭、入唐し、法相宗を伝える
六五七（斉明三）
飛鳥寺で盂蘭盆会を行う
六七一（天智一〇）
宮中で開眼法要
六七五（天武四）
殺生肉食禁止の詔
六七六（天武五）
諸国で『金光明経』『仁王般若経』を読誦
六七八（天武七）
入唐僧の道光が律宗の文献をもたらす
六八三（天武一二）
僧綱制の確立
六九九（文武三）
役小角を伊豆に流す
七〇一（大宝一）
大宝律令成立

七一〇
シクシャーナンダ（実叉難陀）没
七二〇頃
南インドのヴァジュラボーディ（金剛智）がスリランカに密教を伝える
七四一
トンミサンボータ、チベットの文字・文法を制定
七五〇頃
シャーンティデーヴァ（寂天）没
七六一
チベットのティソンデツェン王が

六八一
善導（中国浄土教の祖師。『観無量寿経疏』『往生礼讃』等の著者）没
六八六
新羅のウォンヒョ（元暁）没
七〇二
新羅のウイサン（義湘）没
七〇六
神秀（『観心論』等の著者）没
七一二
法蔵（華厳宗の大成者。『華厳経探玄記』『五教章』等の著者）没
七一六
シュバーカラシンハ（善無畏）、長安へ。『大日経』等を訳出
七二七
一行（密教僧）没
七二八
新羅のムサン（無相）、唐に入る。七五六没
七三五
シュバーカラシンハ没
七七四
『金剛頂経』等を訳出したアモー

七〇二（大宝二）
持統天皇没。火葬にて葬送
七二三（養老七）
興福寺に施薬院・悲田院を建立
七二五（神亀二）
宮中で六〇〇人の僧が大般若会を行う
七三五（天平七）
入唐僧の玄昉が帰国し法相宗を伝える（法相宗第四伝）
七三六（天平八）
ボーディセーナ来日。随行した唐の道璿が華厳宗を伝える
七四一（天平一三）
国分寺・国分尼寺建立の詔
七四三（天平一五）
聖武天皇、大仏造立を発願
七四九（天平勝宝一）
行基、没
七五二（天平勝宝四）
大仏開眼供養。この年から修二会（お水取り）始まるという
七五三（天平勝宝五）
唐僧鑑真来朝、律宗を伝える
七五九（天平宝字三）

仏教の国教化を決意。インドから
シャーンタラクシタ（寂護《じゃくご》）を招く
七八六
「サムイェーの宗論」が行われたという
八〇四
チベット、経典翻訳の大使節団を唐に派遣

ガヴァジュラ（不空）没
八世紀
禅宗が大躍進
七八五
新羅、はじめて僧官をおく
八〇七
慧琳『一切経音義』百巻を完成
八三九
華厳宗の改革者、澄観没
八四一
禅教一致を唱えた宗密没
九三六
高麗が韓半島を統一
九七四
高麗のキュンニョ（均如、華厳宗）没

鑑真、唐招提寺を建立
七六一（天平宝字五）
三戒壇ととのう
七六六（天平神護二）
道鏡、法王となる。四年後、下野薬師寺別当に左遷
八〇四（延暦二三）
最澄、空海入唐
八〇五（延暦二四）
最澄、唐より帰国し天台宗を伝える。八二二没
八〇六（大同一）
空海、唐より帰国し密教を伝える。八三五没
八四二（承和九）
諸国国分寺に五穀豊穣を祈らせる
八六四（貞観六）
僧綱の位階を定める
九三三（承平三）
円珍の僧徒、園城寺に入る（天台宗分裂）
九三八（天慶一）
空也、京で口称念仏。九七二没
九三九〜九四一（天慶二〜四）
平将門、藤原純友の乱

一〇四二
インド僧アティーシャ、チベットに入る

一一八〇
ビルマ上座部が新派と旧派に分裂

一〇五九
遼の道宗『契丹版大蔵経』完成

一〇八八
華厳宗の浄源没

一一〇一
高麗のウイチョン（義天）没

一一三五
圜悟克勤（『碧巌録』の著者）没

一一六三
看話禅を唱えた大慧宗杲没

九八五（寛和一）
源信『往生要集』を完成。一〇一七没

一〇五二（永承七）
藤原頼通、宇治の別荘を仏寺「平等院」とする。この年より末法に入るとされる

一一二四（天治一）
良忍、融通念仏を始めるという。藤原清衡、平泉中尊寺金堂を建立
一一三二没

一一四〇（保延六）
高野山で騒動。覚鑁、根来寺に移る。一一四三没

一一六四（長寛二）
平氏一門『法華経』を書写して厳島神社に納める

一一七五（承安五）
法然、専修念仏を唱え、叡山から下りる

一一九〇（建久一）
西行没

一一九一（建久二）
栄西、再度の入宋より帰国、臨済禅を広める。一二〇二、建仁寺創

十二〜十三世紀
ハタ・ヨーガの成立
スリランカのマハーヴィハーラ系上座仏教がタイに伝来

一二〇三
インドでヴィクラマシラー寺破壊（インド仏教滅亡の年とされる）

一二三一
ベトナムで陳朝の太宗が駅亭ごとに仏像を作らせる

一二三九
モンゴル軍がチベットに侵入して寺を破壊

一二五一
チベットのサキャ＝パンディタ（『正理の蔵』の著者）没

一二六〇
元朝成立（モンゴルのフビライ＝ハーン王位に就く）

一二一〇
高麗のチヌル（知訥。『修心訣』『円頓成仏論』等の著者）没

一二三一
モンゴル軍、高麗への侵攻を始める

一二四六
万松行秀（『従容録』の著者）没

一二五二
普済『五灯会元』を撰述

一二七〇
元、護国仁王寺を建立してチベット仏教を保護

一二七一
元朝、国号を大元と定める

一二八九
一然（『三国遺事』の著者）没

建。一二一五没

一二〇七（承元一）
専修念仏停止。法然・親鸞ら流罪となる

一二一二（建暦二）
法然没。明恵『摧邪輪』を著して法然の主著『選択集』を批判。一二三二没

一二二〇（承久二）
慈円『愚管抄』を撰述

一二二三（貞応二）
仏師運慶没。道元入宋

一二二七（安貞一）
道元、宋より帰国、曹洞禅を伝える。一二五三没

一二六〇（文応一）
日蓮『立正安国論』を北条時頼に上呈。一二七一佐渡に流罪。一二八二没

一二六二（弘長二）
親鸞（『顕浄土真実教行証文類＝教行信証＝等の著者）没

一二七四（文永一一）
元軍が九州に侵攻（文永の役）。諸寺社の戦勝の祈禱盛ん

一三世紀
カンボジアにタイ経由でスリランカの上座仏教伝来
チベットで最初の大蔵経（ナルタン版）成立

一三四五
スコータイ王朝のリタイ王『トライプーム』（タイ語の仏教宇宙論）著述

一四世紀中葉
仏教文学が隆盛

一三五四
ラオスに上座仏教伝来

一三六四
チベットのプトゥン（『仏教史』を著述）没

一四一九
チベットのツォンカパ（『菩提道次第論』『秘密道次第論』等の著者、ガンデン大僧院建立）没

一二九〇
大蔵経（思渓版）開版

一二九一
この頃、元の寺院数四万二千余、僧尼数二十一万三千余に及ぶ

一三五一
白蓮教徒による紅巾の乱が起こる

一四世紀末
高麗で排仏論盛ん

一三九二
高麗滅び、李朝朝鮮が成立

一四〇五
ザチョ（自超。朝鮮、禅宗＝曹渓宗）没

一四三三
キファ（己和。朝鮮、『顕正論』著者）没

一四五八
朝鮮の世祖、大蔵経（海印寺版）を印行

一遍、踊り念仏を広め始める。一二八九没

一二八一（弘安四）
元軍再度侵攻するも失敗（弘安の役）

一三〇三（嘉元一）
忍性（律宗。各地で民衆救済の事業を行う）没

一三三三（元弘三・正慶二）
鎌倉幕府崩壊、北条氏滅ぶ

一三三四（建武一）
五山を定め、南禅寺を五山の上におく

一四世紀中葉〜後半
五山文学が隆盛

一三九七（応永四）
足利義満が金閣を造営

一五世紀初〜
施餓鬼が広く行われ始める

一四七六
ビルマが仏教使節をスリランカに派遣。各派をスリランカ・マハーヴィハーラ派の法式に統一

一四九八
バスコ＝ダ＝ガマ、インドに至る

一五～一六世紀
シク教が成立

一五〇六
ポルトガルがスリランカを征服（～一六五八）してキリスト教（カトリック）を強制し、仏教を迫害

一五三八
チベットで『テプテル・マルポ・サルマ』（サキャ派の歴史書）編纂

一四七一
朝鮮で度僧を禁止

一五〇四
朝鮮の燕山君、僧科（僧侶の国家検定試験）を全廃し、排仏政策を進める

一五五〇～五一
朝鮮で摂政・文定王后の命によりボウ（普雨）を重用、仏教（禅教両宗）一時再興

一五六五
ボウ（普雨。朝鮮、儒仏一致論者）没

一五九二
壬辰の倭乱（文禄の役）にユゾン（惟政）ら義僧軍立つ

一四七四（文明六）
加賀一向一揆起こる（一四八八守護富樫正親が自殺し、以後約一〇〇年間、門徒が支配）

一四八一（文明一三）
一休宗純没

一四九九（明応八）
蓮如（浄土真宗中興の祖）没

一五三三（天文二）
一向一揆と法華一揆が各地で戦う

一五四九（天文一八）
キリスト教伝来（フランシスコ・ザビエル来日）

一五七一（元亀二）
織田信長、延暦寺を焼き討ち

一五七九（天正七）
安土宗論（浄土宗と日蓮宗の討論）。信長、日蓮宗への弾圧を進める

一五八〇（天正八）
石山合戦（一五七〇～）終結（本願寺顕如、織田信長と和睦）

一五八七（天正一五）
秀吉、キリスト教を禁止

一六〇二（慶長七）

一六〇八　チベット・チョナン派の再興者ターラナータが『インド仏教史』を著述
一六四二　チベットにダライ・ラマ政権始まる
一七世紀中葉　ベトナムで蓮宗が開創

一六〇四　ヒュジョン（休静。朝鮮）没
一六一〇　ユゾン（惟政。朝鮮）没
一六一六　清、建国（国号、後金。一六三六年、大清と改める）
一六四四　清朝、北京を占領して首都とし、仏教統制を強化
一六五五　蕅益智旭（『教観綱要』『閲蔵知津』等の著者）没
一六六九　朝鮮で、ヒュジョンらの表忠祠を建立
一六八四

本願寺、東西に分立
一六〇五（慶長一〇）　家康、増上寺（徳川氏菩提寺）を拡張造営
一六一二（慶長一七）　幕府、キリシタン禁教令を出す
一六二三（元和九）　日奥（日蓮宗）、不受不施を唱える
一六三〇（寛永七）　幕府、不受不施派を処罰
一六三二（寛永九）～三三　諸宗の本山・本寺・触頭、幕府へ本末帳を提出
一六三七（寛永一四）　島原・天草の乱
一六三九（寛永一六）　鎖国令発布
一六五四（承応三）　明僧隠元来日、黄檗禅を説く（一六六一万福寺を建立）
一六六五（寛文五）　幕府、諸宗寺院法度などを制定。
一六六六（寛文六）～六七　念仏講・題目講を禁止

一七〇五
第一次ダライ・ラマ政権が崩壊
一七二〇
チベットで北京版テンギュル開版
一七三一～三三
チベットで、チョネ版・ナルタン版・デルゲ版のカンギュル開版
一七五一
チベットで、清の監督下、第二次ダライ・ラマ政権発足
一七五三
スリランカでシャム派成立

『チベット大蔵経』開版
一七三八
大蔵経（龍蔵）開版
一七九〇
大蔵経を満州語に完訳

諸藩で諸寺廃止、仏教界粛正の動き
一六八一（天和一）（延宝六）
鉄眼道光、大蔵経（黄檗版）を完成
一七〇四（宝永一）
幕府、女巡礼・念仏講を禁止
一七〇九（宝永六）
東大寺大仏殿再建、落慶法要
一七二二（享保七）
幕府、寺院の法会等に関して八カ条の統制令を出す
一七二六（享保一一）
幕府、新規の神事・仏事を禁止
一七四四（延享一）
富永仲基『出定後語』を著述、大乗非仏説を唱える
一七七一（明和八）
伊勢おかげ参り流行
一七八六（天明六）
幕府、また各宗に寺院本末帳提出を命令
一八三〇（天保一）
おかげ参り大流行
一八三一（天保二）

一七九六
スリランカ、イギリス植民地時代に入る（〜一九四八）
一八二八
プラーフマ協会設立
一八四二
タイ、スリランカへ仏教使節を派遣
一八七五
アーリア協会設立。
オルコット大佐が神智協会を設立、国際的活動を始める

一七九六〜一八〇三
白蓮教徒の乱
一八四〇
アヘン戦争
一八五〇
太平天国の乱

良寛（越後の禅僧）没
一八三八（天保九）
中山みき、天理教をひらく
一八五三（嘉永六）
ペリー来航。この後、寺社で祈禱盛ん
一八五九（安政六）
赤沢文治、金光教を開教
一八六七（慶応三）
朝廷、法親王を還俗させ仏事を廃止
一八六八（慶応四）
「五箇条の誓文」を公布、神仏分離令を出す。廃仏毀釈起こる
一八七一（明治四）
宗門人別帳・寺請制度を廃止
一八七二（明治五）
僧侶の肉食・妻帯・蓄髪等を自由とする。三条教則発布。僧侶の托鉢を禁止。大教院設置
一八七三（明治六）
小栗栖香頂（東本願寺僧侶）、上海で布教（中国布教の始まり）
一八七四（明治七）
融通念仏宗独立

一八九一
大菩提会設立

一八九三
タイのチュラロンコーン王がタイ文字のパーリ仏典を出版

一八九五
チベットでダライ・ラマ十三世が実権を握る

一九世紀末
タイの僧団がタマユット派とマハ

一八九四
日清戦争

一八九七
楊仁山（一九一一没）が金陵刻経処を設立

一八七五（明治八）
大教院解散

一八七六（明治九）
日蓮宗不受不施派の派名再興、布教許可。東本願寺、上海に別院設立（一八八一北京別院設立）

一八八四（明治一七）
田中智学、立正安国会を創立

一八八九（明治二二）
憲法公布（信教の自由、結社の自由）

一八九〇（明治二三）
教育勅語発布

一八九二（明治二五）
大本教開教

一八九三（明治二六）
シカゴで万国宗教大会開催

一八九四（明治二七）
『仏教史林』創刊

一八九五（明治二八）
真言律宗、真言宗より独立

一八九七（明治三〇）
河口慧海、チベットへ旅立つ（一九〇三帰国）

一八九九（明治三二）

ーニカーイ派に分裂	一九〇〇 このころから敦煌文書が発見される 一九一〇 日韓併合 一九一一 辛亥革命起こる。翌年、中華民国成立	仏教清徒同志会結成（境野黄洋・高島米峰・加藤玄智ら） 一九〇〇（明治三三） 精神主義運動（清沢満之・暁烏敏・佐々木月樵ら）始まる 一九〇二（明治三五） 大谷探検隊、中央アジアへ

＊二十世紀初頭、日本の明治時代までの主な政治的事件、および仏教関係の事跡を記した。

人名索引

あ行

か行

さ行

た行

な行

は行

ま行

や行

ら行

わ行

書名索引

あ行

か行

さ行

た行

な行

は行

ま行

や行

ら行

わ行

事項索引

あ行

か行

さ行

た行

な行

は行

ま行

や行

ら行

わ行

ちくま新書
1618

教養《きょうよう》としての仏教思想史《ぶつきょうしそうし》

二〇二一年一二月一〇日 第一刷発行

著　者 木村清孝（きむら・きよたか）

発行者 喜入冬子

発行所 株式会社 筑摩書房
東京都台東区蔵前二-五-三 郵便番号一一一-八七五五
電話番号〇三-五六八七-二六〇一（代表）

装幀者 間村俊一

印刷・製本 株式会社 精興社

ISBN978-4-480-07430-0 C0215

ちくま新書

1581
廃仏毀釈
――寺院・仏像破壊の真実
畑中章宏
明治の神道国教化により起こり、「寺院・仏像を破壊する熱狂的民衆」というイメージが流布する廃仏毀釈。実際はどんなものだったのか。各地の記録から読みとく。

1201
入門　近代仏教思想
碧海寿広
近代日本の思想は、西洋哲学と仏教の出会いの中に生まれた。井上円了、清沢満之、近角常観、暁烏敏、倉田百三らの思考を掘り起こし、その深く広い影響を解明する。

1403
ともに生きる仏教
――お寺の社会活動最前線
大谷栄一 編
「葬式仏教」との批判にどう応えるか。子育て支援、グリーフケアと終活、アイドル育成、NPOとの協働、貧困対策。社会に寄り添う仏教の新たな可能性を探る。

1370
チベット仏教入門
――自分を愛することから始める心の訓練
吉村均
生と死の教えが世界的に注目されているチベットの仏教。その正統的な教えを解説した初めての入門書。基礎的な知識から学び方、実践法までをやさしく説き明かす。

1284
空海に学ぶ仏教入門
吉村均
空海の教えにこそ、伝統仏教の教義の核心が凝縮されている。弘法大師が説く、苦しみから解放される心のあり方「十住心」に、真の仏教の教えを学ぶ画期的入門書。

1326
仏教論争
――「縁起」から本質を問う
宮崎哲弥
和辻哲郎や三枝充悳など、名だたる知識人、仏教学者が繰り広げた、縁起をめぐる戦前・戦後の論争。犀利な分析を通して、その根本を浮かび上がらせた渾身作！

1296
ブッダたちの仏教
並川孝儀
仏教は多様な展開を含む複雑な宗教である。歴史上のブッダへ実証的にアプローチし、「仏」と「法」という二つの極から仏教をとらえなおすダイナミックな論考。